다시 읽는

창세기

사랑하는 아내,

이선민에게

이 책을 헌정하다.

추천사

머리를 무겁게 만드는 성서의 각종 비평적 연구를 또다시 과도하게 친절을 베풀어 설명할 필요가 있을까? 아니면 높은 산봉우리에 다시 비평학의 깃발을 꽂고, 그 고지를 점령하기를 채찍질해야 할까? 아니! 이제는 비평학을 '가지고 놀기'를 할 때가 되었다고, 이렇게 민경구 박사는 이 책을 선사하고 있다. – 기민석 (침례신학대학교 구약학 교수)

본문의 의미를 살필 때에, 기존의 교리나 선입견에 매이지 않고 본문 자체를 꼼꼼하고 차근차근 살피는 것이 가장 중요하다는 것을 명확히 보여 주는 책이다. 저자의 세밀한 관찰과 풀이는 독자가 나름의 생각을 마음껏 펼치도록 돕고, 틀에 박힌 창세기 이해를 넘어서게 한다. – 김근주 (기독연구원 느헤미야 전임연구위원)

창세기를 단지 전통적인 주석의 틀에서 읽지 않고 예술가들에게 영감을 준 책의 관점에서 다시 읽어, 흥미로운 여러 주제를 신선하게 해석한다. 성서학이 지나치게 주지주의적으로 흐르고 있는 오늘날의 경향에 맞서 이 책은 독자들에게 많은 도전을 준다.

– 김선종 (호남신학대학교 신학과 교수)

히브리어 본문을 바탕으로 창세기에서 중요한 본문들을 하나하나 짚어 가며 탄탄한 신학적 바탕에서 꼼꼼히 해설해 준다. 각 장마다 곁들여진 성화들은 생각할 거리를 던져 주는 구실을 톡톡히 한다. 함께 고민하며 창세기를 읽으려는 이라면 누구든지 큰 도움을 받을 수 있는 책이다. – 김정훈 (부산장신대 구약학 교수)

창세기를 읽으면서 궁금했던 것들을 하나도 빼놓지 않고 명쾌하게 해설해 준다. 튼실한 학문성을 바탕으로 저술된 이 책은 진지한 성경학도들의 지적 목마름을 해갈해 줄 뿐 아니라 신앙적 성숙을 도와줄 것이다. 철저한 연구와 경건한 신앙을 겸비한 신예 구약학자의 빼어난 작품이다. 설교자들과 신학생들에게 마음을 다해 추천한다.

– **류호준** (백석대학교 신학대학원 구약학 은퇴 교수)

본서는 창세기가 '서술되는 시대' 즉 본문의 배경이 되는 시대로부터 창세기를 '서술하는 시대' 즉 본문을 기록하는 시대로 독자를 인도한다. '서술하는 시대'를 재구성하는 것은 여전히 학문적 토론으로 남겠지만, 본서가 창세기에 대한 이해를 더 넓혀 준다는 것을 확신하며 추천한다.

– **이한영** (아세아연합신학대학교 구약학 교수)

저자는 지금까지 우리가 간과했던 것에 주목하며 창세기의 각 본문을 출바벨론(출애굽)의 관점에서, 수용의 현재화라는 틀 아래서 살피고 있다. 상호 본문 연관성에 대한 촘촘한 언어적 분석은 저자의 관점을 명확히 지지하며, 포로기 유대 공동체의 관점 아래서 창세기의 의미를 새롭게 도출한다. 결과만을 빨리 얻으려는 시대에 원인을 말하는 책이 나와 기쁘다. 독자는 쓰여진 것의 너머를 창세기 본문 안에서 다시 보게(renew) 될 것이다.

– **임시영** (신수동교회 담임목사, 아이벨베르크대학교 구약학 박사)

촉망받는 신진학자에 의해서 창세기의 맛이 새롭게 우려져 나왔다. 창세기는 구약성서 가운데 전문 성서학자들은 물론이고, 일반 독자들에게도 가장 친근한 책이다. 그래서 창세기는 늘 새롭게 연구되고 계속해서 새로운 의미를 드러낸다. 저자는 창세기에 관한 최근의 연구 결과를 학자답게 성실하게 수렴하고, 이를 기반으로 오늘의 신앙 공동체에 주는 메시지를 목회자답게 밝혀 주고 있다. 한마디로 이 책은 전문성과 대중성을 겸비했다.

– **차준희** (한세대학교 구약학 교수, 한국구약학연구소 소장)

다시 읽는 창세기

민경구 지음

초판 1쇄 발행 2019년 8월 1일
초판 2쇄 발행 2019년 9월 1일

발행처 도서출판 이레서원
발행인 문영이
출판신고 2005년 9월 13일 제2015-000099호

편집장 이혜성
편집 송혜숙, 오수현
영업 김정태
총무 곽현자

경기도 고양시 일산동구 중앙로 1160 오원플라자 801호
Tel. 02)402-3238, 406-3273 / Fax. 02)401-3387
E-mail: Jireh@changjisa.com
Website: Jireh.kr / Facebook: facebook.com/jirehpub

책값은 표지에 있습니다.

ISBN 978-89-7435-518-0 03230

이 도서의 국립중앙도서관 출판예정도서목록(CIP)은 서지정보유통지원시스템 홈페이지(http:/seoji.nl.go.kr)와 국가자료공동목록시스템(http:/www.nl.go.kr/kolisnet)에서 이용하실 수 있습니다. (CIP 제어번호: CIP2019026102)

다시 읽는
창세기

민경구
| 지음 |

이레서원

목차

약어표

AB	The Anchor Bible
ATD	Das Alte Testament Deutsch
BBB	Bonner Biblische Beiträge
BHS	Biblia Hebraica Stuttgartensia
BKAT	Biblischer Kommentar Altes Testament
BZ	*Biblische Zeitschrift*
BZAR	Beihefte zur Zeitschrift für Altorientalische und Biblische Rechtsgeschichte
BZAW	Beihefte zur Zeitschrift für die alttestamentliche Wissenschaft
CBC	Cambridge Bible Commentary
CBQ	*Catholic Biblical Quarterly*
EIN	Einheitsübersetzung
ELB	Elberfelder Bibel
ESV	English Standard Version
FAT	Forschungen zum Alten Testament
FRLANT	Forschungen zur Religion und Literatur des Alten und Neuen Testament
FzB	Forschung zur Bibel
HThKAT	Herders Theologischer Kommentar zum Alten Testament
ICC	International Critical Commentary
JBL	*Journal of Biblical Literature*
JBTh	Jahrbuch für Biblische Theologie
JSOT	*Journal for the Study of Old Testament*
LXX	Septuaginta
NAC	New American Commentary
NCBC	New Century Bible Commentary
NEB	Die Neue Echter-Bibel
NICOT	The New International Commentary on the Old Testament
NSK	Neuer Stuttgarter Kommentar
OTL	Old Testament Library
SBAB	Stuttgarter Biblische Aufsatzbände
StTh	Studienbücher Theologie
TB	Theologische Bücherei
ThWAT	*Theologisches Wörterbuch zum Alten Testament*
ThZ	*Theologische Zeitschrift*
TOTC	Tyndale Old Testament Commentaries
TRE	*Theologische Realenzyklopädie*
TUAT	*Texte aus der Umwelt des Alten Testaments*
VT	*Vetus Testamentum*
VUL	Vulgata
WBC	Word Biblical Commentary
WMANT	Wissenschaftliche Monographien zum Alten und Neuen Testament
ZAW	*Zeitschrift für die alttestamentliche Wissenschaft*
ZBAT	Zürcher Bibelkommentare
ZThK	*Zeitschrift für Theologie und Kirche*
ZUR	Zürcher Bibel

저자 서문

“성서를 어떤 관점에서 바라보아야 하는가?” 이것은 일차적으로 성서 연구자와 사역자의 과제이다. 더 나아가, 성서를 기준으로 삼아 살아가려고 하는 모든 크리스천의 과제이기도 하다.

창세기는 교회에서 가장 많이 읽히는 성서이다. 그 이유는 간단하다. 성서의 제일 처음에 위치해 있어서 가장 쉽게 접할 수 있기 때문이다. 하지만 우리는 창세기가 어렵다고 생각한다.

본서는 ‘창세기를 어떻게 이해할 것인가?’라는 주제에 초점을 맞추어 서술하였다. 이 주제는 창세기를 다양한 관점으로 해석해야 한다는 필요성을 전제한다. 이러한 시각은 부득이하게 창세기의 고전적 해석에 의문을 던진다. 고전적 해석은 초기 그리스도교 이후부터 중세 시대를 이어서 내려온 해석을 뜻하는데, 이는 미술을 통해 다양하게 표현되었다. 필자는 이러한 해석에 질문을 던지면서 성서의 본래 의미를 찾아가기 위해 창세기 본문을 분석했다. 본서는 몇 가지 부분에서 독특성을 드러낸다.

1. 그림_ 필자는 독일에서 구약학을 전공했기에 유럽의 여러 성당을 직접 가 볼 기회가 있었다. 화려한 성당에서 가장 먼저 눈에 띈 것은 그곳에 소장된 미술품이었다. 미술책에서나 보았던 저명한 화가들의 작품을 눈으로 직접 본다는 것은 매우 경이로운 일이었다. 그것들을 감상하면서 한 가지 공통점을 발견할 수 있었다. 미술품은 성서에 대한 해석을 담고 있으며, 몇몇 작품은 동일한 성서 본문을 표현하기도 한다는 점이었다. 하나의 성서 본문이 아주 다양한 방식으로 캔버스에서 색깔 옷을 입고 있었다. 왜 화가들은 성화를 그렸을까? 고대로부터 미술은 ‘성도를 교육하는 수단’이었다. 종교개혁 이전에는 평민들이 라틴어로 된 성서를 소유하기도 쉽지 않았다. 종교개혁 이후에는 자국어로 번역된 성서를 간혹 소유할 수

있었지만, 그것을 읽고 이해하는 사람은 드물었다. 문맹률이 매우 높았던 것이다. 이러한 상황이었기에 교회는 그림을 통하여 평민들에게 성서를 교육했다. 동일한 성서 본문을 다루는 작품들에는 상당히 유사한 해석적 관점이 나타난다. 이러한 관점은 시대와 지역을 뛰어넘어 존재하며, 현대 목회자의 성서 해석에서도 관찰된다. 오랫동안 내려온 그러한 성서 해석이 오늘날 하나의 기준처럼 작용하고 있다. 우리는 성서의 목소리에 좀 더 귀를 기울일 필요가 있다. 성서는 우리에게 무엇을 알려 주는가?

2. 창세기에 대한 해석 관점_ 성서 배열에는 신학이 담겨 있다. 대부분의 현대 성서에서는 '창세기'가 제일 처음에, '말라기'가 구약 성서 마지막에 배열되어 있다. 말라기의 제일 끝 본문에서는 '엘리야'에 대해서 서술하는데, 이는 신약 성서와도 내용상 잘 연결된다(마 11:14). 가톨릭 성서는 대체적으로 70인역(LXX)의 배열(!)을 받아들였고, 오늘날 개신교 성서는 외경을 제외한, 가톨릭 성서의 배열을 수용했다. 하지만 이와는 달리, 수많은 언어로 기록된 현대 성서들이 히브리 성서(BHS)의 내용에 기초를 둔다. 이러한 사실은 우리가 히브리 성서를 중심으로 성서를 이해할 필요가 있음을 알려 준다.

그렇다면 히브리 성서는 오늘날의 성서와 다른 구조로 배열되었는가? 그렇다. 히브리 성서의 마지막 본문은 '말라기'가 아니라 '역대기'이다. 역대기 마지막 본문은 다음과 같다.

> 바사의 고레스 왕 원년에 여호와께서 예레미야의 입으로 하신 말씀을 이루시려고 여호와께서 바사의 고레스 왕의 마음을 감동시키시매 그가 온 나라에 공포도 하고 조서도 내려 이르되 바사 왕 고레스가 이같이 말하노니 하늘의 신 여호와께서 세상 만국을 내게 주셨고 나에게 명령하여 '유다 예루살렘에 성전을 건축하라' 하셨나니 너희 중에 '그의 백성된 자는 다 올라갈지어다' 너희 하나님 여호와께서 함께 하시기를 원하노라 하였더라(대하 36:22-23)

이 본문은 두 개의 명령으로 마무리된다. "예루살렘에 성전을 건축하라", "그의 백성된 자는 다 올라갈지어다". 이것은 '역대기의 종결'일 뿐만 아니라 사실상 '구약 성서의 종결'이기도 하다.[1] 역대기가 에스라-느헤미야보다 뒤에 배열된 이유는 에스라-느헤미야보다 후대에 정경으로 인정되었기 때문일 것이다.[2] 여기서 제기되는 문제는 이 종결구가 미완의 상태로 끝난다는 점이다. '건축하라', '올라가라'라고 명령했다면 이 명령을 실행하는 이야기가 나와야 하는데 구약 성서는 그대로 마무리되고 만다. 그렇다면 포로 귀환 이야기는 어디에서 속행(續行)되는가? 우리는 그것을 뒤에 이어지는 에스라-느헤미야에서 찾으려고 할 것이다. 실제로 고레스 칙령이 에스라 1장에 반복해서 나오기도 한다. 하지만 앞에서도 언급했듯이, 히브리 성서에서는 에스라-느헤미야가 역대기보다 앞에 배열되어 있다.

필자는 본서에서 창세기와 출애굽기가 포로 귀환 이야기를 담고 있음을 제시할 것이다. 그중 창세기에 집중하여 분석했음을 알려 둔다. 역대기 36장에 나오는 고레스 칙령은 '출(出)바벨론'을 명령한다. '출바벨론'하여 '이스라엘 땅에 입성'하는 이야기는 '출애굽'하여 '가나안 땅에 입성'하는 이야기와 불가분의 관계이다. 왜냐하면 '출바벨론'을 '두 번째 출애굽'으로 이해하기 때문이다. 따라서 해석학적 관점에서는 창세기와 출애굽기가 역대기의 후속처럼 보이기도 한다.

창세기를 '두 번째 출애굽' 관점으로 해석할 수 있다는 필자의 시각은 브루그만(W. Brueggemann), 그리고 프렛하임(T. E. Fretheim)의 이해와 부분적으로 맥을 같이한다.

"토라의 최종 형태는 민족 공동체로부터 돌아서서 지배 문화로 들어설 준비가 되어 있던 포로 공동체의 젊은이들을 그 대상으로 한다."[3]

"(오경의) 암시된 독자는 포로지로 잡혀가 생존하면서 배교, 두려움, 탄식, 후회, 그

1 참조. K. Schmid, 『고대 근동과 구약 문헌사』, 53.
2 참조. W. H. Schmidt, 『구약성서 입문』, 227.
3 W. Brueggemann, 『구약개론』, 62.

리고 약속의 땅으로 돌아갈 수 있을지, 하나님은 약속을 계속 지켜 주실 것인지에 대한 걱정 등으로 고통당하며 분투하였던 남은 자들이다."[4]

출애굽 사건이 후대를 위한 교육적 의도를 담고 있다는 것은 출애굽기에서 모세의 입술을 통하여 빈번하게 확인된다(출 12:26-27; 13:8). 이러한 후대의 출바벨론 관점으로 창세기를 본다면, 창세기에 '출애굽 혹은 출바벨론'이라는 주제가 매우 자주 묘사되어 있다는 점에 주목하게 될 것이다. 창세기와 출애굽기는 '이스라엘 역사의 시작'과 함께 '역사의 새로운 시작'을 보여 준다. '출애굽'하는 족장 이야기는 더 이상 과거가 아니며, 역대기 이후에 성서를 다시 읽는 후대 독자에게 현실이 된다. 이 내용을 다음과 같이 도식으로 정리할 수 있다.

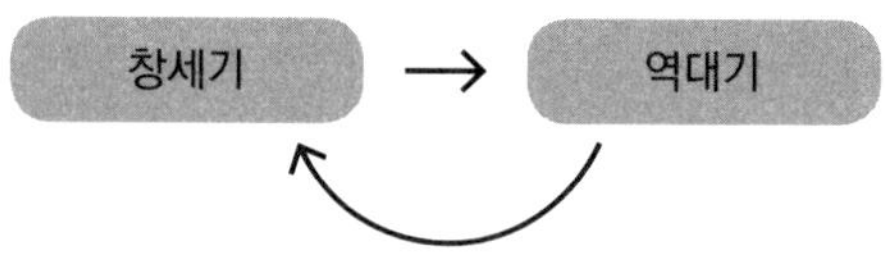

창세기에서 주요하게 언급되는 '(땅에서) 떠남'과 '땅 정착 / 귀환', 그리고 명확하게 언급되지는 않는 '성소 건설'에 대한 주제는 포로기 이후 시대에 이스라엘 백성에게 가장 중요한 관심사였다. 그런 이유로 우리는 창세기와 포로기 이후가 밀접하게 연결되어 있다고 추정할 수 있다.

그렇다면 우리는 창세기의 어느 본문에 출애굽/출바벨론의 시각이 나타나는지를 살펴보아야 할 것이다. 창세기를 출바벨론의 관점에서 해석하려는 시도는 아직까지 이루어지지 않고 있다. 필자는 본서를 통해서 이러한 해석학적 관점에

4 T. E. Fretheim, 『오경』, 50.

충실하기 위해 노력했다. 창세기에서 출애굽/출바벨론을 관찰하려는 오경 저자의 견해가 원역사(Urgeschichte: 창 1-11)에서도 드러나지만, 창세기 12-50장에서 더욱 명백하게 입증된다.

3. 성서 신학의 발전_ 자고이래 성서를 중심으로 수많은 논쟁이 있어 왔다. 교회사는 많은 이가 성서를 대단히 논리적으로 증명해 왔음을 보여 주며, 이러한 논리적 증명은 시간이 지난 후 '교리'로 정착되었다. 우리는 그러한 교리를 당연히 중시해야 한다. 그러나 오늘날 성서를 이해하는 과정에서 논리를 배제한 채 교리만 주입하는 경우가 허다하다. 논리를 추구하는 것이 마치 '믿음 없음'처럼 치부되고, 교회 안에서 '질문'이 사라진 지 오래이다. 질문하지 않고 주입된 교리는 상충되는 성서 본문을 접하면 수면 위로 떠오를 수밖에 없다. 누군가는 상관하지 않고 그냥 넘어가기도 하겠지만 모든 이가 다 그런 것은 아니다. 필자는 본서에서 창세기에 대해 질문을 던지려고 한다. 기존의 해석에 대한 도전이 아니라, 필자가 오랜 기간 신앙생활을 하면서 품었던 질문이기도 하다. 성서 신학은 19세기 이후에 비약적으로 발전했다. 고대 근동 지역에 대한 탐험은 고고학의 발달을 수반했고, 고고학 발굴의 결과는 성서의 시대와 배경을 이해하는 데 중요한 밑거름이 되었다. 즉, 오늘날 우리는 다양한 자료를 사용함으로써 성서를 다양한 시각에서 더욱 풍성하게 해석할 수 있다. 본서는 성서를 풍성하게 이해하는 것의 시작이다.

필자는 본서에서 히브리 성서를 기준으로 삼아 창세기를 연구했다. 한글 성서가 번역이 잘 되었음에도, 번역은 필연적으로 해석의 가능성을 제한한다. 때로는 성서 번역자의 '의도'가 번역에 반영되기도 한다. 그래서 '번역'이 '반역'이 되기도 한다. 반역이 되는 상황을 극복하기 위해 우리는 히브리 성서를 중심으로 창세기를 연구해야 한다.[5]

---

5 아쉽게도 히브리 음역을 한글로 옮기는 것에 표준이 없다는 것이 한국 학계의 현실이다. 박동현, "개역한글판의 히브리어 고유명사 한글 음역 방식과 히브리어 한글 음역 시안", 106-157 필자는 부득이하게 필자 나름의 기준으로 히브리어를 음역 표기했다.

4. 서술하는 시대와 서술되는 시대[6]_ 서술되는 시대는 이야기의 배경이 되는 시대를 말하며, 서술하는 시대는 그 이야기를 기록하는 시대를 가리킨다. 성서는 기록이며, 그것을 기록하는 시대가 분명히 존재한다. 성서를 올바르게 이해하려면 다음과 같은 질문을 필수적으로 해야만 한다. '서술하는 시대와 서술되는 시대'가 동일한가? 일례로 아브라함 이야기는 아브라함 시대에 기록되었는가? 아니다. 아브라함뿐만 아니라 창세기의 모든 기록은 그 시대에 기록되지 않았다. 그렇다면 창세기 저자가 족장들의 이야기를 기록한 목적은 무엇인가? 단순히 자신의 선조를 알리기 위함인가? 이 질문에 답하려면, '서술되는 시대'가 아니라, '서술하는 시대'의 관점에서 창세기 본문을 해석해야 한다. 저자는 서술하는 시대의 독자를 교육하기 위해 본문을 기록한다. 필자는 본서에서 서술하는 시대의 관점을 유지하기 위해 노력했다.

이 졸고가 세상에 나오기까지 많은 시행착오가 있었다. 현재 한국 신학자의 글쓰기는 평신도를 위한 글쓰기가 대세이다. 필자는 학문적 글쓰기가 도태되지 않기를 바란다. 필자는 학생들에게 비평적 글쓰기를 늘 강조해 왔으며, 필자 역시 그것을 실천하기 위해 노력해 왔다. 그러한 노력이 결실을 맺는 일은 결코 혼자의 힘과 의지로 되지 않는다는 사실을 새삼 깨달았다. 이 자리를 빌려, 도움을 주신 분들에게 감사를 표하고 싶다.

첫째, 부산에서 지역 복음화를 위해 애쓰는 친구 김동준 목사는 본서가 성도들에게도 도움이 될 수 있음을 깨닫게 해 주었다. 그는 필자를 지지해 주었고, 물심양면으로 도와준 고마운 친구이다. 김 목사가 시무하는 교회에서 본서를 처음으로 발표했을 때 그는 본서를 출판하도록 독려해 주었다. 그리고 원고를 마무리한 이후에 함께 이야기하며 나눌 수 있는 장(場)을 마련해 주었던 김인규 목사에게도 감사를 표한다.

---

6 E. Otto가 신명기 연구에 사용한 개념으로, 서술되는 내용의 시대와 저자가 집필하는 시대를 구분한다. E. Otto, *Das Deuteronomium im Pentateuch und Hexateuch*, 120; 민경구, "서술되는 시대, 서술하는 시대 - 역대상 10장에 나타난 역대기 사가의 신학", 35-55.

둘째, 강수정 · 조경진 전도사에게도 감사하다. 두 분은 졸고를 비평적으로 꼼꼼히 읽어 주었다. 투박한 필체를 지적해 주어 부드럽게 다듬을 수 있도록 해 주었고, 책의 완성도를 높이는 데 중요한 역할을 해 주었다. 그럼에도 불구하고 본서에 오류가 있다면, 그것은 전적으로 필자의 탓이다.

또한 자그마한 결실이 세상에 나올 수 있도록 출판을 허락한 이레서원 이혜성 편집장님께 진심 어린 감사를 표한다. 이혜성 편집장님과 이레서원 편집팀은 이 원고에 대해 계속 피드백을 해 주면서 독자들에게 편하게 다가갈 수 있도록 도와주었다.

마지막으로, 그 누구보다 최선을 다해 조력해 준 가족에게 너무나 감사하다. 사랑하는 아내 이선민, 그리고 두 딸 시은이와 시야는 나에게 끊임없이 엔도르핀을 제공해 주었다. 가족이 없었다면 아마 이 원고를 탈고하지 못했을 것이다. 가족에게 사랑과 감사를 표하는 것은 겸연쩍지만 마땅한 일이다.

에스라 련화지 앞에서

민경구

성서 배열

BHS	가톨릭	개신교	LXX[7]
토라	**오경**	**오경**	**율법과 역사서**
창세기	창세기	창세기	창세기
출애굽기	탈출기	출애굽기	출애굽기
레위기	레위기	레위기	레위기
민수기	민수기	민수기	민수기
신명기	신명기	신명기	신명기
			여호수아
예언서	**역사서**	**역사서**	사사기
전기 예언서[8]	여호수아기	여호수아	룻기
여호수아	판관기	사사기	제1왕정기
사사기	룻기[9]	룻기	제2왕정기
사무엘(상/하)	사무엘 상권	사무엘상	제3왕정기
열왕기(상/하)	사무엘 하권	사무엘하	제4왕정기
후기 예언서	열왕기 상권	열왕기상	역대기상
이사야	열왕기 하권	열왕기하	역대기하
예레미야	역대기 상권	역대상	제1에스드라
에스겔	역대기 하권	역대하	제2에스드라(에스라-느헤미야)
12소예언서	에즈라기	에스라	에스테르
	느헤미야기	느헤미야	**유딧기**
성문서[10]	**토빗기**[11]		**토빗기**
시문학	**유딧기**		**제1마카베오**
시편	에스테르기		**제2마카베오**
욥기	**마카베오기 상권**		**제3마카베오**
잠언	**마카베오기 하권**		**제4마카베오**
메길롯	**시서와 지혜서**	**성문서**	**시편과 예언서**
룻기	욥기	에스더	시편(151편)
아가	시편	욥기	잠언
전도서	잠언	시편	전도서
애가	코헬렛	잠언	아가
에스더	아가	전도서	욥기
기록물	**지혜서**	아가	**솔로몬 지혜서**
다니엘	**집회서**		**예수 시락서**
에스라-느헤미야	**예언서**	**예언서**	12소예언서(배열 순서)
역대기(상/하)	이사야	이사야	호세아, 아모스, 미가
	예레미야	예레미야	요엘, 오바댜, 요나
	애가	애가	나훔, 하박국, 스바냐
	바룩서	에스겔	학개, 스가랴, 말라기
	에제키엘서	다니엘(묵시)	이사야
	다니엘서	12소예언서	예레미야
	12소예언서		**바룩**
			애가
			예레미야의 편지
			에스겔
			다니엘

7 정교회는 LXX의 성서 배열을 수용했다. 참조. W. Brueggemann 외, 『신학의 렌즈로 본 구약개관』, 63-64.

8 밑줄은 세부 분류를 나타낸다.

9 들여쓰기는 히브리 성서(BHS)를 기준으로 하여 구별되는 것을 표기하였다.

10 참조. K. Schmid, 『고대 근동과 구약 문헌사』, 52. K. Schmid는 현재 밝혀진 것을 기준으로 성문서(케투빔)의 배열 순서가 다른 사본만 70가지 정도라고 설명한다.

11 들여쓰기와 함께 굵게 표시된 것은 한글 성서에는 포함되지 않은 외경이다.

용어 및 기호 설명

- **BHS** – Biblia Hebraica Stuttgartensia의 첫 글자를 축약한 것으로, 오늘날 보편적으로 사용되는 히브리 성서를 가리킨다. 독일 Stuttgart 지역에서 출판되고 있다.
- **70인역**(LXX / Septuaginta) – 히브리 성서를 헬라어로 번역한 것으로, 일반적으로 주전 3세기 경에 이집트 알렉산드리아에서 번역된 것을 가리킨다. 처음에는 오경만 번역되었고, 후대에 다른 것들이 추가되었다. 히브리 성서를 번역한 것이므로 신약 성서는 수록되지 않았다. 여기에는 외경이 함께 수록되었으며(유딧기, 토빗기, 제1-4마카베오, 솔로몬의 지혜서, 예수 시락서, 바룩, 예레미야의 편지 등), 성서 배열도 히브리 구약 성서와 차이가 있다.
- **Vulgata** – 교부인 히에로니무스(Hieronymus)(제롬[Jerome]은 영어식 이름이다)가 주후 4세기 말에 번역한 라틴어 성서를 가리킨다. 그가 번역한 성서는 이후에 교회에서 아주 오랫동안 거의 유일하게 사용되었다.
- **TaNaK** – Tora(오경), Nebiim(예언서), Ketubim(성문서)의 첫 알파벳을 가져온 것으로, 구약 성서 전체를 가리킨다.
- **오경** – 창세기부터 신명기까지 5권을 가리킨다. 모세의 권위(Authority/Autorität)에 소급되는 것으로서 모세 오경이라고 불리기도 하지만, 본서에서는 오경이라 칭하도록 하겠다.
- **육경** – 창세기부터 여호수아까지 6권을 가리킨다. 오경이 신명기에서 마무리되면 땅 점유는 미완으로 종결되는데, 육경은 그것을 보완하여 '땅 점유'를 서술의 중심 주제로 본 것이다.
- **사경** – 창세기부터 민수기까지 4권을 가리킨다. 이스라엘 역사를 이해하기 위해서는 신명기부터 열왕기하까지 이르는, 소위 '신명기 역사서'에 대한 개념을 알아야 한다. 신명기는 역사서를 이끄는 근간을 형성하므로 역사서의 일부로 편입되었다. 그리고 창세기에서 시작한 이야기가 민수기에서 종결되므로 사경이라는 신학적 개념이 등장하게 되었다.
- **원역사** – 창세기 1-11장을 지칭하며, 보편적 인류사에 대한 기록이다.
- **족장사** – 아브라함, 이삭, 야곱에 대한 기록을 담고 있는 본문을 가리킨다. 하나님의 약속이 이들에게 주어졌다. 일반적인 '역사' 개념에는 들지 않는다.
- **[ ]** – 히브리 성서의 장절 구분은 한글 성서와 대부분 일치하지만, 일치하지 않는 부분도 있다. 필자는 한글 성서를 중심으로 서술하되 히브리어 설명이 필요한 경우에는 [ ] 안에 히브리 성서 장절을 추가로 기입했다. 예: 욥 41:1[40:25].
- ***** – 구절 전체가 아니라 일부를 인용했음을 가리킨다. 예: 창세기 29:18*

다시 읽는

창세기

01

Genesis

시작하기

본서의 제목은 『다시 읽는 창세기』이다. 이렇게 제목을 지은 데에는 두 가지 이유가 있다. 첫째, 창세기를 새로운 관점에서 해석했기 때문이다. '새롭게 해석했다'는 것은 새로운 관점, 즉 창세기를 다시 읽는 독자의 관점으로 해석했다는 것을 의미한다. 무엇보다 포로기 이후의 독자들은 창세기를 아주 독특한 방식으로 받아들였는데, 필자는 본서를 통하여 그러한 시대의 관점을 관철시키고자 노력했다. 이러한 해석은 필자의 독단적인 사고가 아니라 학문적 이론이 그 근지에 놓여 있다. 이 이론은 21세기에 들어서서 출간된 창세기 관련 서적물에서 더욱 두드러지게 관찰된다. 둘째, 창세기를 읽는 독자가 새롭기 때문이다. 필자가 가리키는 '독자'란 현재의 독자를 의미하지 않으며, 창세기를 중요하게 인식한 1차 독자를 가리킨다. 족장들이 자신의 터전을 '떠남 – 정착 – (성전 건축)'은 포로기 이후 공동체에서도 중복되어 나타나므로, 창세기 족장의 상황과 창세기를 읽는 포로기 이후 독자의 상황은 상당히 일치한다. 그런 이유로 포로기 이후 공동체에 창세기는 세상의 시작을 보여 줄 뿐 아니라, '새롭게 시작하는' 국가를 새롭게 재건해야 할 공동체를 돕는 책으로 자리 잡았다. 필자는 본서에서 포로기 이후의 공동체가 창세기를 어떻게 수용했는지를 다룰 것이다. 그러한 관점이 창세기 면면에 흐르고 있다.

명칭

'창세기'는 영어 성서를 포함한 여러 곳에서 'Genesis'라고 불린다. 'Genesis'는 사전적으로 '기원', '발생', '내력' 등의 뜻을 지닌 단어이다. 이 단어는 어디에서 유래했을까? 일부이기는 하지만 히브리 성서의 번역의 역사를 탐구해 보면 그 유래를 밝혀낼 수 있다.

Genesis라는 명칭은 영어 성서뿐 아니라, 주후 4세기 말에 번역된 라틴어 성서인 Vulgata에도 나온다. 또한 그보다 더 오래된 헬라어 역본[1]에서도 영어와 동일하게 '게네시스'(γένεσις)라는 제목이 관찰된다. 이처럼 창세기를 Genesis라고 부르는 것은 매우 오래된 전통이었다. 여기에서 다음과 같은 질문을 통하여 한 걸음 더 나아갈 수 있다. 헬라어 성서가 히브리 성서를 번역한 것이라면, γένεσις는 히브리어의 어떤 용어에 상응하는가?

헬라어 성서에서는 γένεσις'라는 용어가 창세기 2:4을 포함하여 총 15회 사용되었다.[2] 그러나 이 본문들에서 '창세기'라는 명칭과 부합하는 그 무엇을 찾아내기는 쉽지 않다.

> 이것이 천지가 창조될 때에 하늘과 땅의 '내력'(톨레돗, תּוֹלְדוֹת, γένεσις)이니 여호와 하나님이 땅과 하늘을 만드시던 날에(창 2:4)
> 이것은 아담의 '계보'(톨레돗, תּוֹלְדוֹת, γένεσις)를 적은 책이니라 하나님이 사람을 창

---

1 이것은 Septuaginta, LXX, 그리고 70인역으로 다양하게 표현된다.
2 창 2:4; 5:1; 6:9; 10:1, 32; 11:10, 27; 25:12, 19; 31:13; 32:10; 36:1, 9; 37:2; 40:20.

조하실 때에 하나님의 모양대로 지으시되(창 5:1)
이것이 노아의 '족보'(톨레돗, תּוֹלְדוֹת, γένεσις)니라 노아는 의인이요 당대에 완전한 자라 그는 하나님과 동행하였으며(창 6:9)

위에 나열한 본문들에서 공통점 하나를 발견할 수 있다. 한글 성서에서 '내력', '계보', '족보' 등으로 다양하게 번역된 단어가 히브리어 '톨레돗'(תּוֹלְדוֹת)이라는 사실이다. 이 용어는 '낳다'(얄라드, ילד)를 뜻하는 동사에서 파생되었는데, '족보'라는 개념과 유사하다. 그래서 '족보'가 등장하는 본문에서는 'A가 B를 낳았다. B가 C를 낳았다'라는 패턴이 자주 사용되었다(창 5:3 이하; 11:10 이하). 따라서 '족보'를 의미하는 히브리어가 헬라어 'γένεσις', 또는 라틴어/영어의 Genesis로 번역되었음을 알 수 있다.

고대 번역본 성서들이 첫 번째 책을 Genesis라고 명명한 것은 창세기에 '족보'가 빈번하게 나오기 때문이다. 그것은 창세기 전체를 이해하는 데 도움을 준다. 하지만 '족보'는 '얄라드'(낳다) 동사에서 파생했기에 '톨레돗'의 본래 의미가 '기원'을 가리키는지에 대해서는 의문이 제기된다. '톨레돗'이 빈번히 사용되었음을 근거로 이 첫 번째 책의 명칭을 Genesis라고 부를 수는 있지만, '톨레돗'은 모세의 첫 번째 책이 보여 주려는 것과는 구별된다. 오히려 히브리 성서는 '태초에'(베레쉬트, בְּרֵאשִׁית)를 제목으로 삼았다. 한글 성서가 구약의 첫 번째 책에 '창세기'(創世記), 즉 '세상을 만든 것에 대한 기록'이라는 제목을 붙인 것은 히브리 성서의 제목과도 일맥상통한다.

창세기와 창조 이야기

'창세기'는 오경의 첫 번째 책이자 구약 성서의 가장 앞에 위치한 책이다. '창세기'라는 명칭으로 언급된 책은 성서에서 오직 한 권이라는 의미에서 '창세기'는 독립된 고유 개념이다. 창세기 1-2장은 '창조' 이야기를 담고 있다. 하지만 '창조'

이야기 즉, '창조에 관한' 이야기가 창세기에만 나오는 것은 아니다. 시편, 잠언, 욥기, 예언서에도 나온다. 시편 8편은 하나님이 손가락으로 만든 세상의 조화로움을 노래한다. 시편 104, 148편은 하나님의 창조를 모티브로 삼은 찬양시이다. 욥과 친구들의 대화와 엘리후의 발언 이후에 나오는 욥기 38장 이하는 하나님의 독백을 다루는 본문이다. 야웨는 창조에 관한 수사학적 문구로 욥에게 질문한다. 야웨는 스스로 땅의 기초를 놓은 분이며(욥 38:4), 혼돈 세력인 '리워야단'을 통제하는 분이다(욥 41:1[40:25]).

잠언 8장은 창조 기록을 담고 있는 대표적인 본문으로, 후대에 '그리스도'의 신적 동일 본성을 두고 일어난 아리우스 논쟁에서 중요하게 다룬 본문이기도 하다. 창세기 1장에 나오는 '태초'(레쉬트, רֵאשִׁית)라는 단어가 잠언 8장 곳곳에 사용됨으로써 마치 창세기 사건을 재현하는 듯한 느낌을 준다. 여기서는 바다, 산과 언덕이 창조되기 이전을 묘사한다(잠 8:24-26).

> 여호와께서 그 조화의 시작 곧 태초에 일하시기 전에 나를 '가지셨으며'(카나니, קָנָנִי) 만세 전부터, 태초부터, 땅이 생기기 전부터 내가 세움을 받았나니(잠 8:22-23)

본문에 나오는 '나'는 지혜를 가리키며(잠 8:12), 이 본문은 지혜의 선재성을 설명하고 있다. 지혜는 모든 피조물보다 먼저 창조되어 하나님과 피조물을 연결한다.[3] 게다가 70인역은 '가지셨다'라는 히브리어를 '창조하다'(에크티센, ἔκτισέν)로 표현했다.

이사야에서도 창조 신학이 발견된다. 이사야 창조 신학에서 주목해야 할 점은 야웨가 '환난'(라, רַע)도 창조하는 분으로 그려진다는 것이다. 이 용어를 사용하여 이사야는 하나님에 대한 이해를 확장하고 있으며, 또한 단순한 '환난'을 넘어 '악'을 표현하기도 한다(창 2:9).

3 참조. A. Meinhold, *Die Sprüche 1-15*, 135.

나는 빛도 짓고 어둠도 창조하며 나는 평안도 짓고 환난도 창조하나니 나는 여호와라 이 모든 일들을 행하는 자니라 하였노라(사 45:7)

이처럼 다양한 창조 이야기가 구약에 나오지만 각각의 이야기는 결코 동일하지 않다. 우리는 그 모든 것을 '창세기'라고 부르지 않는다. 환언하면, 창세기와 창조 이야기는 구별되어야 한다.

창세기는 하나의 창조 이야기 그 이상을 의미한다. 폰 라트(G. von Rad)는 원역사(Urgeschichte: 창 1-11장)를 육경[4]의 틀 속에서 '구속사'적 관점으로 해석한다.[5] 창세기는 태초에 있었던 창조 질서를 묘사하여 일반적으로 '태초의 창조'(creatio originalis)를 보여 주는 것으로 해석되며, 다른 창조 이야기들은 '지속적 창조'(creatio continua)로 해석되어 왔다.

하지만 창세기와 창조 이야기에서 창조 대상은 동일하지 않다. 창세기에서는 가시적인 피조물 – 해, 달, 별, 동물 등 – 이 서술되었다면, 잠언과 이사야에서는 비가시적인 피조물 – 지혜, 선과 악 – 이 창조의 틀로 들어왔다. 환언하면, 창조 이야기에는 '하나님의 창조는 어디까지인가?'라는 신학적 성찰이 반영되어 있다. 창세기는 '오경의 첫 번째 책'이며 구약 성서의 첫 번째 책으로서 고유한 개념이지만, '창조 이야기'는 창세기에서만 관찰되는 고유한 성격은 아니다. 구약 성서에 나오는 창조 이야기는 다양한 본문을 통해 각각의 창조 이야기를 서로 보완한다.

---

4 육경은 오경(창세기-신명기)에다 '여호수아서'를 포함한 것이다. 땅 정복이 여호수아서에서 종결되므로, 아브라함에 대한 땅 약속이 이루어지는 것으로 보인다.

5 G. von Rad, 『창세기』, 26.

02

창세기 1:26-31

하나님이 창조한 형상

미켈란젤로(Michelagelo), 아담 창조(The Creation of Adam), 1511–1512년[1]

한눈에 보기

창세기 1:26–27에서는 하나님이 자신의 '형상과 모양'대로 인간을 창조했다고 선언한다. 이 본문은 오직 왕(王)만을 '신의 형상'을 소유한 유일한 존재로 보았던 주변 국가들의 사상과 달리, 모든 사람이 하나님의 형상을 지니고 있다는 '만

1 많은 화가가 창세기 1장에서 영감을 받아 이 본문을 다양하게 표현했다. 로마 바티칸 교황청의 시스티나 예배당(Cappella Sistina) 천장에 그려진 그림은 성서의 주요한 장면들을 묘사한 것으로도 유명하다. 그중 '아담 창조'는 창세기 1장을 묘사한 대표적인 그림이다. 이 그림을 보면, 오른편에는 하나님이 있고, 왼편에는 땅에 기대어 누워 있는 한 남성이 있다. 하나님의 손과 남성의 손이 곧 닿을 듯 근접해 있다. 이 그림에는 여성은 없고 오직 남성만 등장한다. 남성과 여성을 차등하게 여겼던 당시의 사고가 반영되었다고 이해할 수 있다.

민 평등 사상'을 드러낸다. '형상'(첼렘, צֶלֶם)은 구약 성서의 여러 본문에서 '우상'으로도 번역된다(왕하 11:18; 대하 23:17; 겔 7:20 등). 그렇다면 하나님은 스스로 '우상'을 만든 후 '너를 위하여 새긴 우상을 만들지 말라'(제2계명)라고 인간에게 명령한 것일까? 아니다. 오히려 인간이 하나님의 형상대로 이미 창조되었기 때문에 더 이상의 '형상'은 불필요하게 되었다. 하나님은 인간을 자신의 형상대로 창조했고, 이러한 창조 정신이 지금까지 계속 유지된다. 하나님과 인간 사이에는 어떠한 중재물도 필요하지 않다.

시작하기

미켈란젤로(Michelagelo Buonarroti)의 '천지 창조'를 비롯하여 창조를 묘사한 수많은 그림에 남자와 여자가 함께 나오지 않는다는 것은 그 작품들이 창세기 2:7 이하를 근거로 완성되었음을 추측하게 한다. 왜냐하면 1:27에서는 하나님이 남자와 여자를 동시에 창조했다고 서술하지만, 2:7 이하에서는 하나님이 땅의 흙으로 사람(아담)을 먼저 만드셨고, 이후에 남자의 뼈를 취하여 여자를 만들었다고 진술하기 때문이다.

남성이 하나님의 '모양과 형상'대로 창조되었다는 점에는 논란이 없다. 하지만 '여성도 하나님의 모양과 형상으로 창조되었을까?' 이러한 논의가 초대 교부 시대에도 있었다.[2] 최근에 한 논문에서는 교회사에서 한 번쯤은 이름을 들어 보았음직한 인물들을 거론하면서 그들이 여성이 하나님의 형상으로 창조되었다는 것에 대부분 회의적이었다고 밝힌다.[3] 칼빈(J. Calvin)은 1:26을 근거로 하여 남성

2 박유미, "칼빈의 해석은 영원한 진리?", 104-136. 박유미는 J. L. Thompson을 인용하여 교회사에서 논의되었던 여성의 하나님 형상 이해를 서술한다. 109 참조.

3 참조. 박유미, "칼빈의 해석은 영원한 진리?", 109. 저자는 당시의 전반적 이해를 몇몇 예를 제시하면서 설명한다. Aquinas는 여성이 하나님의 형상으로 창조되었다는 것을 인정하면서도 '하나님의 형상은 여성에게 발견되지 않는 방법으로 남성들에게 발견된다'고 이해했다. Zwingli와 Erasmus는 여성이 하나님의 형상이 아니라고 주장했다. Musculus는 여성의 경우에 '오직' 남성과의 결혼을 통해서만 하나님의 형상을 가

과 여성이 모두 평등하게 하나님의 형상대로 창조되었다고 이해했지만, 결국에는 그도 여성을 '남성의 보조자' 정도로만 간주했다.[4] 칼빈은 '돕는 베필'과 '하나님이 아담을 잠들게 한 후에 갈빗대를 취하여 여자를 만들었다'는 본문을(창 2:18-22) 남성이 여성보다 우월함을 보여 주는 것으로 해석했다. "여성이 남성의 조력자가 되는 것은 자연의 순리"이다. "하나님은 여성을 동반자이자 동료로 남성에게 주었다. 그것은 남성이 잘 살아갈 수 있도록 도우려는 목적이었다."[5]

첫 번째 창조 이야기인 창세기 1:1-2:4a에서는 세상이 조직적이며 순차적으로 만들어졌다고 기록한다. 세상은 빛을 시작으로 하나하나 창조되었고, 마지막으로 인간이 창조되었다. 이러한 창조 순서는 인간의 이성(理性)과도 어느 정도 부합한다. 여기에서의 강조점은 인간 창조에 있다. 인간이 창조된 날에는 히브리어 정관사를 사용하여 그 사실을 강조하고, 또한 인간이 하나님의 형상과 모양대로 창조되었다고 기술한다. 하나님의 '형상과 모양'에 대해 그동안 많은 논의가 있어 왔다.[6] 성서 해석자들은 인간이 '하나님의 형상과 모양'으로 창조되었다는 것을 인간의 이성, 자유 의지, 혹은 땅을 다스리는 신적 대리자의 역할로 간주함으로써 다른 피조물들과의 차이점을 부각한다. 일부 학자는 인간이 하나님의 '형상과 모양'으로 창조되었다는 기록을 근거로 하여 하나님의 모습을 유추하기도 한다.

하지만 성서에서 '형상'은 상당히 다양한 의미로 사용되었다. 이것은 '우상'이라고도 번역될 수 있기 때문에, 이 단어를 어떻게 이해해야 할지 혼란스럽다(민 33:52). '형상' 혹은 '우상'은 일반적으로 비판의 대상인데, 창세기 1:26-27에서는 하나님이 스스로 그것을 만들었다고 진술한다. 그렇다면 1:26-27은 하나님의 계명과 상충되는 것처럼 보인다. 이 단어의 뒤틀린 의미를 어떻게 이해할 것인가?

질 수 있다고 생각했다.

4 박유미, "칼빈의 해석은 영원한 진리?", 129.

5 J. Calvin의 창세기 2:18 주석을 참조하라. Calvin의 주석을 보면 그는 시대보다 뛰어난 해석을 했지만, 시대를 뛰어넘지는 못했다.

6 참조. C. Westermann, *Genesis 1-11*, 203-209; 그밖에도 차준희, 『창세기 다시보기』, 12-13.

형상과 모양

창세기 1장에서 인간 창조에 특별한 의미를 부여한다는 것에는 이론(異論)의 여지가 없다. 인간 창조와 관련된 '여섯째 날'에만 정관사가 사용되었기 때문이다.[7]

> 하나님이 빛을 낮이라 부르시고 어둠을 밤이라 부르시니라 저녁이 되고 아침이 되니 이는 '첫째 날'(욤 에하드, יוֹם אֶחָד)이니라(창 1:5)
> 하나님이 지으신 그 모든 것을 보시니 보시기에 심히 좋았더라 저녁이 되고 아침이 되니 이는 '여섯째 날'(욤 하쉬쉬, יוֹם הַשִּׁשִּׁי)이니라(창 1:31)

1:26-27에 나오는 형상과 모양에 대해서는 오래전부터 다양한 해석이 있어 왔다. 하지만 본서에서는 이러한 논의에 집중하기보다는 인간이 하나님의 형상과 모양으로 창조되었다는 것의 의미를 십계명의 제2계명과 연결해서 고찰하려고 한다.

창세기 1:26-31

창세기 2:4에 등장하는 '내력'(톨레돗, תּוֹלְדוֹת)이라는 히브리어는 본래 '계보' 혹은 '족보'(창 5:1; 6:9; 10:1, 31)를 의미하는 단어이다. 이 단어는 세상이 순차적이고 체계적으로 창조되었음을 보여 준다(참조. 창 1:1-2:4a).

창조된 피조물을 보면서 하나님은 '좋았더라'라고 계속 감탄한다(창 1:4, 10, 12, 18, 21, 25, 31). 그리고 여섯째 날에 인간을 창조한 후에, 모든 것이 서로 조화를 이

---

7 '심히 좋았더라'라는 표현이 여섯째 날에만 해당하는지, 아니면 전체 창조에 대한 선언인지에 관해서는 논란이 있다. 참조. C. Westermann, *Genesis 1-11*, 228; V. P. Hamilton, *The Book of Genesis 1-17*, 141. 필자가 본서를 집필할 때는 Hamilton의 책이 번역되지 않았기에 원서를 중심으로 참조했고, 이후에 번역본으로 재확인하였다.

루고 있음을 보고 '심히 좋았더라'라고 경탄한다. 다른 피조물들과 비교했을 때 인간 창조에서 눈에 띄는 것은 '우리'라는 복수의 개념이 등장한다는 점이다. 구약 성서에는 '우리'라는 표현이 종종 나오는데(참조. 창 11:7), 여기서는 삼위일체를 가리킨다기보다는 인간 창조에 있어서 신중함을 나타내는 것으로 해석할 수 있다. 즉, 복수 표현인 '우리'를 '심사숙고적 복수'(*pluralis deliberationis*) 또는 '숭고한 복수'(*pluralis maiestatis*)라고 부르기도 한다.[8]

중요한 것은 인간이 하나님의 '형상'(쩰렘, צֶלֶם)과 '모양'(데무트, דְמוּת)대로 창조되었다는 기록이다.

> 하나님이 이르시되 우리의 '형상을 따라'(베짤메누, בְּצַלְמֵנוּ) 우리의 '모양대로'(키데무테누, כִּדְמוּתֵנוּ) 우리가 사람을 만들고 그들로 바다의 물고기와 하늘의 새와 가축과 온 땅과 땅에 기는 모든 것을 다스리게 하자 하시고(창 1:26)

고대 사회에서는 '왕'이 신의 형상을 가졌다고 믿었다.[9] 1:26에 기록된 '다스리다'(라다, רדה)라는 단어를 근거로 해서 인간이 신적 대리자로서 모든 피조물을 '치리'(治理) 혹은 '관리'하는 역할로 지음받았다는 주장[10]은 부분적으로 수용될 수 있다. 이러한 주장은 고대 근동의 '왕' 사상을 비판하는 것이다. 특정한 한 사람인 '왕'에게만 신의 형상이 나타난다는 고대 근동의 이해와 구별되게, 창세기에서는 모든 인류가 하나님의 형상과 모양대로 창조되었다고 밝힌다. 또한 '왕은 신의 형상을 가진 자'라는 인식과 함께 '왕은 곧 법이다'(Rex Lex)라는 통념이 지배적이었던 세계에서 창세기 1:26-27은 그러한 이해를 거부한다. 여기서 우리는

---

8 참조. A. Schüle, *Die Urgeschichte: Genesis 1-11*, 38.

9 참조. N. M. Sarna, *The JPS Torah Commentary. Genesis*, 12; U. Rüterswörden, *Dominium Terrae. Studien zur Genese einer alttestamentlichen Vorstellung*, 104. 이와 다른 이해로는 J. Wöhrle, "dominium terrae. Exegetische und religionsgeschichtliche Überlegungen zum Herrschaftsauftrag in Gen 1,26-28", 176을 참조하라. J. Wöhrle 는 '다스리다'라는 용어가 직접적으로 왕정 이데올로기와 관련된 것은 아니라고 설명한다.

10 참조. 차준희, 『창세기 다시보기』, 14; 계속해서 W. Brueggemann, 『구약개론』, 75-76을 참조하라; 유사한 주장을 하는 최근 연구에 대해서는 J. Wöhrle, "dominium terrae", 171-188을 참조하라.

여성 역시 신의 형상으로 창조되었다는 기록을 결코 간과해서는 안 된다. 여하튼 이 본문을 근간으로 해서 인간이 하나님의 형상(*Imago Dei*)대로 지음받았다는 교리가 등장했다는 점은 분명하다.[11]

여기서 한 가지 문제가 발생한다. '형상'(쩰렘, צֶלֶם)을 '우상'으로 번역할 수도 있다는 것이다. 에스겔 23:14-15은 바벨론 사람이 '형상'(쩰렘, צֶלֶם)과 '모양'(데무트, דְּמוּת)대로 그려진 것을 비판하는 내용이다.[12]

> 그 땅의 원주민을 너희 앞에서 다 몰아내고 그 새긴 석상과 부어 만든 '우상'(짤메, צַלְמֵי)을 다 깨뜨리며 산당을 다 헐고(민 33:52)
> 그러므로 너희는 너희의 독한 종기의 '형상'(짤메, צַלְמֵי)과 땅을 해롭게 하는 쥐의 '형상'(짤메, צַלְמֵי)을 만들어 이스라엘 신께 영광을 돌리라 그가 혹 그의 손을 너희와 너희의 신들과 너희 땅에서 가볍게 하실까 하노라(삼상 6:5)
> 그가 음행을 더하였음은 붉은 색으로 벽에 그린 사람의 형상 곧 갈대아 사람의 '형상'(쩰렘, צֶלֶם)을 보았음이니, 그 형상은 허리를 띠로 동이고 머리를 긴 수건으로 쌌으며 그의 용모는 다 준수한 자 곧 그의 고향 갈대아 바벨론 사람 같은 '것'(데무트, דְּמוּת)이라(겔 23:14-15)

'형상과 모양'을 하나님이 스스로 만드셨다는 창세기 본문과 '우상' 혹은 '형상'을 만들지 말라고 명령하는 또 다른 본문들을 어떻게 이해해야 하는가? 본문들에서 일치적으로 드러나는 차이점은 형상과 모양을 만드는 주체이다. 인간의 '형상과 모양'은 하나님에 의해 만들어졌고, 성서에서 비판하는 '형상과 모양'은 인간에 의해 제조되었다. 이 '형상과 모양'에는 질적인 차이는 물론 재료의 차이 등 여러 가지 차이점이 있다.

---

11 L. Köhler, "Die Grundstelle der Imago-Dei-Lehre, Genesis 1,26", 16-17.

12 참조. C. Westermann, *Genesis 1-11*, 203.

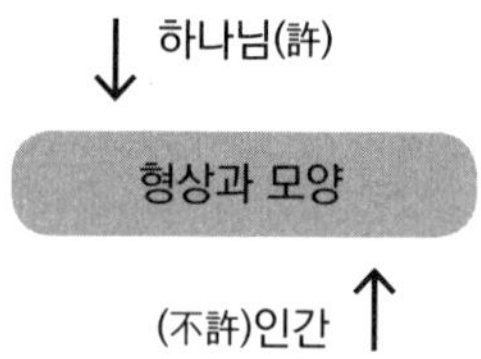

형상에 대해 언급할 때면 십계명의 두 번째 계명이 떠오른다. 십계명에 나오는 '우상'(페셀, פֶּסֶל)과 '형상'(테무나, תְּמוּנָה)은 창세기 1장에 나오는 단어와 다르다. 하지만 주제의 측면에서는 유사성이 나타난다.

형상의 기능

인간은 왜 형상과 모양을 만들었을까? 잘 알려진 것처럼, 십계명에는 형상 제조 금지 명령이 나온다(제2계명). 십계명의 '우상'(페셀, פֶּסֶל)은 대체로 종교적 영역에서 사용되는 단어이다.[13] 반면에 창세기 1장에 기록된 '형상'(첼렘, צֶלֶם)은 세속적인 영역과 종교적인 영역 모두에서 사용되는 단어이다. 즉, 창세기 1장에 나오는 '형상'이 출애굽기 20장에 나오는 '우상'보다 더 포괄적인 의미로 사용되었다.

십계명의 제2계명과 제1계명이 서로 연관성이 있다는 주장이 많이 제기되어 왔다. 그중 하나를 간략히 소개하면, 슈미트(W. H. Schmidt)는 아우구스티누스(Augustinus)가 제2계명을 이방 신의 형상과 관련하여 해석했다고 지적한다.[14] 그로 인해 제2계명은 제1계명의 연장선상에서 이해되었고, 제1계명에 대한 확장으로 평가됨으로써 제1, 2계명은 하나의 계명으로 취급되었다.[15] 다른 주장도 있다.

---

13 참조. C. Dohmen, "פֶּסֶל", *ThWAT* VI, 692.

14 W. H. Schmidt, *Die Zehn Gebote im Rahmen Alttestementlicher Ethik*, 59.

15 제1, 2계명의 관계를 어떻게 이해하느냐에 따라 십계명의 내용을 이해하는 방법도 달라진다. Augustinus는 '이름 오용 금지'인 출애굽기 20:7을 제2계명이라고 말한다. 십계명의 순서에 대한 세 가지 상이한 서술을 참조하라. 박요한 영식, 『십계명』, 16.

이방 신 숭배 금지는 이미 제1계명에서 언급되었기 때문에,[16] 제2계명은 이방 신상과는 무관하며 오히려 여호와의 신상과 관련이 있다고 한다. 다시 말해, 제1계명과 제2계명이 서로 다른 계명이라고 주장한다.

성서를 보면 이스라엘 백성이 여호와의 형상도 만들었고(출 32:4) 이방 신상도 제조했음을 관찰할 수 있다(창 31:19). 출애굽기 20:4은 '자신을 위한'(레카, לְךָ) 형상을 만들지 말라고 경고한다. 그러므로 출애굽기 20장이 제시하는 형상 제조 금지는 인간이 자신을 위하여 만든 모든 형상을 대상으로 한다.

그렇다면 형상은 구체적으로 어떠한 기능을 하는가? 이스라엘의 주변 국가들에서는 신의 형상을 가시적으로 구현하여 그것들을 신(神)으로 섬겼다. 그들은 신의 형상을 통해 신과 접촉할 수 있다고 생각해 왔다. 때때로 왕은 신의 형상을 가진 자로 등장하여,[17] 신의 대리자로서 인간을 통치한다고 믿었다. 따라서 왕은 신의 통치를 구현하는 자인 동시에 숭배의 대상이기도 했다. 이러한 이해와 달리 성서에서는 신의 형상 소유를 금지했고, 형상화되지 않은 신을 섬기라고 명령한다.[18] 그러므로 이스라엘의 형상 제조 금지법은 주변 국가와 비교했을 때 매우 독특한 내용이었다.

아스돗 사람들이 이튿날 일찍이 일어나 본즉 다곤이 여호와의 궤 앞에서 엎드러져 그 얼굴이 땅에 닿았는지라 그들이 다곤을 일으켜 다시 그 자리에 세웠더니 그 이튿날 아침에 그들이 일찍이 일어나 본즉 다곤이 여호와의 궤 앞에서 또다시 엎드러져 얼굴이 땅에 닿았고 그 머리와 두 손목은 끊어져 문지방에 있고 다곤의 몸뚱이만 남았더라(삼상 5:3-4)

---

16 참조. 차준희, 『교회 다니면서 십계명도 몰라?』, 45-46.

17 E. Kausen, "Die Siegestelle des Pije" *TUAT* Bd. I, 559. 덧붙여서 참조. W. Groß, "Gen 1,26.27; 9,6: Statue oder Ebenbild Gottes?", 12-18.

18 하지만 형상 제조 금지가 언제부터 법적 효력을 가졌는지에 대해서는 논쟁이 있다. 참조. W. H. Schmidt, *Die Zehn Gebote im Rahmen Alttestementlicher Ethik*, 60; 차준희, 『교회 다니면서 십계명도 몰라?』, 47.

야곱이 라반의 집에서 나올 때, 라반의 딸인 라헬이 '드라빔을 도둑질했다'고 성서는 보도한다(창 31:19). 라반은 가신(家神, Hausgott)으로서 축복과 보호를 담보해 주는 드라빔이 사라졌음을 알고 야곱을 뒤쫓는다(창 31:35).[19] 이스라엘 내에서도 형상이 숭배 대상이었음을 알 수 있다.

> 모세가 놋뱀을 만들어 장대 위에 다니 뱀에게 물린 자가 놋뱀을 쳐다본즉 모두 살더라(민 21:9)
>
> 그가 여러 산당들을 제거하며 주상을 깨뜨리며 아세라 목상을 찍으며 모세가 만들었던 놋뱀을 이스라엘 자손이 이때까지 향하여 분향하므로 그것을 부수고 느후스단이라 일컬었더라(왕하 18:4)

성서에는 놋뱀에 대한 기록이 2회 등장한다. 놋뱀을 만들게 된 동기를 서술하는 민수기 21장에 처음 나오고, 다른 한 번은 놋뱀이 숭배의 대상이 되었음을 보여 주는 열왕기하 18장에 나온다. 열왕기하 18장에서는 처음의 의도와는 달리 놋뱀이 숭배의 대상으로 전락했음을 비판적으로 보여 준다. 이처럼 형상에 부정적인 이미지가 있는데도 하나님은 '어떤 이유로 인간을 자신의 형상과 모양대로 만들었을까?'

하나님의 형상으로 창조된 인간

인간은 하나님의 형상과 모양대로 창조된, 특별한 존재이다. 하지만 창세기 3장에 따르면 타락한 존재이다. 인간이 타락함으로써 많은 것이 달라졌다. 그중 가장 심각한 변화는 하나님의 동산인 에덴에서 추방당하여 하나님과의 관계가 단절되었다는 것이다. 그렇다면 인간은 하나님의 '형상과 모양'을 계속 유지하고 있는가? 타락으로 말미암아 하나님의 모양과 형상이 파괴된 것은 아닐까? 창세

19 참조. C. Westermann, *Genesis 12-36*, 602.

기를 조금만 더 읽어 내려가다 보면 의문점이 곧 해소된다.

인간의 형상에 대한 기록은 오직 '원역사'에만 나온다. 가인과 아벨의 사건 이후에 아담이 셋이라는 자녀를 낳는다.

> 아담은 백삼십 세에 자기의 모양 곧 '자기의 형상과 같은' 아들을 낳아 이름을 셋이라 하였고(창 5:3)

이 구절은 인류의 타락 이후에도 하나님의 형상과 모양이 인간에게 유지되고 있음을 보여 준다. 그리고 홍수 심판이 끝난 이후에도 이와 유사한 내용이 기록되어 있다.

> 다른 사람의 피를 흘리면 그 사람의 피도 흘릴 것이니 이는 '하나님이 자기 형상대로' 사람을 지으셨음이니라(창 9:6)

하나님의 형상이 여전히 유지되기 때문에, 인간은 서로의 생명을 보존하는 윤리적 행위에 충실해야 한다.[20] 이것은 하나님의 형상에 대한 이해에 있어서 이스라엘과 그 주변 국가들이 차이가 있었음을 알려 준다.[21] 고대 근동에서 '왕'은 신의 형상을 가진 신의 대리자로서 인류를 통치하는 자로 이해되었지만, 구약 성서에서는 '모든 인류'가 하나님의 형상을 가졌다고 선언한다.[22] 따라서 고대 근동의

---

20 참조. A. Schüle, *Die Urgeschichte: Genesis 1-11*, 43.

21 '에누마 엘리쉬'(Enuma-Elisch)와 같은 고대 근동 서사에 따르면 신은 노동하기를 싫어한다. 신은 자신을 대신하여 노동할 인간을 창조하고, 그에게 식량을 생산하도록 한다. 그와 달리 창세기는 독특하게도, 신이 인간을 부양하는 모습을 보여 준다. "여호와 하나님이 그 사람에게 명하여 이르시되 동산 각종 나무의 열매는 네가 임의로 먹되"(창 2:16).

22 '에누마 엘리쉬' 제6판에 고대의 인간 창조 목적이 나온다. W. G. Lambert, "Akkadische Mythen und Epen. Enuma Elisch", 591-592.
"마루둑이 신들의 이야기를 들었을 때, 그는 지극히 정교한 것을 만들고 싶어 했다. 그는 마음에 숙고한 후에 에아(Ea)에게 다음과 같이 말했다. '피를 모으고 뼈를 만들어야겠다. 룰루(Lullu)에게 생명을 불어넣고 그 이름을 '인간'이라 하겠다. 나는 룰루-인간들(Lullu-Menschen)을 창조하여 신들의 수고를 대신 짊어지게 할 것이며, 그 결과 신들은 평안해질 것이다.'"(1-9절)

사상을 1:26이 비판하고 있다는 해석은 의심의 여지가 없다.[23] 모든 인류가 하나님의 형상으로 지음받았다는 것은 '평등 사상'[24]이라는 개념으로 표현된다. 더욱이 잠언에서는 이러한 창조 신학을 기반으로 하여, 가난한 자와 궁핍한 자를 불쌍히 여겨야 한다고 선언한다.[25]

> 가난한 사람을 학대하는 자는 그를 지으신 이를 멸시하는 자요 궁핍한 사람을 불쌍히 여기는 자는 주를 공경하는 자니라(잠 14:31)

타락 이후에도 하나님의 형상이 인간에게 여전히 유지되고 있다는 구약의 인간 이해가 잠언에서도 관찰된다. 칼 바르트(Karl Barth)는 '인간이 하나님의 형상으로 창조되었다는 것'을 하나님과 인간의 관계성과 연합을 보여 주는 것으로 이해하며, 인간을 '하나님의 상대자'(Gottes Gegenüber)라고 적절하게 해석한다.[26]

창세기 1장은 일반적으로 제사장 문서로 이해되므로 시대에 역행한다는 비판이 있을 수 있지만, 1장이 성서의 가장 앞에 배열된 편집적 시각에 주목해야 한다. 게다가 1장에는 하나님의 형상에 대한 이해가 이미 반영되어 있다.[27] 고대에는 사람이 신의 형상을 소유함으로써 신과 접촉할 수 있다고 믿었는데(창 31:19),

---

"'킹구(Kingu)는 이번 전쟁을 선동했고, 티아맛(Tiamat)의 반란을 부추겨 전쟁을 일으킨 자이다.' 신들은 그를 결박하여 에아(Ea) 앞으로 끌고 갔다. 신들은 그에게 유죄를 선언하고 그를 처형했다. 그는 킹구의 피로 인류(Menschheit)를 창조했고, 그 인류를 신을 위한 봉사자로 삼아 신들을 자유롭게 해 주었다."(29-34절)

23 참조. N. M. Sarna, *The JPS Torah Commentary. Genesis*, 12.

24 참조. 이은우, "창세기 1장 1절-2장 4a절의 수사적 구조에 나타난 생태윤리", 19; 그밖에도 참조. H.-C. Schmitt, 『구약학 연구 안내서. 구약, 어떻게 공부할 것인가?』, 293. 이와 유사하게 H.-C. Schmitt는 '모든 인류'가 하나님의 형상으로 지음받았다는 것을 '민주화'의 실현으로 표현한다; E. Otto, *Gottes Recht als Menschenrecht*, 180.

25 참조. R. Kessler, "Tora und Menschenrechte", 361.

26 K. Barth, *Die Kirchliche Dogmatik. Die Lehre von der Schöpfung* III/1, 204-233, 특별히 206-207 참조. K. Barth는 M. Buber의 잘 알려진 "나와 너"(Ich und Du)라는 개념으로 하나님과 인간의 관계를 설명한다. 성서 신학적 관점에 따르면 제사장 계열은 인간과 하나님의 교제에 큰 관심을 가지고 있다. H.-C. Schmitt, 『구약학 연구 안내서. 구약, 어떻게 공부할 것인가?』, 293.

27 참조. W. H. Schmidt, *Die Zehn Gebote im Rahmen Alttestementlicher Ethik*, 61.

이 점을 고려하면 하나님의 형상이 인간에게 주어졌다는 1:26-27의 기록은 매우 중요하다. 왜냐하면 그것은 하나님과 인간의 관계 형성을 위한 단초가 인간에게 내재한다는 것을 의미하기 때문이다. 그러나 형상이 인간에게 내재한다는 것은 오늘날 인간이 스스로 신적 위치에 도달할 수 있다는 의미로 해석될 수 없다. '사람의 죄악이 세상에 가득함과 마음으로 생각하는 모든 계획이 악하다'는 선언은 인간의 선함을 거부한다(참조. 창 6:5; 8:21).[28]

하나님은 인간과 연합하기 위해 자신의 형상을 인간에게 부여했다. 그러므로 인간은 하나님과 관계를 맺기 위해 어떤 매개체, 다시 말해서 신의 형상(우상)을 만들 필요가 없다. 하나님이 자신의 형상과 모양대로 인간을 창조했다는 기록은 십계명의 제2계명인 '형상 제조 금지'와 상충되는 내용이 아니다. 오히려 제2계명을 위한 근거가 된다.

마무리하기

'우리의 형상을 따라 우리의 모양대로'(창 1:26) 사람이 창조되었다는 선언은 대단히 중요하다. 이 본문이 인간에게 모든 피조물을 다스리는 권위를 부여하는 근거가 되기 때문은 결코 아니다. 이 선언은 모든 인간이 하나님의 형상을 닮았다고 밝힌다. 따라서 오직 '왕'만이 신의 형상을 담지한 유일한 인물이라는 고대 근동의 사상은 비판받는다. '왕'은 더 이상 신의 유일한 대리자가 아니다. 더 나아가, 인간에게 주어진 하나님의 형상은 인류의 타락 이후에도 여전히 유효하다.

성서에서는 인간이 손으로 제작한 '형상'은 '우상'으로 취급하여 부정적으로 묘사하지만(민 33:52), 하나님이 자신의 모습대로 직접 만든 형상인 인간에 대해서는 긍정적으로 묘사한다. 하나님은 인간과 연합하기 위해 자신의 형상을 인간에게 내재하도록 했다. 그러므로 인간에게는 하나님과의 관계 형성을 위한 어떠

28 계속해서 본서의 "5. 창세기 6-8장 - 사람은 무엇으로 사는가?"를 보라.

한 중간자, 즉 우상이 필요하지 않다. 인간은 하나님과 직접 소통할 수 있는 존재로 지음받았다. 이 사실은 '형상 제조 금지'인 제2계명과도 일맥상통한다.

토의를 위한 질문

01. 이스라엘 주변국들은 모두 신상을 받아들였지만, 이스라엘은 특정한 시기 이후부터 신상을 거부했다. 고대 사회에서 신상을 제작하고 소유한다는 것은 어떤 의미인가? 사람들은 어떠한 목적으로 신상을 만들었는가?

02. 오직 왕만이 신의 형상을 담지했다고 믿었던 고대 사상과 모든 인간이 하나님의 모양과 형상대로 창조되었다는 성서의 기록에는 어떤 차이점이 있는가?

03. 민수기 33:52; 사무엘상 6:5, 그리고 에스겔 23:14-15에 나오는 형상은 무엇을 가리키는가? 이러한 본문들에 따르면 우상과 형상이 구별될 수 있는가?

04. 타락한 인간에게도 하나님의 모양과 형상이 그대로 유지되고 있는가? 창세기 5:3, 그리고 9:6을 보라.

05. 인간을 하나님의 모양과 형상으로 창조했다는 것은 하나님과의 특별한 관계성을 보여 준다. 그것은 인간과 하나님의 직접적인 연합을 의미한다. 그렇다면 인간이 하나님과 관계를 형성하려면 무엇이 필요한가?

부록 1

하나님의 창조, 오직 말씀으로 창조?

천지 창조! 우리는 하나님이 세상을 말씀으로 창조했다는 사실을 창세기 1장과 요한복음 1장을 바탕으로 해서 당연하게 받아들인다. 창조 기사에는 '하나님이 이르시되'(봐요메르 엘로힘, וַיֹּאמֶר אֱלֹהִים)라는 표현이 빈번하게 나온다(창 1:3, 6, 9, 11, 14, 20, 24). 이 기사들에서는 '말하다'(아마르, אמר)라는 동사가 공통적으로 사용되었기에, '말씀으로의 창조'는 분명한 근거를 가지고 있다.

> 하나님이 이르시되 빛이 있으라 하시니 빛이 있었고(창 1:3)
> 하나님이 이르시되 물 가운데에 궁창이 있어 물과 물로 나뉘라 하시고(창 1:6)
> 하나님이 이르시되 천하의 물이 한 곳으로 모이고 뭍이 드러나라 하시니 그대로 되니라(창 1:9)

또한 창조 기록에서는 하나님의 '행위'를 묘사하는 독특한 문구도 관찰된다(창 1:7, 16, 25, 31; 2:2).

> 하나님이 궁창을 '만드사'(봐야아스 엘로힘, וַיַּעַשׂ אֱלֹהִים) 궁창 아래의 물과 궁창 위의 물로 나뉘게 하시니 그대로 되니라(창 1:7)
> 하나님이 두 큰 광명체를 만드사 큰 광명체로 낮을 주관하게 하시고 작은 광명체로 밤을 주관하게 하시며 또 별들을 '만드시고'(봐야아스 엘로힘, וַיַּעַשׂ אֱלֹהִים)(창 1:16)
> 하나님이 땅의 짐승을 그 종류대로, 가축을 그 종류대로, 땅에 기는 모든 것을 그 종류대로 '만드시니'(봐야아스 엘로힘, וַיַּעַשׂ אֱלֹהִים) 하나님이 보시기에 좋았더라(창 1:25)
> 하나님이 '지으신'(아사, עשה) 그 모든 것을 보시니 보시기에 심히 좋았더라 저녁이 되고 아침이 되니 이는 여섯째 날이니라(창 1:31)

하나님이 그가 '하시던'(아사, עשה) 일을 일곱째 날에 마치시니 그가 '하시던'(아사, עשה) 모든 일을 그치고 일곱째 날에 안식하시니라(창 2:2)

간혹 '~ 하다'로 번역되기도 하지만, 이 창조 기사들에서는 '만들다'(아사, עשה)라는 히브리어가 공통으로 사용되고 있다.[29] 이 동사는 '말씀'으로의 창조를 표현하기보다는 수작업 행위를 통한 창조를 나타낸다.[30] 따라서 하나님의 창조를 살필 때는 말씀뿐만 아니라, 행위의 측면도 함께 고려해야 한다. 성서에는 인간처럼 표현되는 하나님의 모습, 소위 신인동형동성론(神人同形同性論, Anthropomorphism, 신과 인간이 동일한 형태와 성정을 가졌다는 사상)적 모습이 자주 나온다(창 3:8).

하나님이 말씀과 행위로 천지를 창조했다는 설명은 세상에 대한 이해를 확장해 준다. 세상은 하나님의 노동의 결과이며, 그분의 수고가 반영된 곳이다. 세상은 하나님의 피조물이며, 하나님은 그 피조물들에 대해 '좋다'라고 선언한다. 인간이 하나님에게 받은 '정복하라', '다스리라'라는 명령은 하나님이 손수 만든 창조물들을 관리하기 위해, 하나님과 마찬가지로, 인간 역시 땀 흘리는 노동을 해야 함을 가리킨다.

인간의 노동은 창세기 2:4b 이하의 두 번째 창조 기사에도 기록되어 있다. 하나님은 인간을 창조한 후에 그들을 에덴동산에 두었는데, 그것은 그 동산을 경작하도록 하기 위함이었다. 2:15에 사용된 '경작하다'(아바드, עבד)에는 '노동'의 의미가 들어 있다.

여호와 하나님이 그 사람을 이끌어 에덴 동산에 두어 그것을 '경작하며' 지키게 하시고(창 2:15)

여기서 우리는 '노동이 인간 타락의 결과인가?'라고 질문할 수 있다. 앞에서 살펴

29 참조. A. Schüle, *Die Urgeschichte: Genesis 1-11*, 31, 38.

30 C. Westermann, *Genesis 12-36*, 199-200; 윤형, "하나님의 창조사역에 대한 재고찰 – 창세기 1장 1절 – 2장 4절을 중심으로", 126.

본 대로 하나님의 노동이 창조 기사에서 발견될 뿐 아니라, 하나님은 인간을 창조한 후에 노동하도록 에덴동산에 두었다. 그러므로 노동은 인간의 의무이자 권리이다.

부록 2

아담? 아담!

창세기 1-2장에 대한 해석은 그동안 많은 논란이 있어 왔다. 때로 보수와 진보를 나누는 색깔론 논쟁으로 번지기도 했다. 그중 가장 큰 논란은 '아담'에 대한 해석으로, 이에 대하여 새로운 해석을 시도하는 책들이 최근에 많이 출간되었다.[31]

'아담'이라는 단어는 어디에서 가장 먼저 언급되었을까? 우리는 줄곧 '아담'을 고유 명사로 이해해 왔지만, 히브리어 표현에서는 보통 명사로 이해할 수도 있다. 콜린스(C. J. Collins)는 해밀턴(V. P. Hamilton)의 말을 인용하여 아담에 대한 해석에 논쟁이 적지 않음을 지적한다. "구약 성경에서 창세기 1-5장을 제외하면 고유 명사 '아담'이 분명하게 언급되는 경우는 역대상 1:1이 유일하다."[32] 우리는 고유 명사 '아담'이 『개역개정』(창 2:19), 『공동개정』(창 2:15), 『새번역』(창 3:20), 그리고 『성경』[33](창 4:25)의 각기 다른 장절에서 처음으로 등장한다는 점에 주목해야 한다.[34]

여호와 하나님이 흙으로 각종 들짐승과 공중의 각종 새를 지으시고 '아담'이 무엇

---

31 D. O. Lamoureux 외, 『아담의 역사성 논쟁』; P. Enns, 『아담의 진화』; J. P. Versteeg, 『아담의 창조』; H. Madueme 외, 『아담, 타락, 원죄』; J. H. Walton, 『아담과 하와의 잃어버린 세계』.

32 C. J. Collins, "구약성경에서의 아담과 하와", 『아담, 타락, 원죄』, 27.

33 가톨릭이 독자적으로 번역하여 2005년에 출간한 성서이다.

34 창세기에 기록된 아담 용어에 대한 분석으로 J. Walton의 도표를 참조. J. Walton, 『아담과 하와의 잃어버린 세계』, 109.

총칭적(일부는 정관사가 있고, 일부는 없음)	창 1:26-27; 2:5; 3:22; 5:1, 2
원형적(정관사 있음)	창 2:7, 18, 21, 22, 23
대표적 대리인(정관사 있음)	창 2:8, 15, 16, 19, 25; 3:8, 9, 12, 20, 24
개인적 이름(정관사 없음)	창 5:1, 3-5
변칙적	창 4:1, 25
전치사 첨부됨	창 2:20; 3:17, 21

이라고 부르나 보시려고 그것들을 그에게로 이끌어 가시니 아담이 각 생물을 부르는 것이 곧 그 이름이 되었더라(개역개정. 창 2:19)

야훼 하느님께서 '아담'을 데려다가 에덴에 있는 이 동산을 돌보게 하시며(공동개정. 창 2:15)

'아담'은 자기 아내의 이름을 하와라고 하였다. 그가 생명이 있는 모든 것의 어머니이기 때문이다.(새번역. 창 3:20)

'아담'이 다시 자기 아내와 잠자리를 같이하니, 그 여자가 아들을 낳고는, "카인이 아벨을 죽여 버려, 하느님께서 그 대신 다른 자식 하나를 나에게 세워 주셨구나." 하면서 그 이름을 셋이라 하였다.(성경. 창 4:25)

존 월튼(J. Walton)은 '아담'이라는 히브리어가 정관사가 함께 사용된 것에 대하여 조직적으로 관찰했다. 『개역개정』을 보면 창세기 2:19에 처음으로 '아담'이라는 단어가 나오는데, 이와 달리 '아담'이라는 히브리어 단어가 2:4b 이하에서 처음으로 사용된 본문은 2:5이다. 그러나 여기서는 '아담'이 없었다는 것을 표현하고 있으므로, 실제로 '아담'은 2:7-8에서 처음으로 등장한다. 물론 이곳의 '아담'이라는 표현도 적지 않은 문제점을 내포하는데, 왜냐하면 아직 생기가 없는 '사람'을 묘사하기 때문이다.

'아담'을 하나의 인격체인 개인으로 표현하는 본문은 2:8이고, 이후에 2:15에 또 나온다.

여호와 하나님이 땅의 흙으로 '사람'(하아담, הָאָדָם)을 지으시고 생기를 그 코에 불어넣으시니 '사람'(하아담, הָאָדָם)이 생령이 되니라 여호와 하나님이 동방의 에덴에 동산을 창설하시고 그 지으신 '사람'(하아담, הָאָדָם)을 거기 두시니라(창 2:7-8)

창세기 2:7-8에서 '아담'은 '사람'으로 번역되었다. 여기에서 히브리어 '아담'은 아직 '생기'(니쉬맛 하임, נִשְׁמַת חַיִּים)가 없는 상태를 표현한다. 그의 코에 생기가 들어가고 난 후에 '아담'은 비로소 하나의 '생명체'(네페쉬 하야, נֶפֶשׁ חַיָּה)[35]가 되었다. 즉, 인간학적 개념으로 본다면, 하나의 완전한 생명체는 '네페쉬 하야'로 묘사되었다.[36]

독자들은 '아담'을 한 개인을 나타내는 고유 명사로 이해한다. '아담'이라는 단어는 '땅'을 뜻하는 '아다마'(אֲדָמָה)와 결부된 것으로서 보통 명사인 '사람'을 뜻한다. 아담이라는 용어를 창세기 2장에서 관찰할 수 있지만, 간과해서는 안 될 것이 있다. 히브리 성서에서는 이 단어가 1:26-27에 처음 나온다는 점이다.

> 하나님이 이르시되 우리의 형상을 따라 우리의 모양대로 우리가 '사람'(아담, אָדָם)을 만들고 그들로 바다의 물고기와 하늘의 새와 가축과 온 땅과 땅에 기는 모든 것을 다스리게 하자 하시고 하나님이 자기 형상 곧 하나님의 형상대로 '사람'(하아담, הָאָדָם)을 창조하시되 남자와 여자를 창조하시고(창 1:26-27)

1:27의 히브리어 본문에는 '창조하다'라는 동사가 총 세 번 나온다. 이 단어를 중심으로 본문을 번역하면 '아담'의 의미를 더욱 명확하게 파악할 수 있다.[37]

---

35 참조. H. W. Wolff, *Anthropologie des Alten Testament*, 25-26.

36 참조. H. W. Wolff, *Anthropologie des Alten Testament*, 25-26.

37 이와 유사한 내용이 J. Blenkinsopp의 저서 외에도 많은 책에서 관찰된다. 참조. J. Blenkinsopp, *Creation, Un-Creation, Re-Creation. A Discursive Commentary on Genesis 1-11*, 25; R. E. Averbeck, "문학적으로 본 '날', 상호텍스트성과 배경", in V. P. Hamilton 외, 『창조 기사 논쟁: 복음주의자들의 대화』, 41-95, 특별히 75. ESV 역시 같은 내용을 기술한다.

a	So God created man in his own image
b	in the image of God he created him
c	male and female he created them

a	하나님이 자신의 형상대로 아담을 창조했다.	וַיִּבְרָא אֱלֹהִים אֶת־הָאָדָם בְּצַלְמוֹ
b	하나님의 형상대로 그는 그를 창조했다.	בְּצֶלֶם אֱלֹהִים בָּרָא אֹתוֹ
c	남자와 여자로 그는 그들을 창조했다.	זָכָר וּנְקֵבָה בָּרָא אֹתָם

1:27을 의미상 구분한 각 독립된 구절마다 '창조하다'라는 단어가 사용되었다. 이 단어는 '아담'(하아담, הָאָדָם), '그'(오토, אֹתוֹ, 3인칭 남성 단수), 그리고 '그들'(오탐, אֹתָם, 3인칭 남성 복수)이라는 목적어를 가지고 있고, 이 목적어들은 모두 평행하게 사용되었다.

'아담'(a)은 한 개인인 '그'(b)와 평행을 이루며, 복수인 '그들'(c)과도 평행을 이룬다. 특히 주목해야 할 것은 복수 형태인 '그들'(c)인데, c에서는 '그들'이 '남자와 여자'라고 상세하게 설명한다. 즉, 성서에서는 여성도 남성과 동등하게 신적 형상을 가지고 있다고 선언하며,[38] 이것은 1:27a의 '아담'과 연결된다.[39]

38 참조. J. H. Walton, 『창세기 1장과 고대 근동 우주론』, 311.

39 참조. G. von Rad, 『창세기』, 60; J. H. Walton, 『아담과 하와의 잃어버린 세계』, 109. M. Luther는 26절의 '아담'(אָדָם)을 복수인 '인간들'(Menschen)로 번역했고, 이러한 복수 형태는 27a절에서 계속된다. 그렇다면 창세기 1:27에 나오는 '아담'은 개인뿐만 아니라, 복수인 남자와 여자를 지칭한다고 볼 수 있을까? 참조. A. Schüle, *Die Urgeschichte: Genesis 1-11*, 42; 참조. W. Brueggemann 외, 『신학의 렌즈로 본 구약개관』, 73. W. Brueggemann은 '아담'이 '일반적인 인류, 최초의 인간, 혹은 아담이란 이름을 가진 어느 인간을 지칭한다'고 설명한다. 그는 창세기 1:27; 2:7; 4:25을 각각 근거로 제시한다.

03

창세기 3장

간교한 뱀, 사탄?

미켈란젤로(Michelagelo Buonarroti),
낙원에서 추방되는 아담과 이브(The Fall and Expulsion from Paradise), 1508-1512년경[1]

한눈에 보기

뱀이 가진 부정적인 이미지는 창세기 3장에서 비롯되었다. 인간이 뱀의 유혹에 넘어가 타락했기에 뱀은 사탄의 원형으로 인식되었다. 하지만 '사탄'의 본래 개념은 악의 존재라는 뜻이 아니다. 이것은 '대적하다'라는 의미로서, 명사로 사용되면 '대적자'를 뜻한다. 뱀이 하와를 유혹해서 인간을 타락하게 만들었다. 성서

1 이 그림은 '뱀의 악함과 여성의 죄'를 주목하게 한다. 이러한 그림에서는 일반적으로 뱀이 '여성의 모습'을 하고 있는데, 이는 여성을 죄의 근원으로 부정적으로 인식하고 있음을 암시한다. J. Calvin 역시 여성을 "필요악"(a necessary evil)이라고 서술하기도 했다(참조. Commentary on Genesis, 2:18. 70.).

는 이 과정을 언어유희('영리함'[아룸, עָרוּם]; '벌거벗음'[에롬, עֵירֹם]) 기법을 사용해서 묘사하고, 인간이 어떻게 그리고 얼마나 타락할 수 있는지를 강조하여 고발한다.

시작하기

인간은 고대부터 뱀을 부정적으로 묘사해 왔다. 뱀을 긍정적으로 묘사하는 본문도 있지만(민 21:9), 이것은 단편적인 서술에 불과하기에 뱀에 대한 성서의 전반적인 이해를 바꾸지는 못한다.

> 그런데 뱀은 여호와 하나님이 지으신 들짐승 중에 가장 간교하니라 뱀이 여자에게 물어 이르되 하나님이 참으로 너희에게 동산 모든 나무의 열매를 먹지 말라 하시더냐(창 3:1)

창세기 2장의 긍정적인 분위기와 다르게 3장에서는 시종일관 부정적인 분위기가 전체적인 상황을 지배한다. 뱀의 유혹과 이로 인해 타락해 가는 인간의 모습을 기록하고 있기 때문이다. 인간은 뱀을 혐오 대상으로 인식한다. 그리고 3장의 뱀은 종종 사탄처럼 해석되기도 한다. 중세 시대에는 '여성'에 대한 부정적인 인식과 뱀에 대한 혐오가 맞물려서 뱀의 상체를 여성으로 그리기도 했다. 3장을 해석하다 보면 여러 가지 신학적 문제점에 부딪힌다. '악의 기원'에 대한 의문을 넘어, 악의 대명사로 묘사되는 '뱀은 과연 하나님의 피조물인가?'라는 질문이 제기된다. 더 나아가, '하나님이 악을 창조했는가?'라는 신정론(神正論, Theodizee)의 내용과도 연결된다. 따라서 우리는 '뱀=사탄'이라는 등식에 의문을 품지 않을 수 없다. 창세기 3장에 나오는 뱀은 어떤 기능을 하는가?

뱀과 사탄을 동일시하기 전에 먼저 '사탄'의 개념부터 논해야 한다. '사탄'(שָׂטָן)이라는 단어는 민수기 22장뿐만 아니라, 성서 곳곳에 나온다. 그러나 우리가 그 단어를 인식하지 못하는 이유는 다른 단어로 번역되었기 때문이다. 열왕기상

11:14에서는 사탄의 정체를 목도할 수 있다.

> 그가 감으로 말미암아 하나님이 진노하시므로 여호와의 사자가 그를 '막으려고'(레사탄, לְשָׂטָן) 길에 서니라 발람은 자기 나귀를 탔고 그의 두 종은 그와 함께 있더니(민 22:22)
>
> 여호와께서 에돔 사람 하닷을 일으켜 솔로몬의 '대적'(사탄, שָׂטָן)이 되게 하시니 그는 왕의 자손으로서 에돔에 거하였더라(왕상 11:14)

에돔 사람 하닷이 솔로몬에게 '사탄'이 되었다. 즉 '사람'이 '사탄'으로 기록되었고, 여기서 사탄은 '대적하는' 행위를 가리킨다. '사탄'은 '대적하다'라는 동사의 명사 형태이다. 구약에 나오는 사탄과 신약에 나오는 사탄은 개념상 차이가 있다. 구약에서는 '악한 존재'로 이해되기보다는 누군가를 대적하는 '대적자'의 개념이다. 환언하면, 구약에서 '사탄'은 고유 명사가 아니라, 대체로 '대적자'라는 일반 명사로 사용되었다.

간교한 뱀?

창세기 3장에서는 뱀을 '간교한' 동물이라고 묘사한다. '간교한'이라는 단어에는 뱀에 대한 부정적인 해석이 내포되어 있다. 하지만 이 단어에는 '영리한/슬기로운'이라는 뜻도 있다.[2] 신약 성서에서 뱀을 '지혜롭다'라고 서술하는 내용과 일맥상통한다.

> 그런데 뱀은 여호와 하나님이 지으신 들짐승 중에 가장 '간교하니라'(아룸, עָרוּם) 뱀이 여자에게 물어 이르되 하나님이 참으로 너희에게 동산 모든 나무의 열매를 먹

---

2 참조. A. Schüle, *Die Urgeschichte: Genesis 1-11*, 73; G. Wenham, 『창세기 1-15』, 190.

지 말라 하시더냐(창 3:1)

미련한 자는 당장 분노를 나타내거니와 '슬기로운'(아룸, עָרוּם) 자는 수욕을 참느니라(잠 12:16)

어리석은 자는 온갖 말을 믿으나 '슬기로운'(아룸, עָרוּם) 자는 자기의 행동을 삼가느니라(잠 14:15)

보라 내가 너희를 보냄이 양을 이리 가운데로 보냄과 같도다 그러므로 너희는 '뱀 같이 지혜롭고' 비둘기 같이 순결하라(마 10:16)

3:1의 '간교한'이라는 단어는 바로 앞 절인 2:25에 나오는 '벌거벗었으나'와 언어유희(Wortspiel/Wordplay)이다.[3] 창세기 2:25에서는 사람의 '벌거벗음'(아롬, עָרוֹם)을, 그리고 3:1에서는 뱀의 '영리함'(아룸, עָרוּם)을 서술한다.[4]

아담과 그의 아내 두 사람이 '벌거벗었으나'(아루밈, עֲרוּמִּים) 부끄러워하지 아니하니라(창 2:25)

그런데 뱀은 여호와 하나님이 지으신 들짐승 중에 가장 '간교하니라'(아룸, עָרוּם) 뱀이 여자에게 물어 이르되 하나님이 참으로 너희에게 동산 모든 나무의 열매를 먹지 말라 하시더냐(창 3:1)

뱀의 간교함은 '너희에게 동산 모든 나무의 열매를 먹지 말라 하시더냐'라는 수사적 질문에서 확인된다. '모든'이라는 단어가 이미 'No'라는 대답을 요구한다. '열매를 먹지 말라 하시더냐'에 깔린 부정적인 인식과는 반대로, 하나님은 인간을 부양하는 분이다(창 2:16). 뱀은 하나님에 대한 긍정적 이해를 부정적 이해로 바꾸어 놓았다.

---

3 참조. B. Jacob, *Das Buch Genesis*, 102.

4 참조. T. E. Fretheim, 『오경』, 96; 하계상, "창세기 2-3장의 히브리어 아롬(עָרוֹם), 아룸(עָרוּם), 에롬(עֵירֹם): 그 의미들과 번역들, 그리고 그 절묘한 언어유희의 의도", 150.

여호와 하나님이 그 사람에게 명하여 이르시되 동산 각종 나무의 열매는 네가 임의로 먹되(창 2:16)

여자가 '동산 나무의 열매를 먹을 수 있다'라고 대답한다(창 3:2). 뱀의 간교함이 3:3-4에서도 드러난다. 뱀은 '반드시 죽으리라'(모트 타무트, מוֹת תָּמוּת, 창 2:17)라는 엄중한 경고를 '죽지 않을 것이다'로 바꾸었다. 이러한 점에서 뱀을 '간교한' 동물로 서술하는 것은 적절하다.

아담과 하와는 '눈이 밝아지고 선악을 알게 되기'를 원했다. 성서는 그들의 소원이 이루어진 것처럼 '그들의 눈이 밝아졌다'라고 기록한다. 두 구절에서는 '선악을 아는 것'(창 3:5)과 '벗은 줄을 아는 것'(창 3:7)이 상응한다. 인간은 '슬기로워지기'(아룸, עָרוּם)를 원했지만, 자신의 '벌거벗음'(아롬, עָרוֹם)을 깨닫고 말았다. 더 나아가, 창세기 3:22에서는 '이 사람이 선악을 아는 일에 우리 중 하나 같이 되었으니'라고 서술한다.

너희가 그것을 먹는 날에는 '너희 눈이 밝아져' 하나님과 같이 되어 '선악을 알 줄' 하나님이 아심이니라(창 3:5)

이에 '그들의 눈이 밝아져' 자기들이 '벗은 줄을 알고' 무화과나무 잎을 엮어 치마로 삼았더라(창 3:7)

여호와 하나님이 이르시되 보라 이 사람이 선악을 아는 일에 '우리 중 하나 같이 되었으니' 그가 그의 손을 들어 생명 나무 열매도 따먹고 영생할까 하노라 하시고 (창 3:22)

3:5, 7이 보여 주는 것처럼 '선악을 아는 것'은 지혜의 개념에 상응한다. 여기에서 '선악을 알다'라는 것은 '간교함/슬기로움'과 일치한다. 즉, 뱀의 진술('선악을 알다')은 언어유희적으로 두 사람의 '벌거벗음'을 지칭한다.[5] 결국 '슬기로움'(아

5 B. K. Waltke and C. J. Fredricks, 『창세기 주석』, 153.

룸, עָרוּם)을 알기 원했던 인간은 오히려 자신의 '벌거벗음'(아롬, עָרוֹם)을 알고 말았다. 3장에 나오는 언어유희를 도표로 정리하면 다음과 같다.

인간(창 2:25)	'벗었음'(아롬, עָרוֹם)을 모르다
인간(창 3:5)	선악을 모르다
인간(창 3:10)	선악을 알다
인간(창 3:11)	'벗었음'(에롬, עֵירֹם)을 알다

3장에서는 '슬기로움'(아룸, עָרוּם)을 추구했던 인간이 자신의 '간교함'(아룸, עָרוּם)을 보게 되었다고 고발한다. 선악과를 먹은 인간은 이 간교함(슬기로움)을 어떻게 활용하는가?

> 아담이 이르되 하나님이 주셔서 나와 함께 있게 하신 여자 그가 그 나무 열매를 내게 주므로 내가 먹었나이다(창 3:12)
> 여호와 하나님이 여자에게 이르시되 네가 어찌하여 이렇게 하였느냐 여자가 이르되 뱀이 나를 꾀므로 내가 먹었나이다(창 3:13)

인간이 자신의 지혜로 자신을 변명한다. 남성의 대답 '하나님이 주셔서'와 여성의 대답 '뱀이 나를 꾀므로'는 관계를 파괴해 가며 타락해 가는 인간의 모습을 묘사해 준다.

토의를 위한 질문

01. 사탄이란 무엇인가? 열왕기상 11:14에서는 사탄이 어떤 개념으로 번역되었는가? 구약 성서에서 사탄은 어떤 역할을 하는가?

02. 창세기 3:1에 나오는 '간교한'에는 어떤 다양한 의미가 있는가? '슬기로움'(아룸, עָרוּם)과 '벌거벗음'(아롬, עָרוֹם)을 히브리어로 발음해 보라. 이처럼 유사한 발음을 이용하여 어떤 사실을 재미있게 표현하는 기법을 무엇이라고 하는가?

03. '슬기로움'(아룸, עָרוּם)을 알기 원했지만 오히려 자신의 '벌거벗음'(아롬, עָרוֹם)과 '간교함'(아룸, עָרוּם)을 알게 된 후 인간은 어떻게 행동하는가?

04. 창세기 3-6장에서 3장은 어떠한 기능을 하는가? 3:6과 6:2을 비교하라.

부록 1

우리 중 하나 같이 되었으니

'우리 중 하나 같이 되었으니'(하야 케아하드 미메누, הָיָה כְּאַחַד מִמֶּנּוּ, 창 3:22)에서 '우리 중 하나'(케아하드 미메누)를 어떻게 해석할 것인지에 대해 오래전부터 논쟁이 있어 왔다. 여기서 중요한 용어는 '미메누'(מִמֶּנּוּ)이다. 이 히브리어는 1인칭 공성 복수로, '우리 중에'를 뜻하는데, 대다수의 현대 역본이 이 형태를 수용한다. 이것을 1인칭 공성 복수로 해석하는 것은 '하나님과 같이 될 것이라'는 3:5을 볼 때, 충분히 수용될 수 있다. 즉, 3:5에서는 '하나님과 같이 될 것이라'고 서술하며, 3:22에서는 뱀의 말이 거짓이 아니었음을 서술한다. 학자들은 '우리 중에 하나와 같이 되었다'는 것을 '천사'로 이해하거나,[6] 혹은 비꼬는 어투로 해석하기도 한다.[7]

다른 한편으로 '미메누'를 3인칭 남성 단수인 '그중'이라고 해석하기도 한다. '그'는 무엇을 가리키는가? '뱀'을 가리키지는 않는가? 이 해석을 수용한 고대 역본은 탈굼 옹켈로스와 심마쿠스(게고넨 호무 아프 헤아우투, γέγονεν ὁμοῦ ἀφ' ἑαυτοῦ) 등이다.[8]

---

6 참조. G. Wenham, 『창세기 1-15』, 209.

7 참조. G. von Rad, 『창세기』, 104.

8 참조. B. Jacob, *Das Buch Genesis*, 126; B. Jacob은 3인칭 남성 단수 형태를 '그와 같이'로 번역하며, '뱀'을 가리킨다고 해석한다; J. Skinner, *Genesis*, 87. 각주 21.

부록 2

창세기 3-6장에서 3장의 역할

창세기 3장에서는 죄의 시작에 대해 묘사한다. 죄는 중단되지 않는다. 4장에서는 가인이 아벨을 살해하는 사건을 통해 죄가 점차 확장되고 있음을 그린다.

> 가인이 그의 아우 아벨에게 말하고 그들이 들에 있을 때에 가인이 그의 아우 아벨을 쳐 죽이니라(창 4:8)

6:5에서는 이에 더하여 사람의 죄악이 세상에 '가득함'과 그것이 인간으로부터 분리될 수 없음을 서술한다. 이 죄악은 현상으로 나타나는 것을 넘어 심지어 인간의 마음에까지 '내재'(內在)한다. 즉, 죄는 3장에서 시작하여 6장에서 극에 달한다.

> 여호와께서 사람의 죄악이 세상에 가득함과 '그의 마음으로 생각하는 모든 계획이 항상 악할 뿐임'을 보시고(창 6:5)

죄의 모습을 보여 주는 또 다른 중요한 본문은, 하나님의 아들들이 사람의 딸들을 아내로 취하는 내용이 나오는 6:2이다. 이 구절을 3:6과 비교할 수 있다. 한글 성서와는 다르게, 히브리 성서에 따르면 두 본문은 '보다'(라아, רָאָה), '좋다'(토브, טוֹב)[9], '취하다'(라카흐, לָקַח)의 순서로 기록되어 있다. 즉, 여성은 선악을 알게 하는 나무를 '보고, 좋다고 생각하여 취했고', 하나님의 아들들은 사람의 딸들을 '보고, 좋다고 생각하여 취했다.'

---

9 한글 성서의 3:6에서는 이 용어가 '먹음직'(토브, טוֹב)이라는 단어에 녹아들어 있다. '토브'의 의미를 살려서 번역하면 '먹기에 좋은'이다.

> 하나님의 아들들이 사람의 딸들의 '아름다움'(토브, טוֹב)을 '보고'(라아, רָאָה) 자기들이 좋아하는 모든 여자를 아내로 '삼는지라'(라카흐, לָקַח)(창 6:2)
>
> 여자가 그 나무를 '본즉'(라아, רָאָה) '먹음직도'(토브, טוֹב) 하고 보암직도 하고 지혜롭게 할 만큼 탐스럽기도 한 나무인지라 여자가 그 열매를 '따먹고'(라카흐, לָקַח) 자기와 함께 있는 남편에게도 주매 그도 먹은지라(창 3:6)

이처럼 창세기 3장에 나오는 용어가 6장에도 그대로 나온다. 3장은 3-6장이라는 큰 틀 안에서 보아야 그 의미가 더욱 명확해진다. 환언하면, 창세기 6장은 3장의 죄가 그대로 '반복'되는 것을 보여 줌으로써, 죄의 연속과 확장을 묘사한다.

04

창세기 4장

가인의 제사, 아벨의 제사

루카스 크라나흐(L. Cranach), 가인과 아벨의 제사(Das Opfer Kain und Abels)[1]

한눈에 보기

하나님은 어떤 이유로 아벨의 제사는 받고, 가인의 제사는 거부했을까? 제물의 차이 혹은 제사의 형식이 수용과 거부를 결정짓는 역할로 작용했는가? 하나님은 제물에 현혹되는 분이 아니다. 제사드리는 사람이 어떤 삶을 살고 있는지에 관심을 두는 분이다.

1 1541년도에 출판된 Lutherbibel의 삽화이다. 출처: http://auslegungssache.at 화가가 한 지면에 두 개의 이야기를 같이 그렸다. 하나는 가인과 아벨이 '제사'하는 장면이고, 다른 하나는 가인이 아벨을 죽이는 장면

시작하기

하나님은 아벨이 드린 제사만 받고, 가인이 드린 제사는 거부했다. 그동안 그 이유가 다양하게 해석되어 왔다. 그중 두드러진 견해를 세 가지로 요약할 수 있다. 첫째, 히브리서 11:4을 중심으로 아벨의 제사를 해석한다. 이 구절에는 여호와가 아벨의 제사를 받으신 이유가 언급되어 있는데, '믿음으로' 아벨은 가인보다 더 나은 제사를 드렸다고 설명한다. 둘째, 가인은 '맏물' 곧 처음 수확한 제물을 드리지 않았다. 그리고 셋째, 가인은 아벨처럼 '피(血)의 제사'를 드리지 않았고, 곡식 제사를 드렸다. 즉, 그는 잘못된 제물(곡식/동물)로 제사를 드렸다.

제사

아벨과 가인의 제사

하나님은 왜 아벨의 제사만 받았을까? 아벨이 어떤 제사를 드렸기에 하나님이 받았을까? 우리는 우리 자신의 제사(?)가 가인의 제사가 되지 않기를 바란다. 오늘날 목회자들은 히브리서를 인용하여 아벨의 제사를 '믿음의 제사'라고 규정하고,[2] 성도들에게 이와 동일한 제사를 드리라고 강조한다.

> 믿음으로 아벨은 가인보다 더 나은 제사를 하나님께 드림으로 의로운 자라 하시는 증거를 얻었으니 하나님이 그 예물에 대하여 증언하심이라 그가 죽었으나 그 믿음으로써 지금도 말하느니라(히 11:4)

이다. 때로 그림은 글보다 더 많은 것을 암시하기도 한다.

2 참조. 박윤선, 『성경주석 창세기 · 출애굽기』, 116.

하지만 이러한 해석은 신약적 이해를 기반으로 해서 구약을 규정하는 것이다. 우리는 신약 성서 저자들의 해석을 당연히 존중해야 하지만, 이것을 전체 성서 해석의 규범으로 삼아서는 안 된다. 창세기 본문은 아벨의 제사를 '믿음의 제사'로 규정하는 것에 대해 침묵하고 있으며,[3] 또한 신약의 해석을 구약에 강요하는 것은 구약의 독자적 목소리를 상실하게 할 수도 있다. 무엇보다 가장 먼저 고려해야 할 것은 본문 자체이다.

> 세월이 지난 후에 가인은 땅의 소산으로 제물을 삼아 여호와께 드렸고 아벨은 자기도 양의 첫 새끼와 그 기름으로 드렸더니 여호와께서 아벨과 그의 제물은 받으셨으나(창 4:3-4)

창세기 4장을 보면 제물을 바치는 주체자로서 가인이 먼저 등장한다. 가인의 제사 이후에 아벨'도' 제물을 드렸다고 서술한다. 아벨의 제물은 '양의 첫 새끼와 그 기름'(미베코롯 쪼노 우메헬베헨, מִבְּכֹרוֹת צֹאנוֹ וּמֵחֶלְבֵהֶן)이었다. 아벨이 양을 드렸다는 것을 '예수 그리스도'의 십자가 사건과 연결하기도 하는데 이는 상당히 성급한 결론이다.

가인은 땅의 소산인 곡식을 제물로 삼았다. 목축업과 함께 농업은 고대부터 경제의 중심을 이루는 산업이었다. 2:5에서는 '땅을 갈 사람도 없었으므로'라고 기술하여 농사가 인간의 노동 가운데 중요한 부분을 차지하고 있음을 보여 준다. 그리고 아담이 받을 징계를 언급하는 3:18에서도 농경의 정당성을 확인할 수 있다.

> 땅이 네게 가시덤불과 엉겅퀴를 낼 것이라 네가 먹을 것은 밭의 채소인즉(창 3:18)

하나님이 '아벨과 그의 제물'(엘-헤벨 붸엘-민하토, אֶל־הֶבֶל וְאֶל־מִנְחָתוֹ)을 받았다. 여기서 '민하토'(מִנְחָתוֹ)는 '소제'를 의미하는 '민하'(מִנְחָה, 레 2:1)에 3인칭 소유 대명사

---

3 참조. B. Jacob, *Das Buch Genesis*, 137.

접미어가 붙은 형태이다. '민하'는 가인이 드린 제물에도 동일하게 사용되었다.

> 누구든지 '소제'(민하, מִנְחָה)의 예물을 여호와께 드리려거든 고운 가루로 예물을 삼아 그 위에 기름을 붓고 또 그 위에 유향을 놓아(레 2:1)
> 세월이 지난 후에 가인은 땅의 소산으로 '제물'(민하, מִנְחָה)을 삼아 여호와께 드렸고(창 4:3)

가인의 제사는 레위기에서 제정된 제사의 일종이었다. 그러므로 제물의 차이 때문에 '가인의 제사가 열납되지 못했다'라는 주장은 상당히 자의적인 해석이다.[4]

여호와가 받았다?

창세기 4:4-5에서는 아벨의 제사와 가인의 제사를 비교하여 다음과 같이 서술한다.

> 여호와께서 '아벨과 그의 제물'(엘-헤벨 붸엘-민하토, אֶל־הֶבֶל וְאֶל־מִנְחָתוֹ)은 받으셨으나(창 4:4)
> '가인과 그의 제물'(붸엘-카인 붸엘-민하토, וְאֶל־קַיִן וְאֶל־מִנְחָתוֹ)은 받지 아니하신지라(창 4:5)

두 본문에서 '받다'(샤아, שָׁעָה)의 목적어(엘, אֶל)로 제물과 함께 '아벨'과 '가인'이 등장한다. 즉, 여호와는 그들이 바친 제물만 받은 것이 아니라 가인과 아벨도 받았다. 물론 이것은 그들이 인신 제사를 드렸다는 의미는 결코 아니다.

하나님이 '아벨을 받았다'는 것과 '가인을 받지 않았다'는 것은 무엇을 의미하는가? 하나님은 제물과 함께 개인의 '삶'을 살핀다. 아무리 좋은 제물을 드릴지라

---

4 이러한 해석에 대해서는 박윤선, 『성경주석 창세기 · 출애굽기』, 116을 참조하라.

도 그것을 바치는 자가 하나님의 사람으로 살아가지 않으면, 하나님은 제물을 결코 받지 않는다. 이러한 주제가 예언서에 자주 나온다.

> 여호와께서 말씀하시되 너희의 무수한 제물이 내게 무엇이 유익하뇨 나는 숫양의 번제와 살진 짐승의 기름에 배불렀고 나는 수송아지나 어린 양이나 숫염소의 피를 기뻐하지 아니하노라 너희가 내 앞에 보이러 오니 이것을 누가 너희에게 요구하였느냐 내 마당만 밟을 뿐이니라 헛된 제물을 다시 가져오지 말라 분향은 내가 가증히 여기는 바요 월삭과 안식일과 대회로 모이는 것도 그러하니 성회와 아울러 악을 행하는 것을 내가 견디지 못하겠노라(사 1:11-13)
> 여호와께서 천천의 숫양이나 만만의 강물 같은 기름을 기뻐하실까 내 허물을 위하여 내 맏아들을, 내 영혼의 죄로 말미암아 내 몸의 열매를 드릴까 사람아 주께서 선한 것이 무엇임을 네게 보이셨나니 여호와께서 네게 구하시는 것은 오직 정의를 행하며 인자를 사랑하며 겸손하게 네 하나님과 함께 행하는 것이 아니냐(미 6:7-8)

사람들이 아무리 좋은 제물을 가져와도 하나님이 그것을 거부한다. 인간의 악한 행위는 하나님이 제물을 거부하게 하는 원인이다. 정의를 행하지 않고 인자를 사랑하지 않으며 겸손하지 않게 살면서 드리는 제사는 하나님 앞에서 아무런 의미가 없다. 즉, 올바른 제사는 윤리적 삶을 동반해야 한다(Ethos mit Kultus / Ethic with Cult).

> 네가 선을 행하면 어찌 낯을 들지 못하겠느냐 선을 행하지 아니하면 죄가 문에 엎드려 있느니라 죄가 너를 원하나 너는 죄를 다스릴지니라(창 4:7)

하나님은 동생 아벨을 죽인 가인에게 기름진 좋은 제물보다 '선'한 삶을 요구한다. 가인과 아벨 이야기는 예배의 개념에 대해 다시금 숙고하게 한다. 예배란 무엇인가? 또한 우리가 드리는 예배는 과연 하나님이 기뻐할 만한 예배인가? 예배는 결국 삶과 동떨어질 수 없음을 보여 주는 신약 성서의 외침을 우리는 구약 첫 머리에서 들을 수 있다.

노블리스 오블리주(Noblesse Oblige)

노블리스 오블리주는 '사회 지도층의 사회적 책무'를 뜻하는 용어이다. 여기서 사회 지도층은 특정한 사회 계층을 의미하는 것일까?

> 여호와께서 가인에게 이르시되 '네 아우 아벨이 어디 있느냐?' 그가 이르되 '내가 알지 못하나이다 내가 내 아우를 지키는 자니이까?'(창 4:9)

하나님이 가인에게 '네 아우 아벨이 어디 있느냐?'라고 질문한다. 가인이 '내가 알지 못하나이다 내가 내 아우를 지키는 자니이까?'라고 퉁명스럽게 대답한다. 고대에서 맏아들은 다른 아들들과 비교할 때 사회적 강자의 위치에 놓여 있었다.[5] 하지만 그는 아우를 돌보는 역할을 거부한다. '네 아우 아벨이 어디 있느냐?'라는 하나님의 질문은 가인에게 사회적 책임이 있음을 전제한다.

'사회 지도층'은 절대적인 개념이 아니다. 즉, 강자(强者)는 상대적인 개념이다. '먼저 태어난'(先生, 선생) 자녀는 이후에 태어난 자녀들보다 상대적으로 강자이다. 앞선 세대는 이후에 등장한 세대보다 강자이다. 그러므로 노블리스 오블리주는 특정한 사회 집단에 요구되는 책무가 아니라, 모든 이가 행해야 하는 책무이다.

마무리하기

하나님은 가인의 제사를 받지 않았다. 이에 분노한 가인은 동생 아벨을 살해하고 그 땅에서 유리하는 자로 전락했다. 하나님은 왜 아벨의 제사와 가인의 제사를

---

5 차준희, 『창세기 다시보기』, 41.

다르게 취급했을까? 두 사람의 제사는 제물의 종류가 다른데도 동일한 제사로 서술되었다. 즉, 가인의 제물이 잘못되었다고 말하는 것은 적절하지 않다. 또한 아벨의 제사를 옳은 것으로 보는 시도는 오히려 '소명'에 대한 문제를 야기한다. 마치 하나님이 선호하는 특정 직업이 있는 것처럼 해석될 수도 있기 때문이다. 아담은 땅을 일구는 농부였고, 에덴동산을 경작하는 자였다. 그러므로 땅에서 수확한 농산물로 하나님을 섬기는 것은 당연한 일이었다.

하나님이 '아벨과 그의 제물'을 받았다고 할 때 '아벨'을 받았다는 말은 아벨의 삶과 관련이 있다. 즉, 예배자의 삶을 받았다는 뜻이다. 마찬가지로, 가인의 제사를 거부한 것은 제사 자체에 문제가 있어서가 아니라, 그의 '삶'에 대한 거절을 표현한 것이다. 이처럼 삶과 제사가 밀접하게 연결되어 있다는 사상이 성서에 빈번하게 나온다. '성소 출입문 의식시'로 잘 알려진 시편 15편도 이러한 내용이다.

> 여호와여 주의 장막에 머무를 자 누구오며 주의 성산에 사는 자 누구오니이까 정직하게 행하며 공의를 실천하며 그의 마음에 진실을 말하며 그의 혀로 남을 허물하지 아니하고 그의 이웃에게 악을 행하지 아니하며 그의 이웃을 비방하지 아니하며(시 15:1-3)

하나님께 나아가는 자는 제물을 가져가는 것도 중요하지만, 정의로운 삶을 살아내는 것을 포기해서는 안 된다. 정의로운 삶을 거부하는 것은 하나님을 기만하는 행위이므로, 하나님이 그의 제사를 거절할 수도 있다. 구약의 제사는 부분적으로 오늘날의 '예배'와 일치한다. 가인과 아벨 이야기는 오늘날의 독자들에게 '하나님은 어떤 예배를 받으시는가?'에 대해 질문하게 한다.

토의를 위한 질문

01. 아벨의 제사를 믿음으로 드린 제사라고 판단하는 근거는 무엇인가?

02. 가인의 직업은 잘못된 것인가? 하나님이 사람을 창조한 목적은 무엇이며, 아담의 직업은 무엇이었는가?

03. 가인의 제사를 기록한 본문을 잘 읽어 보라. '가인과 그의 제물'(붸엘-카인 붸엘 민하토, וְאֶל־קַיִן וְאֶל־מִנְחָתוֹ)에서 '그의 제물'은 무엇을 의미하는가?

04. 창세기 4:4-5에서는 하나님이 받은 그 무엇(목적어)을 각각 두 가지씩 기록하고 있다. 하나님이 아벨에게는 무엇을 받았고, 가인에게는 무엇을 받지 않았는가?

05. '성소 출입문 의식시'인 시편 15:1-3을 보라. 이 본문에서는 하나님께 나아가는 자에게 무엇을 요구하는가?

05

창세기 6-8장

사람은 무엇으로 사는가?

에드워드 힉스(Edward Hicks), 노아의 방주(Noah's Ark), 1846년[1]

한눈에 보기

"사람은 무엇으로 사는가?" 톨스토이의 단편 소설 제목과 유사한 주제가 창세기에도 등장한다. 인간의 '타락/악함'이 하나님의 홍수 심판을 불러왔다(창 6:5-7). 그렇다면 심판 이후에는 인간이 선해져야 하지 않는가? 그러나 성서는 오히려 신(新) 인류의 마음이 악하다고 선언한다. 그렇다면 홍수 심판이 다시 일어나야 하는가? 인간이 여전히 악함에도 불구하고, 심판 의지를 극복한 하나님의 은

혜는 신 인류가 새롭게 출발할 수 있는 기초가 된다(창 8:21).

시작하기

"사람은 무엇으로 사는가?" 오랜 인류 역사에서 '인간의 본질은 무엇인가?'에 대한 질문은 끊임없이 되풀이되었다. 톨스토이의 소설을 보면, 한 천사가 '어떤 여인의 생명을 거두어 오라'라는 하나님의 명령을 거역한다. 하나님은 천사에게 세상에 내려가서 '세 가지 질문에 대한 답을 알아 오라'라고 명령한다. 첫째, 사람의 마음에는 무엇이 있는가? 둘째, 사람에게 주어지지 않은 것은 무엇인가? 마지막으로, 사람은 무엇으로 사는가? 톨스토이가 이 소설에서 '사랑'이라는 주제를 다루었다면, 창세기 8장에서는 '사랑'에 대한 성서적 관점을 발견할 수 있다.

성서에서 가장 긴박한 사건을 하나 꼽으라고 하면 아마 홍수 심판을 빼놓을 수 없을 것이다. 마치 전 인류가 멸망하는 듯한 이 심판 사건은 그 자체로 사람들에게 큰 흥밋거리였다. 이러한 관심이 수많은 예술 작품으로 표현되었다. 홍수로 인한 인류 종말에 대한 주제는 오늘날처럼 미디어가 발달한 시대에도 매우 인기 있는 모티브이다.

사람들은 오랫동안 홍수 심판의 진위를 고고학적으로 밝히기 위해 노력했다. 방주의 모양과 크기, 승선했던 동물들의 종류와 수, 그리고 방주가 표류하다가 멈춘 아라랏 산을 고고학적으로 증명하기 위해 부단히 노력해 있다. 하지만 그러한 시도는 성서가 우리에게 알려 주고자 하는 사실과는 동떨어진 내용일 수도 있다.

---

1 사람들은 오랫동안 '노아의 방주는 어떤 모양이었으며, 크기는 어떠했을까?', '방주가 멈춘 곳은 어디일까?' 또한 '그곳에 들어간 동물의 수는 얼마였을까?'에 대해 질문했다. 이러한 궁금증이 노아의 방주를 그린 여러 미술품에 표현되어 있다. 창세기 6-7장에 기록된, 노아의 방주에 짐승을 태우라는 명령은 동일하지 않다. 7:2에서는 정결한 것은 일곱 쌍, 부정한 것은 한 쌍씩 데려갈 것을 서술한다 – 한글 성서는 '둘씩'으로 번역했는데, 이것은 아마도 창세기 6:20과 관련되었을 것이다. 6:20에서는 정한 것과 부정한 것을 나누지 않고 둘을 방주로 데려가라고 명령한다. 창세기 6-8장은 '방주'에 대한 이야기보다, 오히려 '신 인류의 시작'에 초점을 맞추어서 해석하는 것이 적절하다.

브루그만(W. Brueggemann)은 홍수의 흔적을 발견했다는 일부 주장에 대해 다음과 같은 문제가 있음을 지적한다. "방주의 발견조차도 '어떤 홍수'(a flood)에 대해 확인만을 해 주는 것일 뿐이며, 여하간 그러한 발견은 분명히 '바로 그 홍수'(the flood)를 위해서는 아직 충분한 것이 아니다."[2]

성서를 이해하는 틀은 곧 그리스도인의 삶의 방식을 결정하는 데 중요한 요인이 된다. 예를 들어, '너는 내게 부르짖으라'라고 명령하는 예레미야 33:3을 기반으로 목회자는 성도들에게 하나님을 향해 끊임없이 부르짖어야 한다는 삶의 양태를 요구해 왔다.[3] 단적인 예지만, '성서를 어떻게 해석하느냐'는 '어떤 삶을 살 것인가'와 밀접하게 연결되어 있다.

창세기 1-11장은 무엇을 보여 주는가?

창세기 1-11장은 원역사(Urgeschichte)라고 불린다. 원역사에서는 오직 '이스라엘'만의 역사가 아닌, 온 인류 역사의 출발점을 제시한다. 1-2장에서는 '아담'의 창조를 묘사한다. 인류는 다윈(C. Darwin)의 진화론이 정립되기 이전부터 인간의 기원에 대해 끊임없이 질문해 왔다. 구약을 성서로 받아들이는 일부 그룹들(유대교, 천주교, 기독교)은 아담 창조를 인류의 기원이라고 해석했지만, - 이와 같은 해석은 오늘날 새롭게 논쟁이 되고 있다[4] - 원역사에 기록된 인류의 기원에 대한 설명을 단지 하나의 가능성으로 해석하는 비평적인 그룹들도 여전히 존재한다.

1-11장의 전체적인 흐름은 전통적으로 아래 도식과 같이 이해되어 왔다.[5]

---

2 W. Brueggemann, 『구약개론』, 82.

3 예레미야 33:3에 대한 비평적 이해로는 민경구, "예레미야 33:1-3의 새로운 이해-소통과 계시", 117-141을 참조하라.

4 다양한 시각을 정리한 것으로는 D. O. Lamoureux 외, 『아담의 역사성 논쟁』을 참조하라.

5 참조. 천사무엘, 『성서주석. 창세기』, 92.

	창 3장	창 4장	창 6-8장	창 11장
죄	선악과	가인의 살인	죄의 만연	바벨
심판	수고	유리(遊離)하는 자	홍수	흩어짐
구원의 징표	가죽옷	이마에 표	무지개	아브람

이 도식은 소위 '구속사적 해석'으로서 성서를 이해하는 데 충분한 도움을 준다. 구원의 징표(가죽옷, 이마에 표, 무지개 등)를 강조하고, 바벨 사건 이후에 하나님이 택하신 한 사람, 즉 아브람을 이스라엘 역사의 시조로 삼는다는 점에서 교회의 이해와 일치한다. 하지만 일부 본문들 혹은 주제만을 선별하여 해석했고, 게다가 창세기 1-2장, 5장, 9-10장을 누락했다.

그러므로 이 장에서는 1-11장(원역사)의 전체 구조를 간략하게 살펴볼 것이다. 창세기 1-11장은 '시작'이라는 단어를 중심으로 설명할 수 있다. '시작'이라는 주제를 가장 잘 보여 주는 본문은 1:1의 선언인데, 이 창조 선언이 일차적으로 2:4a에서 마무리된다('이것이 천지가 창조될 때에 하늘과 땅의 내력이니'). 그리고 창조에 대한 이야기가 2:4b부터 다시 반복된다('여호와 하나님이 땅과 하늘을 만드시던 날에'). 여하튼 1-2장에는 '세상의 시작'이 상이한 방식으로 2회 기록되어 있다. 1:1-2:4a에 묘사된 창조 순서,[6] 반복 어구,[7] 하나님의 이름이 2:4b-25의 묘사와 상이하다는 것을 근거로 학자들은 1-2장에서 두 가지 창조 기사를 유추한다.

3장에서는 '죄의 시작'이라는 새로운 주제가 등장한다. 이 주제는 1-2장과 차이를 드러낸다. 1-2장에서는 세상의 기원이 제시되는 반면, 3장에서는 죄의 기원이 언급되지 않는다. 다시 말해, 3장에서는 죄가 인류와 함께 시작되었음을 보여 주지만, '죄가 어디에서 왔는가?'에 대해서는 침묵한다. 하나님이 '모든 것을

6 1장에 따르면 하나님은 동물을 창조한 이후에 인간을 창조했지만, 2장에 따르면 인간 창조 이후에(2:8) 동물을 창조했다(2:19).

7 1장에서는 반복되지만, 2:4b 이후로는 반복되지 않는 문구는 다음과 같다. "저녁이 되고 아침이 되니 이는 X째 날이니라"(1:5, 8, 13…). "하나님이 보시기에 좋았더라"(1:4, 10, 12, 18…). "생육하고 번성하여 … 충만하라"(1:22, 28).

창조했다면, 죄 또한 하나님이 창조했는가?'라고 질문할 수 있다. 하지만 우리는 1-3장에서 그 해답을 찾을 수 없다. 오히려 3장은 '죄가 어떻게 이 세상에 발현(發現)되었는가?'를 보여 준다는 것이 더 적절하다. 4장에 따르면 죄는 점차적으로 확대되어 6:5에 기록된 홍수 심판 사건에서 절정에 달한다.

> 여호와께서 사람의 죄악이 세상에 가득함과 그의 마음으로 생각하는 모든 계획이 항상 악할 뿐임을 보시고(창 6:5)

그러므로 홍수 심판 사건(창 6-9장)은 3장과 연결해서 보아야 한다. 홍수 심판이 일어난 원인은 바로 죄이다! 죄에 대한 언급이 홍수 사건이 마무리되는 창세기 9*장까지 이어진다. 혹자는 동생을 살해한 가인이 아담에게서 떨어져 나갔다고 주장하면서 5장의 아담 계보와 가인 계보를 분리한다. 그러나 '사람의 죄악이 세상에 가득함'(창 6:5)이라는 하나님의 선언을 고려한다면, 아담의 자손도 죄악이 가득한 세대라는 선언에서 결코 예외가 될 수 없다. 8장 마지막 부분은 홍수 심판의 중간 종결로 볼 수 있다. 여기에서 다시 한 번 6:5과 유사한 내용이 나오므로 아담의 자손은 죄악이 가득한 세대에서 예외가 되지 않는다.

> 이는 사람의 마음이 계획하는 바가 어려서부터 악함이라(창 8:21)

홍수 심판이 끝난 후 8:20 이하부터는 새로운 시작, 즉 '신(新) 인류의 시작'[8]이 묘사되고 있다. 따라서 6-9장은 크게 두 가지 주제, 즉 '홍수 심판'(창 6-8:19)과 심판 이후 '신 인류의 시작'(창 8:20-9:29)으로 나뉜다. 9장의 마지막에서는 노아의 후손을 언급하므로 자연스럽게 10장의 족보와 연결된다. 10장 이후부터는 '신 인류가 어떻게 확산되어 가는지'에 관해 서술한다.

'신 인류의 시작'은 1-2장에 기록된 '세상의 시작'과는 상이하다. 6-9장에 따

---

8 참조. G. Wenham, 『창세기 1-15』, 191.

르면 하나님은 인류를 심판하지만, 1-2장의 창조된 세계는 파괴되지 않고 여전히 유지되고 있다. 즉, 8-9장은 1-2장을 전제한 상태에서 새로운 시작을 이어 간다. 계속해서 9장에서는 1-2장과 구별되는 모습이 등장한다. 1-2장에서는 아담이 인류의 시작으로, 9장에서는 신 인류가 노아의 후손으로 묘사된다.[9] 이런 이유로 노아는 종종 '새로운 아담'(the New Adam)[10]으로 해석된다.

신 인류의 시작은 1-2장의 '세상의 시작'과 다양하게 연결되어 있다. 인간의 죄에도 불구하고 노아는 여전히 아담의 형상을 담지하고 있기에, 6-9장은 1장을 전제한다.

> 아담은 백삼십 세에 자기의 모양 곧 자기의 형상과 같은 아들을 낳아 이름을 셋이라 하였고(창 5:3)

아담이 하나님의 모양과 형상대로 창조되었듯이(창 1:27), 아담의 자녀들 역시 하나님의 모양과 형상을 지녔다. 따라서 신 인류의 시작에서는 1-2장에 기록된 인간 창조를 다시 언급할 필요가 없다. 그 외에도 홍수 이후에 기록된 하나님의 선언에서 6-9장과 1장의 관련성을 찾을 수 있다. 홍수 이후 신 인류의 등장에 앞서 하나님의 선언이 묘사되어 있는데, 이를 1장과 비교해 보면 그 관련성이 더욱 명확하게 드러난다.

> 하나님이 노아와 그 아들들에게 복을 주시며 그들에게 이르시되 생육하고 번성하여 땅에 충만하라(창 9:1)
> 하나님이 그들에게 복을 주시며 하나님이 그들에게 이르시되 생육하고 번성하여 땅에 충만하라, 땅을 정복하라, 바다의 물고기와 하늘의 새와 땅에 움직이는 모든

9 참조. W. Brueggemann, 『구약개론』, 71.

10 J. Blenkinsopp, *Creation, Un-Creation, Re-Creation. A Discursive Commentary on Genesis 1-11*, 155; C. J. Collins, "문맥에 따른 해석: 유비적 '날들'", in V. P. Hamilton 외, 『창조 기사 논쟁: 복음주의자들의 대화』, 177-213, 특별히 180; C. J. Collins, "구약성경에서의 아담과 하와", 『아담, 타락, 원죄』, 30.

생물을 다스리라 하시니라(창 1:28)

창세기 9:1이 1:28과 문자적으로 연결되어 있다는 것은 분명하다. 9:1의 축복은 뒤이어 나오는 인류 번성의 원인이 된다(창 10장). 10장에서 족보로 열거된 새로운 인류, 즉 노아의 자손은 하나님의 축복으로 말미암아 번성하게 된 것이다. 따라서 원역사를 간결하게 다음과 같이 정리할 수 있다.

창 1-2장	창 3:1-8:19	창 8:20-11장
세상의 시작	죄의 시작과 결과	신 인류의 시작

인류와 땅의 부패

창세기 6장에서 죄는 하나님의 아들들에 관한 묘사에서도 관찰된다. 하나님의 아들들이 사람의 딸들의 '아름다움을 보고 취했다'(창 6:2)는 것은 여자가 선악과의 '먹음직함을 보고 취했다'(창 3:6)는 것과 유사하다. 즉, 3장의 죄가 6장에서 반복되고 있다.

하나님의 아들들이 사람의 딸들의 '아름다움'(토브, טוֹב)을 '보고'(라아, רָאָה) 자기들이 좋아하는 모든 여자를 아내로 '삼는지라'(라카흐, לָקַח)(창 6:2)
여자가 그 나무를 '본즉'(라아, רָאָה) '먹음직도'(토브, טוֹב) 하고 보암직도 하고 지혜롭게 할 만큼 탐스럽기도 한 나무인지라 여자가 그 열매를 '따먹고'(라카흐, לָקַח) 자기와 함께 있는 남편에게도 주매 그도 먹은지라(창 3:6)

6장에서는 인간만 죄를 짓는 것이 아니라, 하나님의 아들들도 죄에 물들어 있음을 고발한다. 죄에서 돌이키는 것이 불가능해 보인다. 6:11-13은 언어유희로 인간의 죄를 서술한다.

> 그 때에 온 땅이 하나님 앞에 '부패하여'(봐티샤헤트, וַתִּשָּׁחֵת) 포악함이 땅에 가득한 지라 하나님이 보신즉 땅이 '부패하였으니'(니쉬하타, נִשְׁחָתָה) 이는 땅에서 모든 혈육 있는 자의 행위가 '부패함이었더라'(히쉬히트, הִשְׁחִית) 하나님이 노아에게 이르시되 모든 혈육 있는 자의 포악함이 땅에 가득하므로 그 끝 날이 내 앞에 이르렀으니 내가 그들을 땅과 함께 '멸하리라'(마쉬히탐, מַשְׁחִיתָם)(창 6:11-13)

한글 성서 6:11-13에서는 '부패하다'(샤하트, שחת)라는 단어가 세 번 사용되었는데, 히브리 성서에서는 네 번 사용되었다. '멸하리라'도 '샤하트'(שחת)의 번역이다. 이처럼 동일한 단어가 네 번이나 나온다는 것은 결코 우연이 아니다.

처음 두 단어(봐티샤헤트, 니쉬하타)는 니팔(Nifal) 형태로, 재귀 혹은 수동의 의미이다. 주어는 공통적으로 '땅'(하아레쯔, הָאָרֶץ)이므로, '땅이 부패되었다'라고 해석할 수 있다. 세 번째 동사는 히필(Hifil) 형태이므로, '모든 육체가 자신의 행위를 부패하게 만들었다'로 해석된다. 여기서 '땅'이 다시 나오는데, 인류가 자신의 '행위'(데렉, דֶּרֶךְ) – '길'로도 번역된다 – 를 부패하게 만들었고, 그 영향으로 땅도 부패되었다는 뜻이다. 환언하면, 인간의 부패는 땅이 부패하게 되는 결정적 원인이다.

마지막으로 나오는 (한글 성서에서는 '멸하리라'로 번역된) '부패하다'라는 단어의 주어는 하나님이며, 목적어는 '땅과 인간'이다. 하나님이 인간을 '부패하게 만들 것이다/멸할 것이다.' 이것은 언어유희 기법을 사용한 수사학적 표현이다. '인간이 부패(샤하트, שחת)하였으므로, 하나님이 인간을 부패하게 만들 것이다(샤하트, שחת)'라는 뜻이다. 인간의 부패가 인간의 부패를 불러왔다! 전자는 행위의 부패를, 후자는 육체의 부패를 가리킨다. 하나님의 홍수 심판은 인간의 행위의 결과이다.

신 인류는 무엇으로 사는가?

'신 인류의 시작'과 함께 중요한 선언들이 8:20-22에서 표명되고 있다. 현시대를 살아가는 인간도 신 인류에 포함되기 때문에, 신 인류에 대한 이해는 현재를 살아가는 인간 이해의 근간이 되며, 하나님과의 관계 정립을 위한 토대가 된다.

배에서 나오다

노아와 그의 가족이 방주에서 나와서 처음으로 한 행위는 제단을 쌓는 일이었다. 이것을 근거로 혹자들은 노아를 하나님께 예배하는 것에 열심이었던 자로 이해할 뿐만 아니라, 6:9에 기록된 노아의 의로움과도 일치한다고 해석한다. 우리는 여기서 한 가지 의문을 제기할 수 있다. 노아의 번제는 '하나님의 은총을 불러일으키는 원인이 되는가?' 아니면 '하나님의 은총의 결과인가?' 바꾸어 말하면, '노아가 의롭게 행동함으로써 하나님이 은총을 주셨는가?' 아니면 '하나님이 은총을 주셨기 때문에 노아가 의롭게 행동할 수 있었는가?' 공시적(共時的)인 관점으로 보았을 때, 노아의 행동이 하나님의 은총을 불러일으킨다는 해석은 필히 재고(再考)되어야 한다. 창세기 9:18 이하의 기록에서 노아는 무절제한 모습으로 등장할 뿐만 아니라, 자신의 과오를 후손에게 전가하는 인물로 그려지기 때문이다. 이러한 노아의 모습은 온전한 인간의 모습과는 상당히 괴리감이 있다(창 6:9). 성서는 노아를 인간의 롤모델로 제시하지 않는다. 노아가 드린 번제는 그의 의로움을 나타낸다기보다는 심판에서 구원받은 것에 대한 감사의 표현으로 보아야 한다.

마음의 계획

8:20-22에서 주목해야 할 구절은 8:21이다. 이 구절은 내용상 6:5과 연결된다.

> 여호와께서 그 향기를 받으시고 그 중심에 이르시되 내가 다시는 사람으로 말미암아 땅을 저주하지 아니하리니 이는 '사람의 마음이 계획하는 바가 어려서부터 악함이라' 내가 전에 행한 것 같이 모든 생물을 다시 멸하지 아니하리니(창 8:21)
>
> 여호와께서 사람의 죄악이 세상에 가득함과 '그의 마음으로 생각하는 모든 계획이 항상 악할 뿐임'을 보시고(창 6:5)

6:5은 홍수 심판 이전의 상황을 묘사하고, 8:21은 그 이후의 모습을 묘사한다. 홍수 이전의 세상은 마치 난장판과 같았다. 하나님의 중대한 개입[11]을 표현하는 '여호와의 시선'(視線)은 세상에 악이 가득하다는 것에 머물러 있다(창 6:5, 12). 여호와는 세상에 가득한 악으로 말미암아 한탄하고 근심하다가 결국에는 인간을 멸절하겠다고 결심한다. 이러한 절박한 상황에서 노아가 선택되었기 때문에, 노아를 특별한 자로 해석하는 것은 일면 당연할 수도 있다.

6:5에서는 인간의 악함이 행위로 드러나는 것을 넘어 '마음'(레브, לֵב)에서까지 관찰된다는 점을 강조한다. 세상에 만연한 악으로부터 노아는 과연 자유로울 수 있을까? 하나님은 '심장'(레브 לֵב)과 '폐부'(킬야, כִּלְיָה)를 보는 분이다(참조. 렘 20:12). 6:5에서 '가득한/큰'(라브, רַב)과 '항상'(콜 하이욤, כָּל־הַיּוֹם)이라는 표현은 '악함'(라아, רַע)과 연결되어, '가득한/큰'은 악함의 정도(程度)를 나타내고, '항상'은 악함의 빈도(頻度)를 제시한다.[12] 여하튼 인간의 악함은 여호와를 '한탄'(나함, נחם)하게 했고, 그 결과로 홍수 심판이 불가피하게 되었다.

홍수 이후의 모습을 묘사하는 8:21에서는 '사람의 마음이 계획하는 바가 어려서부터 악하다'라고 한다. 6:5과 비교하면 이러한 보도는 성서 해석을 대단히 난해하게 만든다. 우리는 이 본문을 바탕으로 몇 가지 질문을 해야 한다.

첫째, 왜 악함이 없어지지 않았을까? 세상의 악함이 원인이 되어 홍수 심판을 받았다면 심판 이후에는 당연히 악함이 인간에게서 제거되어야 하지 않는가? 그

---

11 참조. G. Wenham, 『창세기 1-15』, 297.

12 G. Wenham은 죄악이 가득함을 다른 방법으로 표현했다. 그는 창세기 6:5에서 '악함'(라아, רַע)과 '모든'(콜, כָּל)이 두 번씩 등장한다는 것을 적절하게 지적했다. 참조. G. Wenham, 『창세기 1-15』, 297.

러나 홍수 심판 이후에도 여전히 심판 이전과 동일하게도 '사람의 마음이 계획하는 바가 어려서부터 악하다.'

둘째, 노아는 과연 의로운 자인가? 이 질문은 첫 번째 질문과 관련이 있다. 6:7에서는 홍수 심판으로 인해 모든 숨쉬는 생물들이 멸망할 것이라고 선언한다. 유일하게 살아남은 자는 '의로운' 노아의 가족뿐이다. 그렇다면 '사람의 마음이 계획하는 바가 어려서부터 악하다'라는 진술은 우선적으로 노아와 그의 가족에게 적용될 수밖에 없다. 즉, 이 구절은 노아와 그의 가족을 향하여 '계획하는 바가 악하다'라고 말하고 있는 것이다. 따라서 노아는 '의인'이기 때문이 아니라, 여호와의 '은혜'(헨, חֵן)로 말미암아 생존자로 선택되었을 뿐이다(창 6:8).

셋째, 하나님의 심판이 다시 일어나야 하는가?[13] '죄악이 가득함과 마음의 계획이 항상 악함'으로 말미암아 홍수 심판이 임했다(창 6:5). 그렇다면 '그의 마음으로 생각하는 모든 계획이 항상 악할 뿐'이라는 8:21의 기록은 여호와의 심판이 다시 임해야 한다는 필요성을 설명한다고 볼 수 있다.

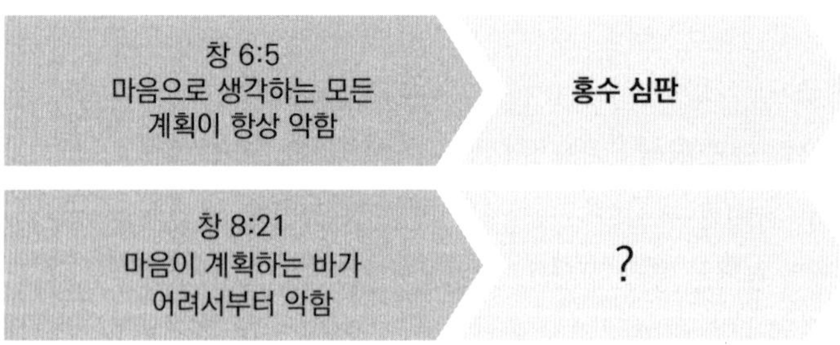

심판 이후에도 그 전과 동일한 상황이 묘사되고 있으므로 '제2의 심판'은 타당해 보인다. 그렇다면 노아와 노아의 가족은 멸절할 것이고 지구상에서 인류가 완전히 사라질 것이다. 이러한 긴박한 상황에서 8:21을 다시 한 번 살펴보자.

---

13 참조. G. von Rad, 『창세기』, 132.

여호와께서 그 향기를 받으시고 그 중심에 이르시되 내가 다시는 사람으로 말미암아 땅을 저주하지 아니하리니 이는 사람의 마음이 계획하는 바가 어려서부터 악함이라 내가 전에 행한 것 같이 모든 생물을 다시 멸하지 아니하리니(창 8:21)

8:21에서는 여호와의 심판 의지 변화가 분명하게 감지된다. 하나님은 자신의 심판 의지를 스스로 극복한다. 혹자는 여호와가 맡은 향기를 '진정시키는 냄새'[14]라는 고대 근동의 이해와 연결하여 제사의 실효성을 강조한다. 즉, '진정시키는 냄새가 여호와의 심판 의지를 돌이켰다'라고 주장한다.[15] 그러나 앞에서 서술했듯이, 노아의 제사는 심판에서 구원받은 자가 드리는 제사[16]로 이해해야 한다. 노아는 제사를 통해 홍수의 위기에서 벗어난 자신을 돌아볼 뿐만 아니라, 새로운 삶으로의 출발을 시도하고 있는 것이다.[17] 따라서 '내가 전에 행한 것 같이 모든 생물을 다시 멸하지 아니하리니'라는 여호와의 의지 변화는 제사와 같은 외부 작용 때문이 아니라, 여호와 스스로 일으킨 '여호와의 자기 극복'[18] 때문이다. 이 극복이 9장에서, 다시는 땅을 홍수로 멸하지 않겠다는 여호와의 언약과 그 언약의 징표인 무지개를 통해서 재확인된다.

내가 너희와 언약을 세우리니 다시는 모든 생물을 홍수로 멸하지 아니할 것이라 땅을 멸한 홍수가 다시 있지 아니하리라 하나님이 이르시되 내가 나와 너희와 및 너희와 함께 하는 모든 생물 사이에 대대로 영원히 세우는 언약의 증거는 이것이니라 내가 내 무지개를 구름 속에 두었나니 이것이 나와 세상 사이의 언약의 증거니라(창 9:11-13)

---

14 G. von Rad, 『창세기』, 131. '진정시키는 냄새'(레아흐 하니호아흐, ריח הניחח)는 또한 노아의 이름과 관련이 있다. 참조. V. P. Hamilton, *The Book of Genesis 1-17*, 306.

15 참조. G. Wenham, 『창세기 1-15』, 364-365.

16 참조. C. Westermann, *Genesis 1-11*, 607.

17 참조. C. Westermann, *Genesis 1-11*, 607.

18 참조. J. Jeremias, 『하나님의 후회』, 32.

'사람의 마음이 계획하는 바가 어려서부터 악함'에도 불구하고 하나님은 인간을 향한 심판 의지를 스스로 돌이켰다. 이러한 하나님의 자기 극복은 고대 근동의 신화에서는 발견되지 않는, 여호와만의 독특성이다.[19]

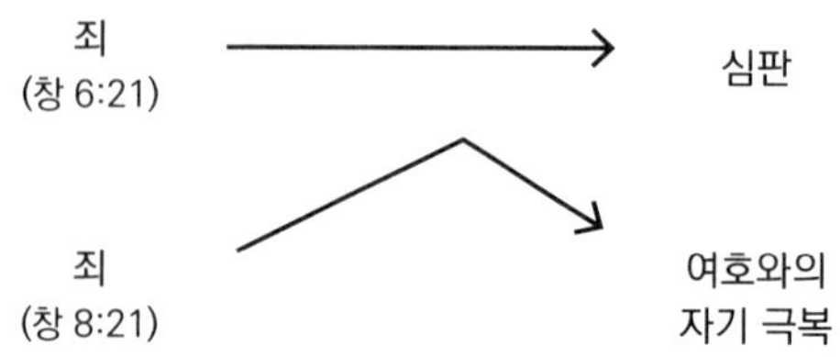

원역사(창 1-11장)에서는 고대 근동과 구별되는 신 이해, 그리고 인간 이해를 제시한다. 창세기 1장에서는 '지배자'의 하나님이 아니라, '만민'의 하나님을 이야기한다. 이 본문은 왕을 신의 형상을 닮은 지배자로 묘사하지 않으며, 만민이 신 앞에서 '평등'하다고 밝힌다. 게다가 성서에서는 신을 섬기기 위해 창조된 인간이 아니라, 신의 상대자로서의 인간을 보여 준다. 죄와 심판은 마치 논리적 연결고리, 즉 인과응보로 묶여 있는 것처럼 보이지만, 구약 성서의 홍수 심판 사건은 '여호와의 자기 극복'을 통해 이 원칙을 뛰어넘는다. 이것은 고대 근동의 신(神) 이해와 차별되는, 성서 하나님의 독특성이다(창 6-9장). 다시 말해서, 창세기에서 관찰되는 하나님에 대한 이해는 고대 근동의 신(神) 이해를 일부 수용하지만, 오히려 그것을 통하여 그들의 신 이해를 비판한다.

신 인류의 출발점

홍수 심판 이후에 노아로부터 신 인류가 시작된다. 신 인류는 여호와의 자기 극복, 즉 여호와의 은혜가 없었다면 존재하지 못했을 것이다. 따라서 신 인류로서

---

19 참조. J. Jeremias, 『하나님의 후회』, 30.

살아가는 모든 인간은 기본적으로 여호와의 은혜를 근간으로 존재한다. 이 여호와의 은혜는 매우 실제적이며, 보편적이다. 이것이 창세기 1-11장, 즉 원역사가 이야기하는 인간 이해이다. 인간이 마음으로 계획하는 것이 여전히 악함에도 불구하고, 인간을 심판하지 않겠다는 여호와의 자기 극복은 신 인류가 존재하는 토대가 된다.

인간은 자신의 능력으로 서 있는 것이 아니다. 우리 모두가 죄인이라는 인식 아래, 하나님의 은혜를 전제로 존재한다. 그러므로 인간은 결코 자신의 의로움이나 성공을 자랑할 수 없다. 성서는 그러한 자랑을 자신의 근본을 알지 못하는 우매한 행위라고 묘사한다.

신 인류에게 하나님의 축복은 필수적이다. 여호와는 인류를 위해 '복을 주시며 생육하고 번성하여 땅에 충만하라'라고 축복했다(창 9:1). 지금 개인이 누리는 모든 것은 그 자신의 노력으로 얻게 된 것이 아니라, 하나님의 축복이 임한 것이다. 그러므로 우리는 나에게 주어진 복을 어떻게 올바르게 사용해야 할지 늘 자문해야 한다(참조. 신 14:29). 복은 많이 받고 적게 받음이 중요한 것이 아니라 어떻게 사용하느냐가 중요하다.

덧붙여 질문해야 할 것은 '인류는 어떻게 하나님께로 돌아갈 수 있는가?'이다. 자신의 선함과 자신의 의지로 하나님께 돌아가는 것이 가능할까? 하나님께 돌아가는 것, 즉 회개는 인간의 자유 의지인가? 성서는 이러한 주장에 회의(懷疑)적이다. 인간이 하나님께 등을 돌림으로써 하나님도 인간에게 등을 돌렸다. 이것이 홍수 심판이라는 엄청난 사건으로 들어왔다. 심판 이후에도 '사람의 마음이 계획하는 바가 어려서부터 악하다.' 성서는 인간이 죄에서 벗어날 수 없는 존재가 되었다고 표명한다. 죄는 외부 환경에서 유입될 뿐만 아니라, 인간의 사고 체계인 '마음'에 이미 내재하고 있다. 따라서 신 인류는 자신의 능력으로 하나님께 돌아갈 수 없다. 오직 하나님의 자기 극복만이 '마음이 계획하는 바가 어려서부터 악한' 신 인류가 하나님께로 돌아갈 수 있는 가능성을 제공한다.[20] 하나님이 인간에게

20 참조. J. Jeremias, 『하나님의 후회』, 80.

돌이켜야–바꾸어 말하면, 은혜를 베풀어야–, 비로소 인간이 하나님께로 돌아갈 수 있는, 즉 회개할 수 있는 가능성이 생긴다. 하나님의 은혜로 말미암아 인간이 회개할 수 있는 것이다.

창세기 6-8장은 우리에게 인간에 대한, 환언하면 자아에 대한 올바른 인식을 요구한다. 현대인들은 자신이 죄인임을 거부한다. 그것은 아마도 자신이 실정법(實定法)을 범하지 않았다고 생각하기 때문일 것이다. 그러나 8:21에서는 '사람의 마음이 계획하는 바가 어려서부터 악함이라'라고 진술한다. 이것은 실정법 '위반'과는 구별되는 '악함'이다. 마음으로 죄를 계획하는 순간부터 인간은 죄인이 되며, 마음의 계획이 행위로 드러나는 것이 범죄라고 성서는 교훈한다. 마태복음 5장에 나오는, 법의 내면화에 대한 예수의 가르침과도 일치하는 교훈이다.

하지만 '마음으로 계획하는 것이 어려서부터 악하다'라는 진술을 바탕으로 해서 모든 범죄 사건을 일반화해서는 안 된다. 예를 들어, 실제로 악을 저지른 한 개인과 죄를 범하지 않은 사람을 동일하게 볼 수는 없다. 특히, 범죄한 개인이 자신을 옹호하려는 목적으로 이 구절을 자신에게 유리하게 적용해서는 안 된다. 성서는 의도된 범죄에 대해서는 철저하면서도 신중하게 조사해야 한다고 서술하며, 죄인에게 엄중한 대가를 치르게 해야 한다고 경고한다(신 19:11-13). 신 인류의 출발점에서 인류의 악함을 기록한 것은 실정법을 위반한 것과는 구별되는, 하나님의 자기 극복에 대한 강조이다.

마무리하기

원역사에는 신 인류에 대한 이해가 담겨 있다. 8:21의 선언은 이스라엘 백성이라는 특정 집단에 국한되지 않으며, 보편적 인류에 적용되어야 한다. 그 선언은 오늘을 살고 있는 우리에게도 여전히 유효하다. 세상의 시작과 신 인류의 출발점 사이에 홍수 심판이 존재한다. 홍수 심판의 전후 본문을 살펴보면 몇 가지 중요한 사실을 발견할 수 있다.

첫째, 사람은 무엇으로 사는가? 모든 인류는 여호와의 자기 극복이라는 은혜를 토대로 존재한다. 6:5에 따르면 '마음으로 생각하는 모든 계획이 항상 악한' 인간의 행위가 홍수 심판을 불러왔고, 그로 인해 노아의 방주에 승선한 피조물들을 제외한 세상의 모든 것이 사라졌다. 하나님의 진노의 결과는 실로 두려움 그 자체이다. 하지만 홍수 심판 이후에도 인간의 악함은 사라지지 않았다. "사람의 마음이 계획하는 바가 어려서부터 악함이라"(창 8:21). 그렇다면 홍수 심판이 다시 일어나야 한단 말인가? 고대 근동의 이해에서는 당연히 그래야 한다. 그러나 성서에서는 뜻밖에도 '내가 전에 행한 것 같이 모든 생물을 다시 멸하지 아니하리니'라는 은혜가 선언된다. 그 원인은 무엇인가? '여호와의 자기 극복' 즉, 여호와가 스스로 심판 의지를 꺾었기 때문이다. 이는 하나님만의 독특성이며, 또한 신 인류의 출발점이 되었다.

둘째, 하나님의 자기 극복은 인간이 하나님께로 돌아갈 수 있는 계기가 된다. 인간의 죄악이 하나님의 홍수 심판을 야기했다. 그렇다면 인간의 선함이 하나님의 심판 의지를 잠재울 수 있는가? 그렇다면 인간은 얼마나 선해야 하는가? 하지만 원역사는 인간의 선함에 대해 전혀 언급하지 않는다. 오히려 인간이 죄의 환경에서 결코 벗어날 수 없다는 것과 죄가 인간의 마음을 지배하고 있다고 서술한다. 그러므로 하나님의 심판은 언제든지, 그리고 오늘날에도 다시 일어날 수도 있다. 그러나 하나님은 심판 대신에 자기 극복이라는 은혜를 선택했다. 이러한 하나님의 자기 극복이 인간을 하나님에게로 돌아오게 한다. 환언하면, 인간은 스스로 선을 택한 것이 아니라, 하나님의 은혜로 말미암아 신을 택할 수 있게 되었다.

창세기 원역사에서는 고대 근동의 신 이해와 구별되는 하나님 이해를 제시한다. '지배자'의 하나님이 아니라, '만민'의 하나님을 이야기한다. 신을 섬기기 위해 창조된 인간이 아니라, 신의 상대자로서의 인간을 소개한다. 죄와 심판은 마치 논리적 연결 고리, 즉 인과응보로 묶여 있는 것처럼 보이지만, 성서에서는 '여호와의 자기 극복'을 통해 이 원칙을 뛰어넘는다. 따라서 창세기에서 관찰되는 하나님에 대한 이해는 고대 근동의 신 이해를 비판한다.

톨스토이의 소설을 보면, '사람은 무엇으로 사는가?'라는 질문을 받고 하늘에서 땅으로 내려온 천사는 결국 사람에게 '사랑'이 필요하다는 사실을 깨닫는다. 홍수 심판 사건에서 우리는 다시 한 번 질문하게 된다. "사람은 무엇으로 사는가?" 인간을 향한 사랑의 표현인 '하나님의 자기 극복' 없이는 인간은 하나님 앞에 다가갈 수도 없고, 세상을 살아갈 수도 없는 그런 연약한 존재이다.

토의를 위한 질문

01. 원역사는 '시작'이라는 관점을 축으로 설명된다. 노아의 홍수는 무엇의 시작인가? 신 인류의 시작과 세상의 시작에는 어떠한 공통점이 있는가? 9:1과 1:28을 비교해 보라.

02. 홍수 심판이 일어나기 직전 인간의 모습은 어떠했는가? 6:5을 보며 설명해 보라. 우리는 홍수가 일어난 다음에는 세상이 어떠한 모습으로 변할 것이라고 생각하는가?

03. 홍수 심판이 일어난 직후의 세상은 어떤 모습인가? 8:21을 읽은 후 심판 이전인 6:5과 비교해 보라.

04. 홍수 심판 이후에 하나님은 인간의 죄악을 심판하지 않고 심판 의지를 스스로 돌이킨다. 우리는 이것을 하나님의 '자기 극복'이라고 표현할 수 있다. 이때 인간은 어떤 역할을 했는가?

05. 신 인류는 하나님의 자기 극복, 즉 하나님의 은혜를 바탕으로 존재한다. 오늘을 살아가는 사람 중에서 신 인류에 속하지 않는 자가 있는가?

부록

다시는 땅을 저주하지 아니하리니

창세기 8:21에 나오는, '내가 다시는 사람으로 말미암아 땅을 저주하지 아니하리니'와 '내가 전에 행한 것 같이 모든 생물을 다시 멸하지 아니하리니'는 홍수 심판을 다시 내리지 않겠다는 결단으로 해석된다.

> 여호와께서 그 향기를 받으시고 그 중심에 이르시되 '내가 다시는 사람으로 말미암아 땅을 저주하지 아니하리니' 이는 사람의 마음이 계획하는 바가 어려서부터 악함이라 내가 전에 행한 것 같이 모든 생물을 다시 멸하지 아니하리니(창 8:21)

'사람으로 말미암아'(바아부르 하아담, בַּעֲבוּר הָאָדָם)[21] 땅을 저주하지 않겠다는 선언은 '땅이 왜 저주받았는지'를 알게 해 주는 대목이다. 땅은 그 자체로 부정한 것이 아니다. 오히려 인간이 땅을 부정하게 했다(참조. 레 18:25).

폰 라트는 창세기 8:21의 저주를 3:17과 연결함으로써 '저주된 것으로 여기지 않는다'라고 이해한다.[22] 즉, 3:17의 저주는 취소된다. 3:17-18에서 땅은 사람의 죄로 말미암아 저주를 받았다. 그로 인해 땅이 엉겅퀴를 내어 인간의 노력에도 불구하고 소산을 내지 못하도록 했다면, 그와 달리 8:22은 자연 질서가 회복되고, 그 질서가 유지될 것이라고 묘사한다.[23] 자연은 인간에 의해 파괴되었지만, 하나님에 의해 회복되고 유지된다.

> 아담에게 이르시되 네가 네 아내의 말을 듣고 내가 네게 먹지 말라한 나무의 열매를 먹었은즉 '땅은 너로 말미암아 저주를 받고' 너는 네 평생에 수고하여야 그 소

---

21 창세기 8:21을 3:17과 연결한다면, '사람으로 말미암아'는 '아담으로 말미암아'로 해석될 수 있다. 왜냐하면 '사람'은 '아담'(하아담, הָאָדָם)으로 기록되었기 때문이다.

22 G. von Rad, 『창세기』, 132.

23 참조. V. P. Hamilton, *The Book of Genesis 1-17*, 310.

산을 먹으리라 땅이 네게 가시덤불과 엉겅퀴를 낼 것이라 네가 먹을 것은 밭의 채소인즉(창 3:17-18)

땅이 있을 동안에는 심음과 거둠과 추위와 더위와 여름과 겨울과 낮과 밤이 쉬지 아니하리라(창 8:22)

06

창세기 10-11장

인류의 흩어짐에 대한 두 이야기

피테르 브뢰헬(Pieter Bruegel), 바벨탑(The Tower of Babel), 1563년[1]

한눈에 보기

중세 시대 화가들이 창세기 11장을 모티브로 수많은 작품을 그리고 조각했던 것만 보아도 인류가 예전부터 바벨 사건에 큰 관심이 있었음을 알 수 있다. 인류는 바벨을 건설하다가 흩어지게 되었다. 하지만 이보다 앞서 10장에도 인류가 흩어졌다는 내용이 나온다(창 10:5, 18, 25, 32). 유사한 내용이 두 번이나 기록된 이유는 무엇일까? 10장에서는 인류가 스스로 나뉘었지만, 11장에서는 하나님이 인

1 오스트리아 Wien의 Kunsthistorisches Museum에 소장되어 있다. 많은 화가가 바벨탑을 원통 모양으로 표현했지만, 바벨탑 모양이 원통형이었는지는 고고학적으로 아직까지 규명되지 않았다.

류를 흩으셨다. 그리고 11장에서는 죄의 결과로 흩어졌고, 10장에는 다른 이유가 나온다.

시작하기

중세 시대 화가들은 자신만의 상상력을 발휘하여 창세기 11장 이야기를 화폭에 담았다. 인류가 하나로 모여서, 매우 큰 탑을 건설하려고 시도했다는 사실은 인류 역사학적으로 흥미롭기 그지없다. 바벨 사건이 일어나지 않았다면 '인류가 하나의 언어를 계속 사용했을까?'라고 상상할 수도 있다. 사람들은 바벨 장소를 찾으려고 많이 노력해 왔다. 그 결과 다수의 학자가 메소포타미아 – 오늘날의 이라크 – 의 지구라트(Ziggurat)를 바벨로 추측한다. 상상의 출발점이 되는 11장을 보면, 하나님이 인류의 언어를 혼잡하게 하셨고 그로 인해 인류가 흩어지게 되었다. 인류가 바벨을 쌓음으로써 하나님을 분노하게 했기 때문이다.

시선을 10장으로 이동해 보자. 족보는 어떤 시기를 간략하게 서술하는 방식이다. 하지만 때로 중요한 정보를 제공해 준다. 10장과 11장에는 두 족보가 등장한다. 특별히 눈에 띄는 것은 10:21-31과 11:10 이하의 셈의 족보이다. 이 두 족보가 동일하지는 않지만 중복되게 기록되어 있다.

> 셈은 에벨 온 자손의 조상이요 야벳의 형이라 그에게도 자녀가 출생하였으니(창 10:21)
>
> 셈의 '족보'(톨레돗, תּוֹלְדוֹת)는 이러하니라 셈은 백 세 곧 홍수 후 이 년에 아르박삿을 낳았고(창 11:10)

이러한 중복은 10장에서 셈의 족보가 가장 마지막에 서술된 이유를 설명해 준다.[2] 11:10과 자연스럽게 이어질 수 있기 때문이다. 오히려 두 족보 사이에 삽입된(창 11:1-9) 바벨 이야기(Narrative)가 두 족보 리스트를 단절하고 있는 듯한 인상을 준다. 10장과 11:1-9을 비교 분석해 보면 바벨 사건을 재조명할 수 있지 않을까?

창세기 11장과 10장

창세기 11:1-9

11:10에는 '족보'(톨레돗, תוֹלְדוֹת)가 나오는데, 이것은 여러 시대를 간략하게 묘사하려는 전형적인 서술 기법이다(창 5:6 이하). 족보라는 용어는 이미 창세기 2장부터 10장에 이르기까지 곳곳에 나오며,[3] 특히 10장에는 2회나 나온다(창 10:1, 32).

11:1-9은 11:5을 기점으로 나뉜다. 11:1-4에서는 흩어짐을 면하려고 성읍과 탑을 건설하는 인간들의 모습을 묘사하고, 11:5-9에서는 인간들의 행위에 대한 하나님의 시각을 보여 준다. 바벨 이야기에서 하나님은 세상을 바라볼 뿐 아니라 이 땅에 직접 강림하는 분으로 등장한다(창 11:5). 6:5에서 하나님의 '바라봄'은 역사에 개입함으로 연결된다. 11:3-4에는 인간이 결심하는 장면이 두 번 나오면서 히브리어 '하바'(הָבָה, '자!'로 번역됨)가 사용되었는데, 11:7에서는 이 단어가 언어 유희 기법으로 사용되어 하나님의 '결심'(하바, הָבָה, '자!'로 번역됨)을 나타낸다. 하나님은 인간의 죄를 발견한 후 '언어를 혼잡하게 하여 그들이 서로 알아듣지 못하게' 하기로 결정했다.

11:6의 단수와 구별되게 11:7에서는 하나님이 갑자기 '우리'라는 복수의 개념

---

2 J. H. Walton, 『창세기』, 542.

3 창세기 2:4에서는 '내력'으로 번역되었다. "이것이 천지가 창조될 때에 하늘과 땅의 내력이니." 다른 곳에서는 '계보' 혹은 '족보'로 번역되었다.

으로 나온다. 1:26에서도 하나님이 복수로 등장한다.

> 자, '우리'가 내려가서 거기서 그들의 언어를 혼잡하게 하여 그들이 서로 알아듣지 못하게 하자 하시고(창 11:7)
> 하나님이 이르시되 '우리'의 형상을 따라 '우리'의 모양대로 우리가 사람을 만들고 그들로 바다의 물고기와 하늘의 새와 가축과 온 땅과 땅에 기는 모든 것을 다스리게 하자 하시고(창 1:26)

1:26이 인간 창조의 중요성을 보여 준다면, 11:7은 바벨 사건의 중대성을 보여 준다고 할 수 있다. 하지만 인간 창조에서 신적 복수는 긍정적 결과로 연결되었으나, 바벨 사건에서는 부정적 결과를 가져왔다. 하나님이 개입한 결과, 한곳에 모여 살던 사람들이 땅에 '흩어지게'(푸쯔, פוץ) 되었다.

'흩다/흩트리다'(푸쯔, פוץ)는 바벨 이야기에서 3회 등장하는데(창 11:4, 8, 9), 그중 두 번은 '흩어진' 결과를 나타낸다(창 11:8, 9). '온 지면에 흩어짐을 면하려'(창 11:4) 모인 사람들과 '그들을 온 지면에 흩으시는' 여호와의 모습이 대조된다. 바벨 사건은 한마디로, 흩어지려 하지 않는 인간과 그들을 흩으시는 하나님에 대한 이야기이다. 즉, 11:8-9에서 '흩으셨다' 동사의 주어는 바로 '여호와'이다. 그러므로 바벨 이야기는 인간의 행위에 대한 하나님의 명백한 징계를 담고 있다.

창세기 10장

10장은 그리 주목받는 본문이 아니다. 10:1과 10:32에서 볼 수 있듯이 족보를 다루고 있을 뿐이며, 이 장에서 신학 혹은 설교에 도움이 되는 요소를 찾기란 쉽지 않다. 10장에는 노아의 세 아들의 후손이 등장한다. 10:2-5에는 '야벳'의 후손, 10:6-20에는 '함'의 후손, 그리고 마지막으로 10:21-31에는 '셈'의 자손이 기록되어 있다. 10:32과 10:1은 전체 서술에서 구조적으로 하나의 틀(Inclusio)을 형성한다.

먼저 야벳의 후손에 대한 기록을 살펴보자. 이 기록의 마지막은 다음과 같다.

> 이들로부터 여러 나라 백성으로 '나뉘어서'(니프레두, נִפְרְדוּ)[4] 각기 언어와 종족과 나라대로 바닷가의 땅에 머물렀더라(창 10:5)

야벳의 후손은 언어와 종족 때문에 '나뉘게 되었다'(파라드, פרד). 즉, 하나가 될 수 없을 정도로 많아져서 분리될 수밖에 없었다.

함의 후손(창 10:6-20) 역시 흩어진다.

> 아르왓 족속과 스말 족속과 하맛 족속을 낳았더니 이 후로 가나안 자손의 족속이 '흩어져'(나포쭈, נָפֹצוּ)[5] 나아갔더라(창 10:18)

10:5과 유사하게 '흩어져'라는 단어가 나온다. 이 단어를 주목해야 하는 이유는 바벨 사건에서 '흩어짐'을 표현하는 단어(푸쯔, פוץ)와 동일하기 때문이다. 10:20에는 함의 후손이 나뉜 이유가 나오는데, 10:5과 비슷하게도 언어와 족속 때문이라고 한다. 그들은 민족을 이룰 정도로 많아졌기에 야벳의 후손과 마찬가지로 자연스럽게 나뉘었다.

마지막으로, 셈의 계보가 10:21부터 나온다. 셈의 자손 가운데 '벨렉'이라는 인물을 주목해야 한다. 그의 이름은 히브리어로 '펠렉'(פֶּלֶג)으로 발음되며, '나뉘다'를 뜻하는 '팔락'(פלג)에서 유래했다. 그의 이름은 원인론(Ätiologie/Etiology)으로 이해되는데, '그 때에 세상이 나뉘었음이요'(니플레가, נִפְלְגָה)에서 '팔락'(פלג, 나뉘었다) 동사가 사용되기 때문이다.

> 에벨은 두 아들을 낳고 하나의 이름을 벨렉이라 하였으니 그 때에 세상이 '나뉘었

4 3인칭 공성 복수 니팔 완료(3.c.pl. Nif. Perf.) 형태이다. 이것은 수동 혹은 재귀 형태이다.

5 3인칭 공성 복수 니팔 완료(3.c.pl. Nif. Perf.) 형태이다. 이것은 수동 혹은 재귀 형태이다.

음이요'(니플레가, נִפְלְגָה)[6] 벨렉의 아우의 이름은 욕단이며(창 10:25)

셈의 자손 역시 언어와 족속대로 나뉘었다. 창세기 10장에는 민족들이 언어와 종족(족속)대로 나뉘었다는 표현이 여러 번 나온다. 10장의 마지막 구절에서는 민족들이 나뉘었다고 밝히면서 다시 한 번 족보를 정리한다.

이들은 그 백성들의 족보에 따르면 노아 자손의 족속들이요 홍수 후에 이들에게서 그 땅의 백성들이 '나뉘었더라'(니프레두, נִפְרְדוּ)[7](창 10:32)

창세기 10장과 11장은 어떤 차이가 있을까?

차이점

'인류가 흩어졌다'는 기록이 10장과 11장에 각각 나온다. 두 본문은 어떤 차이점이 있을까? 첫째, 단어 사용에 차이가 있다. 바벨 사건에서는 '백성들이 나뉘었음'을 표현할 때 '흩다/흩트리다'(푸쯔, פוץ) 동사를 두 번 사용하였다(창 11:8-9).[8] 10장에서는 다양한 표현(파라드[פרד, 창 10:5, 32], 푸쯔[פוץ ,창 10:18], 팔락[פלג ,창 10:25])이 사용되었고, 11장보다 더 빈번하게 나온다.

둘째, 주어가 다르다. 11:8-9에서는 흩트리는 주체가 '여호와'이다. 이것은 11:4의 주어인 '우리'와 대조된다. 인류는 흩어지지 않으려고 도모했으나, 여호와는 그들의 언어를 혼잡하게 했고, 그들을 뿔뿔이 흩어지게 했다.

또 말하되 자, 성읍과 탑을 건설하여 그 탑 꼭대기를 하늘에 닿게 하여 우리 이름

6 3인칭 공성 복수 니팔 완료(3.c.pl. Nif. Perf.) 형태이다. 이 단어의 주어는 '세상'(하에레츠, הָאָרֶץ)이다.
7 10:5에서 사용된 것과 동일하게 3인칭 공성 복수 니팔 완료(3.c.pl. Nif. Perf.) 형태이다.
8 11:4에서는 백성이 흩어지지 않으려고 노력할 때 사용되었기에 제외하였다.

을 내고 '온 지면에 흩어짐을 면하자' 하였더니(창 11:4)
'여호와께서 거기서 그들을 온 지면에 흩으셨으므로' 그들이 그 도시를 건설하기를 그쳤더라(창 11:8)

10장에서는 민족을 흩어지게 하는 주어가 '여호와'가 아니다. 여기에서 각 동사는 '재귀/수동형'(Nifal)으로 기록되었고, 민족들 혹은 민족들의 땅이 주어로 등장한다. 민족의 흩어짐은 자연스러운 현상이었다. 즉, 여호와의 심판과 상관없이, 셈·함·야벳의 후손들이 민족을 형성할 정도로 그 수가 많아진 것이 하나의 원인으로 지목된다.

인류는 왜 흩어지게 되었을까?

창세기 10장과 11장이 내용상 차이가 있듯이, 흩어짐의 원인에도 차이가 있을 것이다. 바벨 사건을 다루는 11장에서는 인류의 흩어짐이 여호와의 심판의 결과라는 점에는 이견이 없다. 그렇다면 10장에 나오는 흩어짐의 원인을 살펴보면 두 본문 간의 차이점이 명확하게 드러날 것이다.

10장은 홍수 심판이 전개되는 9장과 연결되어 있으므로 8장에 기록된 '신 인류의 시작'을 염두에 두어야 한다. 홍수 심판은 하나님의 모든 피조물의 생명을 앗아갔다. 오직 노아와 그의 가족만이 생존해서 신 인류의 조상이 되었다. 신 인류의 시작은 세상의 시작과 비교될 수 있다. 인간은 여전히 죄인이었지만 하나님의 형상을 계속 담지하고 있다. '여호와의 심판 의지 극복'[9], 그리고 1:28과 동일한 하나님의 축복이 신 인류가 새롭게 출발하는 토대가 되었다.

하나님이 '그들에게 복을 주시며 하나님이 그들에게 이르시되 생육하고 번성하여 땅에 충만하라', 땅을 정복하라, 바다의 물고기와 하늘의 새와 땅에 움직이는 모든

9 참조. 창세기 8:20-22.

> 생물을 다스리라(창 1:28)
>
> 하나님이 '노아와 그 아들들에게 복을 주시며 그들에게 이르시되 생육하고 번성하여 땅에 충만하라'(창 9:1)

두 구절에서 '생육하고 번성하여 땅에 충만하라'(페루 우레부 우밀우 엣-하아레쯔, פְּרוּ וּרְבוּ וּמִלְאוּ אֶת־הָאָרֶץ)라는 하나님의 명령이 문자적으로 일치한다. 생명이 번성하려면 하나님의 축복이 필요하다(창 1:22). 10장의 족보에 따르면 노아의 세 아들의 후손이 번성하여 언어와 종족대로 흩어지게 되었다.[10] 그러므로 10장의 흩어짐은 기본적으로 9:1의 축복과 연결되어 있다.[11]

이와 같이 10장과 11장에는 흩어짐에 대한 두 가지 다른 원인이 나온다. 11장을 보면, 하나님에 대한 도전으로 인류가 바벨을 건설하여 하늘에 닿고자 했다. 이에 하나님의 심판이 인류에 임했고, 인류는 흩어지게 되었다. 즉, 11장의 흩어짐은 '하나님의 심판의 결과'이다. 10장을 보면, 하나님의 축복에 따라 신 인류가 번성하게 되었기에 언어와 종족을 따라 자연스럽게 나뉘었다. 즉, 10장의 흩어짐은 '하나님의 축복의 결과'이다.[12]

이렇게 상이한 두 기록을 어떻게 이해해야 할까? 이것을 해석하는 몇 가지 안을 고려할 수 있다. 첫째, 10장과 11장을 개별 사건으로 이해하는 것이다. 10:1에 나오는 '홍수 후에'라는 표현은 8장 마지막과 연결되기에, 10장은 전체적인 사건을, 11장에서는 '시날 평지', '바벨'과 같은 특정 지명을 언급하므로 국지적인 사건을 묘사한다고 보는 것이다.

둘째, 두 사건을 동일한 사건으로 여기되 다른 시각에서 보도하는 것으로 이해할 수도 있다. 이와 같은 기록 방식이 성서 곳곳에서 발견된다.[13] 이 방식은 획일

---

10 참조. 정석규, 『구조로 읽는 창세기』, 118.

11 참조. V. P. Hamilton, *The Book of Genesis 1-17*, 330.

12 참조. W. Brueggemann 외, 『신학의 렌즈로 본 구약개관』, 105; W. Brueggemann, 『창세기』, 159.

13 창조 이야기(창 1-2장), 방주에 동물을 한 쌍씩(창 6:19), 혹은 정결한 짐승과 부정한 짐승의 수를 차등해서 태우는 것(창 7:2) 등의 내용이 대표적으로 언급된다.

화된 시각이 아닌 다양한 시각으로 성서를 보고, 흑백으로 이해하는 것이 아니라 무지개와 같은 다양한 색깔로 성서를 관찰할 것을 요구한다. 성서는 하나의 목소리만 높이는 것보다는 상대방의 목소리를 듣는 것을 중요시한다. 상이한 견해가 성서 안에 공존한다는 것은 서로의 의견을 얼마나 경청했는지를 간접적으로 보여 준다.

마무리하기

'인류가 흩어진 원인은 무엇인가?'라는 질문을 가지고 창세기 10-11장을 관찰했다. 이미 잘 알려진 것처럼 바벨 사건은 인류가 흩어진 원인을 여호와에게로 돌리고 있다. 11:8, 9에 기록된 '흩다/흩트리다'(푸쯔, פוץ)의 주어가 바로 여호와이기 때문이다. 교회는 매우 오랫동안 인류의 흩어짐을 바벨 사건과 연결해서 이해해 왔다.

그와 달리 10장에서는 인류의 흩어짐이 다양한 동사와 함께 언급된다(파라드[פרד, 창 10:5, 32], 푸쯔[פוץ ,창 10:18], 팔락[פלג ,창 10:25]). 이러한 동사들이 셈, 함과 야벳의 후손에 대한 기록에 한 차례씩 나온다. 따라서 각각의 족속은 번성함과 흩어짐을 주제로 기록되었음을 알 수 있다. 그러므로 흩어짐이라는 동일한 주제가 10장과 11장 모두에서 발견된다.

하지만 흩어짐의 원인이 서로 다르다. 11장에서는 인류를 흩어지게 만드는 주체가 여호와이지만, 10장에서는 인류가 많아짐으로 말미암아 스스로 나뉜다. 그러므로 11장의 흩어짐은 하나님의 심판이지만, 10장의 흩어짐은 하나님의 축복이다.

10-11장은 인류의 흩어짐을 한 번의 사건으로 묘사하는가? 또는 두 번의 사건, 즉 전체적, 그리고 국지적 흩어짐을 이야기하는가? 성서를 해석하는 방법은 다양하다. 그러므로 하나의 사건을 매우 유연한 시각으로 바라볼 필요가 있다. 성서는 획일화된 시각이 아닌 다양한 그러나 합리적인 시각을 요구한다.

토의를 위한 질문

01. 11장에서 '흩으셨다'(푸쯔, פוץ)의 주어는 누구(무엇)인가?

02. 10장에서는 '흩어지다'와 유사한 동사들이 몇 절에 나오는가? '흩어지다'(푸쯔, פוץ), '나뉘다'(파라드, פרד / 팔락, פלג) 동사의 형태를 설명하고, 주어를 찾아보라.

03. 10장을 보면 인류가 이미 나뉘었다고 한다. 그 원인은 무엇인가? 창세기 9:1을 보라.

04. 인류의 흩어짐에 대한 기록이 성서에 두 번 나온다. 두 이야기의 차이점은 무엇인가? 그리고 상반되는 이야기가 모두 성서에 수용되었다면 그것은 무엇을 의미하는가?

부록 1

바벨탑?

창세기 11장을 바벨'탑' 이야기라고 부르는 이유는 본문에 '탑' 혹은 '꼭대기' 라는 단어가 나오기 때문이다(창 11:4). 하지만 사람들이 건설하려고 했던 것은 '성읍과 탑'(이르 우믹달, עִיר וּמִגְדָּל)이었다.

> 또 말하되 자, '성읍'(이르, עִיר)과 '탑'(믹달, מִגְדָּל)을 건설하여 그 탑 꼭대기를 하늘에 닿게 하여 우리 이름을 내고 온 지면에 흩어짐을 면하자 하였더니 여호와께서 사람들이 건설하는 그 '성읍'(엣-하이르, אֶת־הָעִיר)과 '탑'(엣-하믹달, וְאֶת־הַמִּגְדָּל)을 보려고 내려오셨더라(창 11:4-5)
>
> 여호와께서 거기서 그들을 온 지면에 흩으셨으므로 그들이 그 '도시를 건설하기'(리브놋 하이르, לִבְנֹת הָעִיר)를 그쳤더라(창 11:8)

바벨은 견고히 구운 벽돌로 세워지는 중이었다(창 11:3). 이것은 매우 오랜 시간 동안 정성을 들여 지어지는 건물을 가리키므로, 일반 건물이라기보다는 왕궁 또는 신전이라고 보는 것이 적절할 것이다.

부록 2

두 족보 사이에 들어 있는 바벨 이야기

창세기 10장에는 노아의 족보가 나온다. 10:1을 보면 노아의 아들이 '셈, 함, 야벳'의 순서로 소개된다. 하지만 실제 족보에서는 '야벳'(창 10:2-5), '함'(창 10:6-20), 그리고 '셈'(창 10:21-31)의 순서로 배열되어 있다. 즉, 10:1과 배열이 다르다. 마지막에 셈의 족보가 배열된 것은 11:10에서 '셈'의 족보만 다시 반복되는 것과 관련이 있다.

셈의 두 족보 사이에 들어 있는 바벨 사건(창 11:1-9)은 전형적인 내러티브 형태로 기록되어 있다. 10-11장의 족보를 내러티브가 단절하는 구조이다. '셈'의 자손에 대해 진술하는 두 족보를 단순히 연결하기에는 어려움이 있다.[14] 10장은 '나뉘었다'는 사실을 의도적으로 서술하려고 하며, 11:10 이하의 족보는 '셈'의 후손인 '아브람'을 서술하려는 의도를 가지고 있기 때문이다.[15]

바벨 사건이 이 사이에 배열되어 있는 이유는 무엇일까? 저자는 의도적으로, 아브라함 이야기를 구속사적인 관점으로 배열한 것 같다. 만약 두 족보가 연속되어 배열되면 아브라함 이야기를 구속사적 관점에서 해석하기 어렵다. 바벨 사건이 빠진다면, 아브라함 이야기는 내용상 인류의 흩어짐을 축복의 결과로 서술하는 9-10장과 연결되어, 심판 이후의 '은혜/선택'이라는 의미가 사라지게 된다. 게다가 홍수 심판에서는 무지개 언약이 이미 '하나님의 구속사'적 행위로 해석되어 아브라함 이야기의 중요성을 반감한다.

11:1-9이 10장과 11장을 단절함으로써 아브라함 이야기가 새로운 해석적 틀에 담기게 되었다. 바벨 사건에서는 인류의 흩어짐의 원인을 인간의 죄에서 찾는다. 그리하여 하나님에게 징벌을 받아 흩어지게 되었다고 설명한다. 그러한 심판

---

14 이에 대하여 G. von Rad는 10:1a, 2-7, 20, 22-23, 31-32을 11:10 이하와 직접적으로 연결한다. 그는 11:1-9이 그 사이에 삽입되었다고 본다. G. von Rad, 『창세기』, 149-168.

15 참조. W. Brueggemann, 『창세기』, 160.

이후에 서술된 아브라함의 소명 사건은 원역사에서 종종 관찰되는 '하나님의 구속사'적 도식에 부합한다. 11:1-9이 두 족보 사이에 배열됨으로써 아브라함 이야기 혹은 이스라엘의 조상에 대한 이야기가 원역사의 틀에서 해석될 수 있게 되었다(비교. 대상 1장).

07

창세기 12:10-20

거류하는 인생

한눈에 보기

아브람이 소명을 받은 이후 그는 잠시 가나안에 정착했지만(창 12:4-5), 가나안에 '기근'이 닥치자 '애굽으로' 피하여 '나그네'로 살아간다. 그는 거기서 자신의 목숨을 유지하기 위해 아내를 '누이'라고 칭한다. 애굽 왕 바로는 아브람의 거짓말을 인지하고는 그를 '보낸다.' 이 모습은 마치 출애굽을 연상하게 한다. 그뿐만 아니라 이방에서 나그네로 살아가는 아브람의 삶은 미래에 이방 지역에서 살아갈 후손들의 삶을 미리 보여 준다. 조금씩 차이가 있기는 하지만, 12장의 이러한 모티브가 20장에서 다시 등장한다. 창세기 20장은 18-21장이라는 전체 문맥에서 해석해야 한다. 20장은 아브라함 이야기보다 시조모(始祖母)인 사라의 위기에 초점을 맞추기 때문이다.

시작하기

창세기 12장은 아브람 이야기로 시작한다. 이것은 창세기 서술에서 전환점이 된다. 1-11장까지는 '원역사'이고, 12장부터 비로소 족장사가 시작된다. 아브람 이야기는 '족장사'의 시작이지만, '이스라엘 민족'의 시작을 보여 준다고 해석하기는 어렵다. 그러나 이스라엘의 첫 번째 족장이라는 점에서 '새로운 시작'을 상징한다고 볼 수 있다. 아브라함은 지금까지도, 신앙의 첫 출발선에 선 인물로 간주된다. '노아'를 통해 '새로운 인류'가 등장하였기에 그를 '새로운 아담'으로 해석하듯이, '새로운 (신앙의) 인류'가 아브람을 통해 등장하므로 아브람 역시 '새로운 아담'으로 묘사할 수 있다.[1]

12:10은 아브람이 거주하던 땅에 '기근'(라아브, רָעָב)이 들었다는 문구로 시작한다. 기근은 10절에서 두 번이나 언급될 정도로 아주 중요한 소재이다. 기근으로 말미암아 아브람이 애굽으로 이주한다. 애굽에서 겪은 어려움이 12:20에서 해결되는 것처럼 보이므로, 이 이야기가 20절에서 마무리된다고 볼 수 있다.[2]

> 그 땅에 '기근'(라아브, רָעָב)이 들었으므로 아브람이 애굽에 거류하려고 그리로 내려갔으니 이는 그 땅에 '기근'(라아브, רָעָב)이 심하였음이라(창 12:10)
> 바로가 사람들에게 그의 일을 명하매 그들이 그와 함께 그의 아내와 그의 모든 소유를 보내었더라(창 12:20)

12:10-20에는 시조모에게 닥친 위기와 구원에 대한 이야기가 담겨 있다. 문제는 이러한 모티브가 창세기에만 세 번이나 나온다는 점이다(창 20장; 26장). 성서에서 이렇게 비슷한 실수와 위기를 반복해서 서술한다는 점과 출애굽기 20:5을

---

1 참조. C. J. Collins, "구약성경에서의 아담과 하와", 『아담, 타락, 원죄』, 30.

2 13:1에 아브람이 애굽에서 다른 지역으로 이동한다는 언급이 나오므로 13:1을 단락의 마무리로 볼 가능성도 있다. 그러나 '그들이 보냈다'(창 12:20)는 서술은 아브람이 네게브로 이동하는 출발점이므로, 12:20에서 이 이야기가 종결된다고 보는 것이 적절하다.

근거로 해서 소위 '가계에 흐르는 저주'라는 표현이 한때 유행어처럼 사용되기도 했다. 그러나 이는 성서의 기록 방식에 대한 '몰이해'(沒理解)에서 비롯된 표현일 뿐이다. 이러한 반복이 등장하는 창세기 12장과 20장을 살펴봄으로써 성서 각각의 의도를 파악하는 것이 더 중요하다(참조. 창 47:4).

시조모의 위기

애굽

창세기 12:10 이하는 기근 때문에 '애굽'으로 이주하는 아브람 – 아직 아브라함이라고 불리기 전 – 에 대해 서술한다. 고대 근동 문서들에는 이러한 이주가 종종 있었다고 기술되어 있는데,[3] 애굽의 나일강 인근이 곡창 지대였기 때문이다. 아브람은 애굽에서 잠시 머물다가 다시 약속의 땅으로 돌아오려고 계획한다.

그가 애굽에 도착하기 전에 사래에게 자신의 '아내'가 아니라 '누이'라고 말하라고 시키는데,[4] 이는 애굽에서 자신의 생명을 보존하려고 술수를 쓴 것이다. 하지만 아브람의 생각과 달리 애굽에서는 생명을 위협당하는 일이 발생하지 않았다. 애굽에서 일어난 일은 아브람의 이러한 선입견이 잘못되었음을 암묵적으로 보여 준다. 오히려 바로의 도덕적 수준이 족장보다 뛰어남을 알 수 있다.[5]

애굽 사람들에 대해 근심하여 사래를 '누이'라고 부르는 아브람의 모습은 소명을 받은 후에 담대하게 떠나는(창 12:4) 모습과 차이가 난다. 그런데 13장에서는 아브람이 다시 신앙의 모범적인 인물로 묘사된다. 즉, 12:10-20에서 그려지는 아

---

3 ANET 259. = 『고대 근동 문학 선집』, 485. "국경 관리의 보고"에 따르면, 이집트 동쪽에서 근무하는 관리가 '아시아인의 삼각주 이주'를 이렇게 보고한다. "그들과 그들의 소가 모든 땅의 선한 태양인 파라오의 카(ka)를 통하여 살 수 있도록."

4 아내를 누이로 말하는 것에 대해서는 E. A. Speiser, *Genesis*, 92을 참조하라.

5 참조. V. P. Hamilton, *Genesis 1-17*, 385.

브람은 12:1-9과 13:1-9에 나오는 모습과 상당히 이질적이다.[6]

> 이에 아브람이 '여호와의 말씀을 따라갔고' 롯도 그와 함께 갔으며 아브람이 하란을 떠날 때에 칠십오 세였더라(창 12:4)
> 원하건대 그대는 나의 누이라 하라 그러면 내가 그대로 말미암아 안전하고 내 목숨이 그대로 말미암아 보존되리라 하니라(창 12:13)
> 네 앞에 온 땅이 있지 아니하냐 나를 떠나가라 '네가 좌하면 나는 우하고 네가 우하면 나는 좌하리라'(창 13:9)

아브람과 사래가 애굽에 도착했을 때에 그곳 사람들이 사래를 보고 그 아름다운 모습에 놀란다(창 12:14). '야페'(יָפֶה, 아름답다)는 여인의 외모를 칭찬하는 표현이지만(창 29:17; 신 21:11) 이는 또한 사래가 위기에 빠지게 되는 원인으로 작용하기도 한다. 사래를 바로의 궁으로 보내는 대가로 아브람은 많은 가축을 얻지만(창 12:16),[7] 바로의 집은 이 일로 인해 '큰 재앙'(네가, נֶגַע)을 만난다. 이 단어가 출애굽기 11:1에도 나오는데, 죽음에 이르는 심각한 질병을 의미한다(왕하 15:5).[8] 바로의 말에서도 추측할 수 있듯이, 애굽에 재앙이 내린 원인이 아브람에게 있는 것 같다(창 12:18). 하지만 12:17을 보면 그 재앙을 내린 주체가 '여호와'이다. 그러므로 아브람은 그 책임에서 자유롭다.

> 여호와께서 아브람의 아내 사래의 일로 바로와 그 집에 큰 재앙을 내리신지라 바로가 아브람을 불러서 이르되 네가 어찌하여 나에게 이렇게 행하였느냐 네가 어

---

6 참조. W. Brueggemann, 『창세기』, 204-206. 게다가 창세기 12:10-13:1의 아브람은 히브리서 11장 이야기와도 상충된다. "믿음으로 아브라함은 부르심을 받았을 때에 순종하여 장래의 유업으로 받을 땅에 나아갈새 갈 바를 알지 못하고 나아갔으며"(히 11:8).

7 참조. V. P. Hamilton, *Genesis 1-17*, 383. 본문에서 문제가 되는 것은 낙타를 선물로 받았다는 점이다. 낙타는 주전 2000년 후반에서야 비로소 가축 목록에 등장하기 때문에, 이 기록은 시대착오적인 것으로 간주되기도 한다.

8 참조. W. Brueggemann, 『창세기』, 210.

찌하여 그를 네 아내라고 내게 말하지 아니하였느냐(창 12:17-18)

사래가 아브람의 아내임을 알아챈 바로가 아브람을 불러 반복하여 책망한다. 그리고 아브람에게 사래를 다시 데려가라고 명령한다. 눈에 띄는 점은, 아브람에게 주었던 재산에 대해서는 반환을 요구하지 않았다는 점이다.[9] 12:20의 '그의 아내와 함께 그의 모든 소유를 보냈다'라는 기록은 아브람이 바로에게 받은 가축들을 그대로 가지고 있었음을 암시하며, 게다가 이 사건 이후부터 아브람은 부유한 자로 묘사된다(창 13:2, 6).

아브람을 보내다

'그 여인을 바로의 궁으로 이끌어들인지라'(창 12:15)에서 '이끌어들이다'(라카흐, לָקַח)라는 동사가 수동 혹은 재귀 형태로 사용되었다. 문제는 이 동사가 한 여성을 아내로 맞이할 때 일반적으로 사용된다는 점이다(창 24:3).[10] 그래서 일부 학자는 바로가 간음을 저질렀다고 해석한다.[11] 하지만 사래가 바로의 궁으로 들어갔다는 것은 시조모로서의 위기는 물론 이삭, 그리고 구속사에 대한 위기와 결부되어 있기 때문에 상당한 난점을 갖는다. 본문의 맥락에서는 바로가 사래를 아내로 취했다는 것을 거부할 아무런 근거도 없다.[12]

본문에서는 이스라엘 족장의 허물을 여과 없이 묘사한다. 아브람은 자신의 생

9 참조. V. P. Hamilton, *Genesis 1-17*, 385.

10 참조. M. Rose, *5. Mose 12-25*, 173. M. Rose에 따르면 '여인을 맞아들인다'는 숙어적 표현은 합법적으로 아내를 맞이하는 것을 의미한다.

11 참조. G. Wenham, 『창세기 1-15』, 509.

12 본문에서는 다루지 않았지만, '애굽 사람이 사라의 아름다움을 보고 취했다'는 12:14-15은 '사람의 딸들의 아름다움을 보고 아내로 삼았다'는 6:2과 유사한 모티브를 공유한다.

창 12:14-15*	애굽 사람들이 그 여인이 심히 '아리따움을'(야페, יָפֶה) '보았고'(라아, רָאָה) … 그 여인을 바로의 궁으로 '이끌어들인지라'(라카흐, לָקַח)
창 6:2	하나님의 아들들이 사람의 딸들의 '아름다움을'(토브, טוֹב) '보고'(라아, רָאָה) 자기들이 좋아하는 모든 여자를 아내로 '삼는지라'(라카흐, לָקַח)

명을 보존하고자 나름대로 책략을 꾸몄지만, 정작 그의 생명을 보존한 것은 하나님의 도우심이다. '아브라함의 불성실함'과 대비되는 '하나님의 신실함.'[13]

본문에서 또 주목해서 보아야 할 점이 있다. 아브람을 '바로'가 보낸다는 서술이다.

> 바로가 사람들에게 그의 일을 명하매 그들이 그와 함께 그의 아내와 그의 모든 소유를 '보내었더라'(봐예샬후, וַיְשַׁלְּחוּ)(창 12:20)

'바로'를 주어로 삼는 동사 '보내다'(샬라흐, שָׁלַח)가 출애굽기에 여러 번 나온다(출 6:1, 11; 11:1; 12:33; 13:17). 이것은 '아브람을 보내는 바로'와 '이스라엘을 보내는 바로'를 연결할 실마리를 제공하므로, 아브람의 이 사건은 출애굽 사건의 전조로 해석된다. 더 나아가, 아브람의 애굽에서의 '체류-귀환'[14] 사건은 제2의 출애굽 세대인 바벨론 포로기 이후 공동체 내에서 특별한 사건으로 간주되었다. 왜냐하면 포로기 이후 공동체는 바벨론/페르시아 땅에서 가나안 땅으로의 귀환을 앞두고 있었기 때문이다.

아브람이 거류하다

이 본문은 일반적으로, 이후에도 계속 나오는 '기근'이라는 현상에 초점을 맞추어 해석된다(창 43:1; 참조. 룻 1:1). 본서에서는 그동안 상대적으로 주의를 끌지 못했던, '애굽에 거류하려고'라는 문구를 살펴보려고 한다.

> 그 땅에 기근이 들었으므로 아브람이 '애굽에 거류하려고'(미쯔라예마 라구르 샴, מִצְרַיְמָה לָגוּר שָׁם) 그리로 내려갔으니 이는 그 땅에 기근이 심하였음이라(창 12:10)

---

13 W. Brueggemann, 『창세기』, 210.

14 참조. V. P. Hamilton, *Genesis 1-17*, 386.

'거류하다'(구르, גור)는 일정한 기간 동안 머물러 사는 것을 의미한다.[15] 이 단어의 명사 '게르'(גֵּר)는 '나그네/객'으로 번역되어, 오경에서 고아와 과부처럼 '불쌍한 사람'(*personae miserae*), 즉 하나님의 보호 대상을 나타낸다(출 23:12; 신 10:18). '나그네/객'은 이방 땅에서 거주할 수는 있었지만, 그 지역의 혈통으로 인정되지는 않았다.[16] 아브람은 이처럼 애굽에서 '나그네/객'이 되었다.

12:10의 '그곳에서 거류하기 위해'(라구르 샴, לָגוּר שָׁם)에서 '구르 샴'은 다른 성서에도 여러 번 나온다.[17]

> 그가 아들을 낳으매 모세가 그의 이름을 '게르솜'(גֵּרְשֹׁם)이라 하여 이르되 내가 타국에서 나그네가 되었음이라 하였더라(출 2:22)
> 그 남아 있는 백성이 어느 곳에 '머물러 살든지'(가르-샴, גָּר־שָׁם) 그 곳 사람들이 마땅히 은과 금과 그 밖의 물건과 짐승으로 도와 주고 그 외에도 예루살렘에 세울 하나님의 성전을 위하여 예물을 기쁘게 드릴지니라 하였더라(스 1:4)

출애굽기 2:22에서 모세가 '(그곳에서) 나그네가 되었음이라'는 문구는 이후에 나오는, 출애굽기 22:21의 '애굽 땅에서 나그네였음이라'와 상응한다. 그리고 에스라의 본문을 이해하려면 '디아스포라' 상황을 고려해야 한다. 아브람 이야기 역시 단순히 기근 때문에 애굽으로 내려간 것으로 묘사되지 않는다. 아브람이 '애굽에 거류했다'는 것은 이스라엘 백성의 삶을 미리 보여 주는 것이다.

창세기에서는 아브람만이 '나그네/객'이 되었다고 서술하지 않는다. 아브람의 자손도 '나그네/객'이 될 것이라고 예언한다.

---

15 R. Martin-Achard, "גור" *THAT* I, 409-412, 특별히 410 참조.

16 참조. J. Blenkinsopp, 『유대교의 기원 - 에스라와 느헤미야를 중심으로』, 62-63.

17 족장들과 관련하여 동일한 표현이 서술된 본문은 창세기 35:27과 신명기 26:5이며, 두 본문 외에도 이사야 52:4과 예레미야 35:7에서 이스라엘의 이방 거주를 묘사하는 데 사용되었다. 게다가 '구르 샴'과 유사한 표현이 예레미야 42-44장에서는 애굽에 거주하려는 자들을 가리킨다.

> 여호와께서 아브람에게 이르시되 너는 반드시 알라 네 자손이 이방에서 '객'(게르, גֵּר)이 되어 그들을 섬기겠고 그들은 사백 년 동안 네 자손을 괴롭히리니(창 15:13)

아브람의 자손이 객이 되는 이방 땅이 어디인지 명확하게 서술되지는 않았지만, 이후의 기록들에서 그 땅을 유추할 수 있다. 이스라엘의 마지막 족장인 야곱은 애굽으로 이동하여 바로 앞에서 '이 곳에 거류하고자' 왔다고 밝힌다. 족장 이야기의 시작과 마지막이 '기근'과 '애굽에서 거류하다'라는 주제로 서로 연결된다.

> 그들이 또 바로에게 고하되 가나안 땅에 기근이 심하여 종들의 양 떼를 칠 곳이 없기로 종들이 '이 곳에 거류하고자'(라구르 바아레쯔, לָגוּר בָּאָרֶץ) 왔사오니 원하건대 종들로 고센 땅에 살게 하소서(창 47:4)

'이스라엘의 애굽 체류'와 상응하게 언약법전(출 20-23*장)에서도 이스라엘이 애굽 땅에서 '나그네'(게림, גֵּרִים) 되었다고 기록한다. 이러한 표현은 애굽 생활을 '나그네'로 정의할 뿐만 아니라, 가나안 땅으로 들어가기 전까지의 삶도 '나그네'로 규명한다. 그들은 '나그네'로 살아갔다.

> 너는 이방 나그네를 압제하지 말라 너희가 애굽 땅에서 '나그네' 되었었은즉 나그네의 사정을 아느니라(출 23:9)

애굽에서 '나그네/객'이 된 아브람의 모습은 앞으로 이스라엘 백성이 겪을 일들을 미리 보여 준다. 모세의 아들에 대한 설명도 이스라엘 백성이 '나그네'로 살아갈 것을 알려 준다.

> 그가 아들을 낳으매 모세가 그의 이름을 '게르솜'(גֵּרְשֹׁם)이라 하여 이르되 내가 타국에서 나그네가 되었음이라 하였더라(출 2:22)

아브람이 애굽에서 '나그네/객'으로 살았다는 창세기 12:10 이하는 출애굽을 가리키는 첫 단락으로서, 아브람의 삶을 통하여 이스라엘의 모습을 요약적으로 보여 준다. 12:10 이하와 유사한 내용이 20장에서 다시 반복된다.

그랄

창세기 20장[18]은 12장과 내용이 매우 비슷하다. 두 본문의 공통점은 사라를 '누이'라고 부르는 아브라함(창 20:2a), 한 왕이 사라를 데려감(창 20:2b), 신적 개입으로 사라가 보호받음(창 20:3), 그리고 아브라함이 재물을 받아 떠나는 장면(창 20:14)에서 관찰된다.[19]

두 본문 간의 차이점도 적지 않다. 가장 먼저, 아브람의 이름이 아브라함으로 바뀌었다(창 17:5). 그리고 아브라함은 애굽(창 12장)이 아니라 그랄로 이주하며, 20장에서는 '기근'이라는 상황이 묘사되지 않았다. 즉, 아브라함이 그랄로 옮겨간 원인이 무엇인지 알 수 없다.

왕의 태도

12장과 20장 모두에서 이방 왕(창 12:16; 20:9)과 아브라함의 태도(창 12:12; 20:11)가 상반되게 묘사된다. 아브라함은 이방 왕을 부정적으로 인식하며, 이방 사람들이 사래/사라로 말미암아 자신을 죽일 것이라고 생각한다.

> 애굽 사람이 그대를 볼 때에 이르기를 '이는 그의 아내라 하여 나는 죽이고' 그대는 살리리니(창 12:12)
>
> 아브라함이 이르되 이 곳에서는 하나님을 두려워함이 없으니 '내 아내로 말미암

---

18 문서 비평가들은 18절을 제외하고는 창세기 20장이 하나님의 이름을 '엘로힘'(אֱלֹהִים)으로 부른다는 이유로 이 장을 오랫동안 E문서로 간주했다.

19 V. P. Hamilton은 '여성이 남성을 보호'하는 주제와 언어적 유사성을 근거로 20장과 19장을 연결한다. V. P. Hamilton, *The Book of Genesis 18-50*, 58.

> 아 사람들이 나를 죽일까' 생각하였음이요(창 20:11)

하지만 이방 왕은 아브람/아브라함의 생각과 다르게 행동한다. 12장과 20장에서는 이방 왕을 일관되게 긍정적으로 묘사한다.

> 네가 '어찌 그를 누이라 하여 내가 그를 데려다가 아내를 삼게 하였느냐 네 아내가 여기 있으니 이제 데려가라' 하고(창 12:19)
> 아비멜렉이 아브라함을 불러서 그에게 이르되 네가 어찌하여 우리에게 이렇게 하느냐 '내가 무슨 죄를 네게 범하였기에 네가 나와 내 나라가 큰 죄에 빠질 뻔하게 하였느냐 네가 합당하지 아니한 일을 내게 행하였도다' 하고(창 20:9)

사래/사라를 취한 자들은 왕이었지만 그들은 아브람/아브라함을 처벌하지 않고 오히려 그에게 아내를 데려가라고 명령한다. 이러한 이방 왕의 모습은 아브라함의 선입견이 잘못되었음을 보여 주며, 더 나아가 '어찌하여 하나님은 아브라함이 아닌 이방 왕을 책망하는가?'라는 의문을 품게 한다. 20:7에서는 그러한 의문에 대해 하나의 대답을 제공한다. 이방 왕은 아직 벌을 받지 않았고, 사라를 돌려보내지 않을 경우 본격적으로 하나님의 징계가 있으리라고 서술한다.

창세기 20장의 맥락

창세기 20장의 내용 중 12장과 가장 다른 부분은 사라와 아브라함을 이복 남매지간으로 설명하는 대목이다(창 20:12). 아브람은12장에서 거짓을 말하는 자로 등장하므로 비난을 받기에 충분하다. 하지만 20:12에서는 아브라함의 그 진술이 사실이라고 밝힌다. 이러한 서술은 12:10 이하에 기록된 아브라함의 거짓말 사건을 봉합해 준다.[20] 그로 말미암아 아브라함은 도덕적으로 흠이 없는 자가 된다.

---

20 참조. C. Westermann, *Genesis 12-36*, 399; 천사무엘, 『성서주석. 창세기』, 282.

또 그는 정말로 나의 이복 누이로서 내 아내가 되었음이니라(창 20:12)

20:2에서는 그랄 왕 아비멜렉이 '사라를 데려갔더니'라고 기록한다. 애굽 왕 바로가 '(사라를) 이끌어들인지라'(창 12:15)와 동일한 내용이다. 즉, 그랄 왕이 사라를 아내로 취했다고 해석할 수 있으며, 이는 성적 관계를 포함한다.

그의 아내 사라를 자기 누이라 하였으므로 그랄 왕 아비멜렉이 사람을 보내어 '사라를 데려갔더니'(봐이카흐 엣-사라, וַיִּקַּח אֶת־שָׂרָה)(창 20:2)
바로의 고관들도 그를 보고 바로 앞에서 칭찬하므로 '그 여인을' 바로의 궁으로 '이끌어들인지라'(봐투카흐 하이샤, וַתֻּקַּח הָאִשָּׁה)(창 12:15)

이후에 20:4에서는 '아비멜렉이 그 여인을 가까이 하지 아니하였으므로'라는 문구가 가장 먼저 서술되었다.

아비멜렉이 '그 여인을 가까이 하지 아니하였으므로'(로 카라브 엘레하, לֹא קָרַב אֵלֶיהָ)
그가 대답하되 주여 주께서 의로운 백성도 멸하시나이까(창 20:4)

레위기를 비롯한 율법에 의하면 '여인을 가까이하다'라는 표현은 남성이 여성과 합법적 혹은 비합법적으로 성관계를 하는 것을 의미하지만(레 18:6, 19; 신 22:14), 20:4에서는 아비멜렉과 사라 사이에 어떠한 성적 접촉도 없었음을 명시한다. 이것은 12장의 내용과 차이가 난다. 물론 16:1에서는 '사래가 출산하지 못하였고'라고 기술하여 사래가 임신이 불가능한 상태임을 알리기 때문에, 12장에서 애굽 왕이 사래를 '취했을지라도'(라카흐, לָקַח) 아브라함 후손의 출생에는 어떤 영향도 끼칠 수 없다.

이와는 달리 창세기 18장에는 하나님이 아브라함에게 아들을 주겠다는 약속이 나오고(창 18:10, 14-19), 이에 대한 실현이 21장에 서술되어 있다(창 21:2). 그러므로 '아비멜렉이 그 여인을 가까이 하지 아니하였다'는 문구는 매우 중요하다.

아비멜렉이 사라와 성관계를 했다면, 그것은 이스라엘 민족과 구속사의 위기이기 때문이다. 따라서 20장의 초점은 아브라함이 사라를 '누이'로 불렀다는 것에 있지 않고, 시조모인 사라의 위기와 보호에 있다.

> 여호와께 능하지 못한 일이 있겠느냐 기한이 이를 때에 내가 네게로 돌아오리니 사라에게 아들이 있으리라(창 18:14)
> 사라가 임신하고 하나님이 말씀하신 시기가 되어 노년의 아브라함에게 아들을 낳으니(창 21:2)

만약 사라가 하나님에게 보호를 받지 못했다면 이스라엘이라는 민족은 존재 자체부터 부정될 위기에 처할 수밖에 없었다. 아비멜렉이 사라를 데려간 뒤 시간이 얼마나 흘렀는지는 알 수 없지만[21] 그가 사라를 가까이하지 못한 이유가 20:3에 나온다. 놀랍게도 꿈을 통해 아비멜렉에게 직접 계시가 선언된다.[22]

> 그 밤에 하나님이 아비멜렉에게 현몽하시고 그에게 이르시되 네가 데려간 '이 여인으로 말미암아 네가 죽으리니' 그는 남편이 있는 여자임이라(창 20:3)

하나님이 직접 개입해서 사라를 보호한다. 선조들이 아무런 역할도 하지 못할 때에 하나님이 활동한다. 이스라엘 조상들은 신의 보호를 받았기에 생명을 보존할 수 있었다. 또한 사라가 하나님께 보호받았다는 20장의 기록은 12장에서도 똑같은 보호가 있었으리라고 유추하게 한다.

아브라함이 다시 거류하다

20장에서 그다지 주목을 받지 못하는 구절이 있다면 1절이다. 본문의 핵심 내

---

21 참조. G. Wenham, 『창세기 16-50』, 173.
22 참조. W. Brueggemann, 『창세기』, 277.

용과 별로 관계가 없을뿐더러, '기근' 상황을 알려 주는 12:10과 달리 어떤 역할도 하지 않는 것처럼 보이기 때문이다.

> 아브라함이 거기서 네게브 땅으로 옮겨가 가데스와 술 사이 그랄에 '거류하며'(봐야고르, וַיָּגָר)(창 20:1)

창세기 20:1에는 12장과 마찬가지로 '거류하다'라는 표현이 나온다. 아브라함이 이동한 그랄 지역은 가나안의 경계 지역에 위치해 있으므로(창 10:19), 아브라함이 약속의 땅, 가나안을 떠나 다시 거류하고 있음을 보여 준다. 그런데 아브라함이 '거기서 네게브 땅으로 옮겼다'라고 기술한다. 내러티브의 흐름에 따르면 20:1의 '거기'는 지리적으로 19:28 혹은 18:1과 연결되어야 한다.[23] 전자에 따르면 아브라함은 소돔과 고모라의 멸망을 목도했고, 후자에 따르면 그는 마므레 상수리나무에서 하나님의 사자를 만났다. 따라서 18-19장에서는 아브라함이 아직 마므레 상수리나무 근처에 머물러 있다. 창세기 곳곳에서 '마므레'는 헤브론에 위치한 곳으로 나오기 때문에(창 23:17; 25:9; 50:13), 20:1에서 보도하는 '거기서'는 가나안 지역에 해당한다. 즉, 아브라함이 '거기서 네게브로 옮겨가 거류하다'라는 언급은 가나안 지역을 떠나 이방 지역에서 잠시 체류한다는 뜻이다. 이는 12장에서 가나안을 떠나 이방 지역에서 잠시 '거류하는' 아브라함 이야기와 상응한다(창 12:10).

마무리하기

12장과 20장은 아브람/아브라함과 그의 아내에 대한 특별한 기록이다. 두 본

---

23 참조. 천사무엘, 『성서주석. 창세기』, 283; G. von Rad는 '거기서'가 어디인지 알지 못한다고 하면서도, 최종 본문을 근거로 '마므레'로 규정한다. G. von Rad, 『창세기』, 248-249.

문에서 아브람/아브라함은 이방 땅에서 자신의 생명을 보존하고자 아내를 '누이'라고 속인다. 심지어 이방 왕들보다 아브람/아브라함이 더 부정적으로 묘사되고 있다. 오히려 이방 왕들이 신적 메시지에 민감하게 반응한다.

12장에 나오는 몇 가지 표현은 출애굽을 연상하게 한다. 첫째, 바로가 아브람을 자신의 땅에서 내보낼 때 사용된, '바로'를 주어로 삼는 '보내다'(샬라흐, שלח)라는 술어이다. 즉, 아브람은 출애굽할 이스라엘 백성을 암시한다. 그리고 아브람이 이방 땅에서 '나그네/객'으로 살아간다는 기록은 아브람의 자손들이 '나그네/객'이 되리라고 예언하는 15:13과 연결된다. 이러한 점을 고려할 때 창세기 12장에 나오는 아브람 이야기는 출애굽/출바벨론 사건의 전형이다.

최종 본문의 형태로 볼 때 창세기 20장은 12장과 연결하여 해석할 수 있고, 12장 이야기를 보충한다. 잘 알려진 것처럼, 12장에서는 아브람이 거짓말하는 자로 등장하지만, 20장에서는 그러한 이해가 수정됨으로 말미암아 도덕적 흠이 없는 자로 묘사된다.

창세기 12:15에서는 바로가 사래를 아내로 맞이한 것처럼 기록함으로써 위기에 처한 시조모의 모습을 보여 준다. 하지만 사래가 여전히 잉태하지 못하는 여성이라는(창 16:1-3) 점에서 위기감이 어느 정도 완화된다. 하지만 20장에서는 더 심각한 위기에 빠진 사라의 모습을 그린다. 사라에게 아들이 있으리라는 하나님의 사자의 약속(창 18:14)과 그것의 성취(창 21:2) 사이에 20장이 배열되어 있는데, 20:2에서 이방 왕이 사라를 데려갔다고 서술함으로써 사라가 이방 왕과 동침할 위기에 처한 것처럼 묘사하기 때문이다. 하지만 이방 왕이 '그 여인을 가까이 하지 아니하였으므로'라는 언급이 20:4에 나온다. 즉, 20장은 12장을 반복함으로써 강조하는 역할을 할 뿐만 아니라, 내용적으로 보완한다.

토의를 위한 질문

01. 12:20에서 '보내다'(샬라흐, שלח)라는 동사의 주어는 애굽 왕 '바로'이다. 이와 비슷한 표현들이 어느 성서에 많이 나오는가? 12장의 사건은 출애굽 사건과 어떻게 연결되는가?

02. '거류하다'(구르, גור)는 일정한 기간 동안 머물러 사는 것을 뜻하며, 명사로는 '나그네/객'으로 번역된다. 아브람이 이방에서 객이 되었다는 문구는 창세기 15:13; 출애굽기 2:22; 23:9과 어떻게 결부되는가?

03. 창세기 12장과 20에 나오는 이방 왕들과 아브람/아브라함을 비교해 보라. 그들은 각각 어떤 모습으로 묘사되고 있는가? 이방 왕들은 아브람/아브라함의 선입견대로 행하지 않았다. 그들은 어떻게 행동했는가?

04. 20장은 12장과 유사한 주제를 담고 있으며, 그 내용을 보완하는 역할을 한다. 어떤 내용을 보완하는가?

05. 20장은 아브라함의 후손에 대한 약속과 성취를 보여 주는 18-21장의 문맥에서 이해해야 한다. 18-21장의 큰 틀을 고려할 때, 20장에서 중요하게 해석될 수 있는 구절은 무엇이며, 그 이유는 무엇인가?

08

창세기 15:1-7

아브라함의 소명, 머나먼 미래를 꿈꾸다

작자 미상, Wiener Genesishandschrift(오스트리아 빈, 창세기 작품), 주후 6세기[1]

한눈에 보기

아브라함이 받은 소명과 약속은 족장 이야기의 핵심이다. 우리는 그가 75세 때 갈대아 우르에서 부르심을 받았다고 생각한다. 그런데 정말 갈대아 우르에서 소명을 받았을까? 그의 소명을 이야기할 때면 항상 창세기 12장이 언급된다. 아브라함이 '하란'에서 떠났다고 기록하고 있는데도, 성서가 갈대아 우르를 강조하는

1 창세기 15장의 소명 사건은 아브라함 이야기에서 대단히 중요한 포인트이다. 하나님은 아브라함에게 자손이 '하늘의 별'처럼 많게 해 줄 것이라고 약속하는데, 이러한 이미지가 이후에도 계속 등장한다(신 1:10). 게다가 '갈대아 우르'에서 이끌어 냈다는 표현은 적지 않은 문제를 야기한다. '갈대아'에 관한 논의에 대해서는 본문을 참조하라.

이유는 무엇일까? 갈대아 우르가 이스라엘 역사에서 주목받는 때는 언제일까? 아브라함 이야기는 처음부터 갈대아, 즉 바벨론을 전제하고 있다(렘 39:5). 바벨론으로 끌려간 이스라엘 백성은 믿음의 조상인 아브라함처럼 바벨론에서 탈출해야 하기 때문이다.

시작하기

아브라함의 소명 사건이 창세기 12장에만 기록된 것은 아니다. 15장에는 아브라함이 받은 약속과 소명에 대한 이야기가 함께 나온다. 이 이야기는 이스라엘에서 끊임없이 구전(口傳)되어 이어져 왔다. 특별히 아브라함이 약속을 받은 이야기는 성서에서 지속적으로 언급된다. 신명기에 따르면 가나안 땅으로 들어가기 직전에 아브라함의 약속이 성취되었다고, 즉 이스라엘 백성이 '하늘의 별과 같이' 셀 수 없을 정도로 많아졌다고 모세가 증언한다.

> 그를 이끌고 밖으로 나가 이르시되 '하늘을 우러러 뭇별을 셀 수 있나 보라 또 그에게 이르시되 네 자손이 이와 같으리라'(창 15:5)
> 너희의 하나님 여호와께서 너희를 번성하게 하셨으므로 너희가 오늘날 하늘의 별 같이 많거니와(신 1:10)

아브라함 이야기는 이스라엘 민족이 형성되기 전인 매우 오래전에 일어난 일이지만 성서에는 그의 가족 관계나 거주지 등이 비교적 자세히 기술되어 있다. 아브라함의 아버지 '데라'는 아브라함을 데리고 갈대아 우르 지역을 떠났고(창 11:31), 하란에서 생(生)을 마감했다(창 11:32). 즉, 아브라함을 데리고 갈대아 우르를 떠날 시점에는 데라가 가장(家長)이었지만, 성서는 '아브라함'을 강조한다!

아브라함이 소명을 받은 장소는 어디일까?

창세기 12:1에서 하나님은 아브라함에게 '너의 고향과 친척과 아버지의 집을 떠나라'라고 명령한다. 고향은 '사람이 태어나서 자란 곳'[2]이라는 뜻이므로 '너의 고향'은 아브라함이 아버지 데라와 함께 떠나왔던 '우르' 지역이라고 해석할 수 있다. 하지만 여기에서 '고향'으로 번역된 히브리어는 '에레쯔'(אֶרֶץ), 즉 '땅'을 의미한다. 오히려 '태어나다'(얄라드, יָלַד)에서 파생한 '몰레뎃'(מוֹלֶדֶת)이라는 단어가 '태어난 곳'을 뜻하는 고향의 개념에 가까울 수 있지만(창 31:13), 일부 성서에서는 이 단어를 '친척/친족'으로 번역한다.

> 여호와께서 아브람에게 이르시되 너는 너의 고향과 '친척'(몰레뎃, מוֹלֶדֶת)과 아버지의 집을 떠나 내가 네게 보여 줄 땅으로 가라(창 12:1)

12:1-4에 따르면 아브라함이 떠난 곳은 '갈대아 우르'가 아니다. 아브라함은 이미 데라와 함께 '갈대아 우르'를 떠나 '하란'에 정착한 상태였다(창 11:31). 따라서 12장에서 아브라함 떠난 지역은 '하란'이다.

아브라함이 자신의 고향을 언급하는 또 다른 기록이 있다. 아브라함은 며느리 간택 프로젝트를 진행하면서 종에게 자신과 동일한 '내 고향 내 족속' 출신 여성을 찾으라고 명령한다(창 24:4). 여기서 '족속'(몰레뎃, מוֹלֶדֶת)이 또 사용되었다. 명령을 하달받은 아브라함의 종은 '우르'가 아니라 '나홀의 성'으로 향한다.

> '내 고향 내 족속에게로 가서' 내 아들 이삭을 위하여 아내를 택하라(창 24:4)
> 이에 종이 그 주인의 낙타 중 열 필을 끌고 떠났는데 곧 그의 주인의 모든 좋은 것을 가지고 떠나 메소보다미아로 가서 '나홀의 성'에 이르러(창 24:10)

---

2 국립국어원 표준국어대사전(http://stdweb2.korean.go.kr).

그렇다면 나홀의 성이 '갈대아 우르'와 동일한 지역일까? 성서에는 나홀이 그의 형제인 아브라함과 함께 갈대아 우르를 떠났다는 기록이 없다(창 11:31). 한 가지 명확한 사실은 이삭의 아내인 리브가가 아브라함의 고향 출신이며, 브두엘의 딸이라는 점이다(창 22:23). 그녀는 야곱과 에서를 낳았다.

야곱 이야기는 리브가의 고향에 대해 중요한 정보를 제공한다. 에서를 피해 도망가야 하는 야곱에게 이삭이 다음과 같이 말한다.

> 이삭이 야곱을 불러 그에게 축복하고 또 당부하여 이로되 너는 '가나안 사람의 딸들 중에서 아내를 맞이하지 말고' 일어나 밧단아람으로 가서 네 외조부 브두엘의 집에 이르러 거기서 '네 외삼촌 라반의 딸 중에서 아내를 맞이하라'(창 28:1-2)
>
> 야곱이 브엘세바에서 떠나 '하란'으로 향하여 가더니(창 28:10)
>
> 내가 너에게 하늘의 하나님, 땅의 하나님이신 여호와를 가리켜 맹세하게 하노니 너는 내가 거주하는 이 지방 '가나안 족속의 딸 중에서 내 아들을 위하여 아내를 택하지 말고' '내 고향 내 족속에게로 가서 내 아들 이삭을 위하여 아내를 택하라'(창 24:3-4)

이삭의 말은 아브라함이 이삭의 아내를 고향에서 택하려고 할 때 그의 종에게 했던 말과 매우 유사하다(창 24:3-4). 이를 통하여 성서는 야곱이 이삭의 혈통을 잇고 있음을 묘사한다. 환언하면, 이삭은 두 아들을 얻었지만 그중 아브라함의 계보를 잇는 이스라엘 족장은 야곱이다. 창세기 28장에서는 에서가 이스마엘과 결합하여 이삭의 길에서 벗어나고 있음을 서술한다.

> 이에 에서가 이스마엘에게 가서 그 본처들 외에 아브라함의 아들 이스마엘의 딸이요 느바욧의 누이인 마할랏을 아내로 맞이하였더라(창 28:9)

이삭이 야곱에게 리브가의 아버지인 '브두엘'의 집으로 가라고 명령한다. 28:10

에 따르면 야곱이 브엘세바를 떠나 '하란'을 향해 갔는데,[3] 그곳에는 브두엘의 아들, 라반이 거주하고 있었다(창 27:43). 야곱이 하란으로 가다가 만났던 한 무리도 하란에 살고 있는 라반을 알고 있었다. 그리고 라반의 딸이며 야곱의 아내가 된 라헬 역시 하란 출신이다.

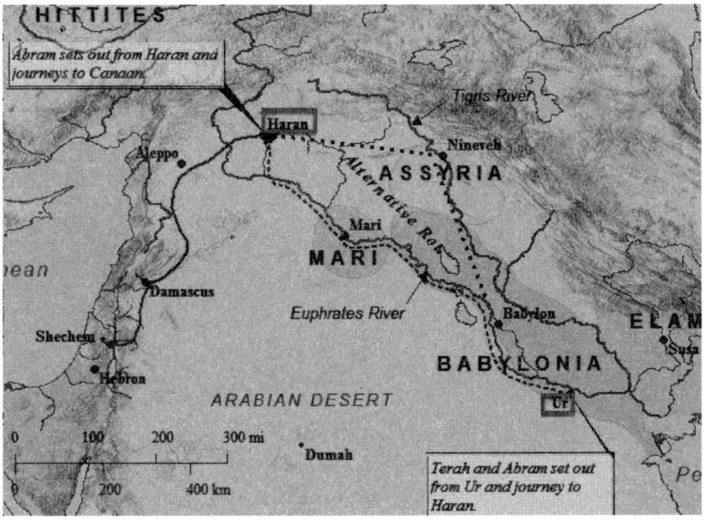

하란(Haran)과 우르(Ur)[4]

네 아들아 내 말을 따라 일어나 '하란으로 가서' 내 오라버니 라반에게로 피신하여(창 27:43)

야곱이 그들에게 이르되 내 형제여 어디서 왔느냐 그들이 이르되 '하란에서' 왔노라 야곱이 그들에게 이르되 너희가 '나홀의 손자 라반을 아느냐' 그들이 이르되 아노라 야곱이 그들에게 이르되 그가 평안하냐 이르되 평안하니라 그의 딸 라헬이

3 비교. G. Wenham, 『창세기 1-15』, 486. G. Wenham은 나홀이 나중에 북부 메소포타미아로 이주했을 것이라고 주장한다.

4 출처: http://www.israel-a-history-of.com.

지금 양을 몰고 오느니라(창 29:4-6)

야곱 이야기는 계속해서 '하란'을 배경으로 펼쳐진다. 게다가 우리는 리브가가 자신의 고향을 '하란'으로 지목한다는 것을 확인할 수 있다. 리브가와 아브라함의 고향이 같으므로,[5] 아브라함이 말한 고향 역시 '하란'으로 이해되어야 한다. 그곳은 12:1-4에 기록된, 아브라함이 소명을 받은 장소와 일치한다. 아브라함은 75세에 그곳에서 소명을 받았다.

이에 아브람이 여호와의 말씀을 따라갔고 롯도 그와 함께 갔으며 아브람이 '하란을 떠날 때에 칠십오 세'였더라(창 12:4)

'하란'은 오늘날 터키의 남동부에 위치한 곳으로서, 이스라엘 역사에서 크게 의미 있는 지역은 아니었다. 그와 달리 15:1-7은 아브라함이 '갈대아 우르'에서 하나님의 인도를 받았다고 서술한다. 우리는 이것이 무엇을 의미하는지에 주목해야 한다.

갈대아 우르?

창세기 15:1-7을 보면 아브라함과 하나님이 언약을 맺는다. 하나님이 아브라함에게 셀 수 없이 많은 후손을 주겠다고 약속하지만, 현실적인 상황으로 볼 때 이는 이루어질 수 없는 약속이었다. 아브라함은 나이가 많았고 자녀도 없었다(창 15:3). 그런데도 아브라함은 하나님의 약속을 신뢰함으로써 '의로운 자'로 여겨졌고,[6] '믿음의 조상'이 되었다. 그는 하나님을 신뢰하지 못했던 모세와 비교된다(민

---

5 비교. C. Westermann, *Genesis 12-36*, 160.

6 이 본문은 논쟁이 되고 있다. '여호와께서 이를 그의 의로 여기시고'라는 15:6b이 해석상의 이론의 여지가 있기 때문이다. 이 구절이 히브리어 본문에서는 '봐야흐쉐베하 로 쩨다카'(וַיַּחְשְׁבֶהָ לּוֹ צְדָקָה)인데, '여호와'라

20:12).

아브람이 여호와를 믿으니 여호와께서 이를 그의 의로 여기시고(창 15:6)

15:7에서는 여호와가 아브라함을 갈대아 '우르'(אוּר)에서 이끌어 내었다고 한다. '우르'라는 단어는 '빛'(오르, אוֹר)과 그 형태가 유사하다. 그래서 '빛'과 함께 발산되는 불 혹은 불꽃을 의미하기도 한다(사 31:9; 50:11). '우르'는 지리적으로 유프라테스 하부 지역이며, 종교와 경제의 중심지였을 것으로 추정되지만,[7] 정확한 위치는 알 수 없다. 학자들은 우르와 갈대아가 관련이 없다고 추측한다. 왜냐하면 바벨론을 의미하는 '갈대아'라는 단어가 사울 말기 혹은 다윗 초기 시대와 상응하는 주전 10세기가 되어서야 처음으로 사용되었기 때문이다. 이와 관련된 내용을 주석서에서 쉽게 확인할 수 있다.

그러나 갈대아족(앗시리아어 칼두 - Kaldu)이 주전 1000년경에 이르러서야 비로소 바벨로니아에 진출했기 때문에, '갈대아'(of the Chaldeans)라는 형용어구는 아브람의 시대에는 맞지 않을 것이다. 따라서 이 문구는 고대 전승에 대한 주석일 가능성이 매우 높다. - WBC[8]

쐐기문자로 기록된 수많은 '우르'라는 표현에서 단 한 번도 '갈대아 우르'라고 언급되지 않는다. 수메르인의 우르는 결코 '갈대아 우르'로 불리지 않았다. 갈대아인은 아람인과 관련된 민족집단이었다. 그들은 주전 2000년대 말까지(until the end of the 2nd millennium B.C.) 남부 메소포타미아 지역에 출현하지 않았다. - NICOT[9]

는 하나님의 이름이 나오지 않는다. 3인칭 남성 단수 칼(3.m.s. Qal) 미완료 연속법인 '봐야흐쉐베하'의 주어를 한글 성서에서는 여호와(혹은 주님)로 추정하여 삽입했지만, 본래 문자적 의미는 '그리고 그는 그를 의롭세 여겼나'이나. 즉, 아브라함이 사신을 스스로 의롭세 여겼나고 해석할 수 있나. 독일어판 가톨릭 성서인 Einheitsübersetzung에서도 여호와를 주어로 넣었다.

7 참조. C. Westermann, *Genesis 12-36*, 160.

8 G. Wenham, 『창세기 1-15』, 485.

9 V. P. Hamilton, *Genesis 1-17*, 364. 이 책의 번역서에서는 "주전 2000년대 말까지(until the end of the 2nd millennium B.C.)"를 "BC 2000년대까지"로 번역했지만 이것은 명백한 오역이다.

> 그러나 이 갈대아인들이 남부 바벨론을 점령한 때는 빨라도 주전 9세기이며, 그 이전에는 남부 지방이 갈대아인들의 지역으로 여겨지지 않았을 것이라는 점을 주목해야 한다. 결국 우르가 남부 지방에 있지 않았거나 본문의 표기가 시대착오일 것이다. - NIV 적용주석[10]

유대 백과사전(*Encyclopaedia Judaica*)에 따르면 갈대아라는 명칭이 나오는 가장 오래된 역사 기록은 주전 9세기로 거슬러 올라간다.[11] 이와 같은 이유로 학자들은 아브라함 이야기에 기록된 '갈대아'를 시대착오적인 기술로 이해한다. 그렇다면 창세기에 왜 '갈대아'라는 단어가 나오는 것일까?

갈대아 우르 - 믿음의 표상

'갈대아'(카스딤, כַּשְׂדִּים)를 의미하는 히브리어는 히브리 성서와 헬라어 70인역에서 '갈대아'(칼다이오스, Χαλδαῖος)를 가리킨다. 예레미야 39:5에서는 이 단어가 갈대아, 즉 '바벨론'을 지칭한다.

> '갈대아인의 군대'가 그들을 따라 여리고 평원에서 시드기야에게 미쳐 그를 잡아서 데리고 하맛 땅 립나에 있는 '바벨론'의 느부갓네살 왕에게로 올라가매 왕이 그를 심문하였더라(렘 39:5)

따라서 '갈대아 우르'라고 할 때 '우르'는 그 위치를 명확히 알 수는 없지만 바벨론 지역일 것이라고 추정할 수 있다.

---

10 J. H. Walton, 『창세기』, 571.

11 참조. 이 기록은 아마도 아수르나시팔 2세 혹은 3세(Ashurnasipal II or III)의 것으로 추정된다. "Chaldea, Chaldeans", *Encyclopaedia Judaica* vol. 5, 330-331; J. Blenkinsopp은 다음과 같이 표현한다. "갈대아인들은 신바벨론 시대 이전의 성서 본문에서는 사용될 수 없는 용어이다." J. Blenkinsopp, 『유대교의 기원 - 에스라와 느헤미야를 중심으로』, 72.

창세기 15:7에는 아브라함을 '갈대아 우르에서 이끌어 낸' 여호와가 등장한다. 히브리어를 살펴보면, 하나님의 행위가 '밖으로 나가다'(야짜, יָצָא)라는 동사와 함께 사용되었음을 알 수 있다.

> 또 그에게 이르시되 나는 이 땅을 네게 주어 소유를 삼게 하려고 '너를 갈대아인의 우르에서 이끌어 낸'(호찌티카 메우르 카스딤, הוֹצֵאתִיךָ מֵאוּר כַּשְׂדִּים) 여호와니라(창 15:7)

이 동사는 아브라함이 '갈대아 우르'에서 나와야만 했음을 알려 준다. 게다가 이 용어가 이스라엘 백성을 '애굽에서 이끌어 낸', 즉 출애굽하게 하신 하나님의 행위를 표현할 때 자주 언급된다는 것에 주목해야 한다(출 13:3; 20:2; 23:15; 민 20:16). 즉, 갈대아–바벨론– 우르 지역에서 아브라함이 나온 사건은 창세기 독자에게 출애굽과 같은 사건으로 이해되었다. 그러므로 창세기 15장에서 아브라함은 모세보다 앞서 출애굽의 원형(原型)으로 제시된 것이다.[12] 성서에서 아브라함을 이스라엘 후손들이 따라야 할 믿음의 표상으로 제시하고 있다면, 그가 갈대아 우르에서 나왔다는 것은 후손들에게 어떤 의미일까?

갈대아 우르에서 나오다 - 출(出)바벨론

성서에서 아브라함이 갈대아 우르에서 나왔다는 내용이 기록된 것은 창세기 11장과 15장을 제외하면 느헤미야 9:7뿐이다.

> 주는 하나님 여호와시라 옛적에 아브람을 택하시고 '갈대아 우르에서 인도하여 내시고' 아브라함이라는 이름을 주시고(느 9:7)

---

12 참조. J. C. Gertz, "Abraham, Mose und der Exodus. Beobachtung zur Redaktionsgeschichte von Gen 15", 63-82, 74.

느헤미야 1:1의 시간적 배경은 아닥사스다 I세가 통치한 지 20년째 되는 주전 445년이다. 느헤미야 7장에는 포로 되었다가 돌아온 이스라엘 백성의 명부가 기록되어 있다(느 7:5-69). 이때는 이미 바벨론이 페르시아에 점령당하여 역사에서 사라진 뒤였다. 그런데도 성서에서는 '페르시아'가 아니라 '바벨론' 왕 느부갓네살에게 사로잡혀 갔던 자들이 돌아왔다고 표현한다.

> 옛적에 바벨론 왕 느부갓네살에게 사로잡혀 갔던 자들 중에서 놓임을 받고 예루살렘과 유다에 돌아와 각기 자기들의 성읍에 이른 자들(느 7:6)

페르시아가 바벨론을 점령한 주전 539년 이후부터 포로민들 사이에서는 본국에 귀환하고자 하는 소망이 생겨났고, 마침내 주전 538년에 고레스 칙령이 내려졌다.

> '바사의 고레스 왕 원년'에 여호와께서 예레미야의 입으로 하신 말씀을 이루시려고 여호와께서 바사의 고레스 왕의 마음을 감동시키시매 그가 온 나라에 공포도 하고 조서도 내려 이르되 바사 왕 고레스가 이같이 말하노니 하늘의 신 여호와께서 세상 만국을 내게 주셨고 나에게 명령하여 유다 예루살렘 성전을 건축하라 하셨나니 너희 중에 그의 백성된 자는 다 올라갈지어다 너희 하나님 여호와께서 함께 하시기를 원하노라 하였더라(대하 36:22-23)

그러나 디아스포라 공동체가 대거 귀환했을 것이라는 우리의 이해는 수정되어야 한다.[13] 느헤미야의 경우에서 단적으로 확인되듯이 디아스포라 사람들은 바벨론/페르시아에서 하층민의 삶을 살지 않았다. 그들은 부를 축적할 수 있었고, 심지어 관직에도 등용되었다(느 2:1). 또한 이스라엘로 귀환하려는 자들에게 귀금속을 모아서 줄 정도로 경제적 상황이 나쁘지 않았다(스 8:24-30). 오히려, 경제 기반

---

13 참조. R. Kessler, *Sozialgeschichte des alten Israel. Eine Einführung*, 160.

이 취약해진 이스라엘의 상황으로 인해, 이스라엘로 돌아가서 노예로 전락한 자들이 속출했다(느 5:5). 이러한 상황이었기에 디아스포라 가운데 대부분은 귀환을 꺼려 했다. 심지어 귀환한 백성 가운데 일부를 제비 뽑아 강제로 예루살렘에 거주하게 했을 정도였다.

> 백성의 지도자들은 예루살렘에 거주하였고 그 남은 백성은 제비 뽑아 십분의 일은 거룩한 성 예루살렘에서 거주하게 하고 그 십분의 구는 다른 성읍에 거주하게 하였으며(느 11:1)

이와 같은 배경에서, 아브라함이 바벨론에서 나왔다는 기록은 매우 중요하다. 아브라함은 믿음의 조상으로 제시되었고, 갈대아 즉, 바벨론에서 하나님의 인도를 받았다(창 15:6-7). 디아스포라 이스라엘 백성은 아브라함의 후손이기 때문에, 아브라함의 신앙을 본받아야 한다. 아브라함의 행위는 모든 이스라엘인이 본받고 따라야 할 모범이다.[14] 따라서 하나님이 아브라함을 '갈대아 우르'에서 인도했다는 기록은 디아스포라 이스라엘 백성이 아브라함처럼 바벨론에서 탈출해야 – 출(出)바벨론 – 한다는 것을 독려하는 본문으로 이해할 수 있다.

마무리하기

창세기 15:1-7에서는 아브라함을 왜 믿음의 조상이라고 부르는지 그 이유를 보여 준다. 그는 '갈대아 우르'에서 하나님의 인도를 받은 첫 번째 사람으로 서술된다. 아브라함이 갈대아 우르를 떠나왔을 당시의 나이가 성서에는 기록되어 있지 않다. '하란'에서 75세 때 하나님의 부름을 받았으므로 그보다는 더 젊었을 것이다.

---

14 참조. J. Blenkinsopp, 『유대교의 기원 – 에스라와 느헤미야를 중심으로』, 73.

기록	출발 장소	나이
창 11:31	갈대아 우르	?
창 12:1-4	하란	75세

창세기의 이후 기록에 따르면 아브라함은 며느릿감을 자신의 고향에서 찾으라고 종에게 명령한다(창 24:4). 그 며느리 리브가는 야곱에게 하란으로 가서 자신의 오라버니를 만나라고 지시한다(창 27:43). 야곱은 아브라함의 고향이며 동시에 리브가의 고향인 '하란'에 도착한다. 이러한 이야기는 하란 땅에서 소명을 받는 아브라함 이야기와 상응한다(창 12:1). 그러므로 성서가 아브라함의 고향을 하란으로 제시한다는 이해는 타당하다. 그러나 하란은 이스라엘 역사에서 그리 주목받았던 지역은 아니었다.

이와 달리 '갈대아' 지역은 역사적으로 매우 의미 있는 곳이다. 갈대아는 남유다를 멸망시킨 바벨론이며, 그곳은 포로로 끌려간 이스라엘 백성이 정착한 땅이다. 창세기 15:1-7에서는 아브라함을 '믿음의 조상'으로 기록하며 또한 그를 의도적으로, '갈대아 우르'를 떠나온 첫 번째 인물로 서술한다. 그렇다면 아브라함의 후손들은 출(出)바벨론, 다시 말해서 바벨론에서의 탈출을 지향해야 한다. 이스라엘의 모든 백성은 아브라함의 후손으로서 믿음의 조상인 아브라함을 따라야 하기 때문이다.

토의를 위한 질문

01. 창세기 12:1-4에서, 아브라함이 소명을 받은 장소는 어디이며, 그때 그는 몇 살이었는가?

02. 성서가 말하는 '고향'과 오늘날의 '고향'이라는 개념에는 어떤 차이가 있는가? 아브라함이 언급한 그의 고향은 어디인가? 24:4, 10을 보라.

03. 리브가는 아브라함과 같은 고향 출신이다. 그녀는 야곱을 자신의 고향으로 보낸다. 야곱이 도착한 곳은 어디인가? 27:43; 29:4-6을 보라.

04. 그렇다면 성서는 왜 아브라함이 갈대아 우르에서 하나님의 부름을 받았다고 말하는가? 갈대아 우르가 이스라엘 역사에서 주목받았던 시기는 언제인가?

05. 아브라함은 믿음의 조상이다. 이스라엘 백성은 아브라함의 후손으로서 그의 행위를 본받아야 한다. 아브라함이 바벨론을 떠나왔다는 기록이 포로기 이후에는 어떤 의미를 갖는가?

09

창세기 16장

아내일까, 첩일까?

카스퍼 네처(Caspar Netscher), 사라가 하갈을 아브라함에게 데려가다(창 16:1-4)
(Sara brings Hagar to Abraham [Gen 16:1-4]), 1670/80년경

한눈에 보기

야곱에게는 '레아'라는 아내가 있었지만, 성서에서는 라헬 역시 야곱의 '아내'라고 소개한다. 그렇다면 '빌하'와 '실바'는 야곱의 첩인가? 그 시대가 일부일처제를 따랐다면 레아를 제외한 여인들은 모두 첩이라고 기록되어야 할 것이다. 성서의 기록을 토대로 역(逆)으로 발상한다면, '빌하'와 '실바'도 아내로 이해할 수 있다. 그렇다면 창세기에 나오는 '첩'은 어떤 의미일까? 또한 '하갈'은 아브라함의 첩일까? 만약 그녀들에게 아내와 동일한 히브리어 단어가 사용되었다면 그녀

들은 모두 아내인 것일까?

시작하기

한글 성서는 히브리 성서의 내용을 기초로 하여 번역되었다. 하지만 1911년 구약 성서가 처음 한글로 완역되었을 당시에, 중국어, 일본어, 그리고 영어로 된 성서가 그 번역에 영향을 끼쳤다. 당시 히브리어는 대다수의 목회자에게 아주 낯선 언어였다. 『개역한글』이 1961년에 번역될 때도 상황은 같았다.

국가와 시대, 그리고 문화를 뛰어넘는 객관적인 번역이 가능할까? 불가피하게도, 성서가 번역되는 그 나라의 문화와 시대 상황이 언어를 통해 번역본에 스며들 수밖에 없다. 그 나라의 문화를 중심으로 성서 시대의 상황을 이해할 수밖에 없으므로 자칫 원본의 내용과 다르게 오해할 수도 있다. 한국의 상황에서 보면 대표적인 예가 바로 '아내와 첩'에 대한 기록이다.

일부일처제(一夫一妻制)는 '한 남편이 한 아내만 두는 혼인 제도'[1]이고, 일부다처제(一夫多妻制)는 '한 남편이 동시에 여러 아내를 두는 혼인 제도'[2]이다. 일부일처제는 여러 아내를 두는 것을 금지하는 대신에 '축첩제도'(蓄妾制度)[3]를 허용했다. 조선 시대 때는 첩의 자식을 구별하여 차별하는 '서얼제도'(庶孼制度)[4]까지 있었다.

만약 성서가 일부일처제를 토대로 삼는다면, 야곱의 첫 번째 부인인 레아를 제외하고는 라헬을 포함한 다른 여인들은 모두 '첩'으로 기록하는 것이 맞지 않을까? 그러나 성서는 '레아'와 '라헬'을 모두 야곱의 '아내'라고 칭한다. 그녀들에게

---

1 국립국어원 표준국어대사전(http://stdweb2.korean.go.kr).

2 국립국어원 표준국어대사전(http://stdweb2.korean.go.kr).

3 본처 이외에 여러 명의 첩을 거느리도록 허락하는 제도이다.

4 양인(良人) 출신 첩의 자식을 '서자'로, 천인(賤人) 출신 첩의 자식을 '얼자'로 불렀는데, 이처럼 첩의 자식 사이에서도 서열이 존재했다.

는 각각 여종이 있었는데 마치 경쟁이라도 하듯이 야곱에게 그 여종들을 '첩'으로 주었다고 『개역한글』은 증언한다. 한국 문화로는 잘 이해가 안 되는 상황이다. 그녀들은 아내일까, 첩일까?

이스라엘 조상과 여인들

성서에는 아내가 있는데도 또 다른 여인을 아내 혹은 첩으로 맞이하는 남성들의 이야기가 자주 나온다. 창세기에도 이러한 이야기가 나온다. 사라는 자신의 여종 하갈을 아브라함에게 주었고, 레아와 라헬 역시 각각 자신의 여종을 야곱에게 주었다.

아브라함

아브라함이 아버지 데라와 함께 갈대아 우르를 떠날 때에 그에게는 아내가 한 명 있었다(창 11:29). 그녀의 이름은 사래였고 이후에 '사라'로 개명(改名)하였다. 그녀에게는 자녀를 잉태하지 못한다는 큰 결함이 있었다. 여인이 아이를 낳지 못한다는 것은 동서고금을 막론하고 매우 수치스러운 일이었다. 성서에 따르면 아이를 낳지 못하는 여인은 하나님의 징벌을 받은 것으로 이해되었다(창 30:2; 참조. 창 29:31). 그러한 여인은 자신의 하녀를 남편에게 주어 자녀를 낳게 했고, 그 자녀를 양자로 입양하기도 했다.

성서에서는 아내를 나타내는 단어로 히브리어 '이샤'(אִשָּׁה)가 사용되었고, 몇몇 동사(라카흐[לָקַח], 나탄[נָתַן])와 함께 '아내로 맞이하다'(창 25:1) 혹은 '아내로 주다'(창 29:28)로 번역되었다. '필레게쉬'(פִּלֶגֶשׁ, 첩)는 독립적으로 사용되기도 했는데, 창세기 22:24에 처음으로 등장한다.

나홀의 '첩'(필레게쉬, פִּלֶגֶשׁ) 르우마라 하는 자도 데바와 가함과 다하스와 마아가를

낳았더라(창 22:24)

아브라함, 사라, 그리고 하갈 이야기는 창세기 16장에 기록되어 있다. 아브라함 – 당시 그의 이름은 아브람이었다 – 은 15장에서 후손에 대한 하나님의 약속을 받았다. 하지만 아브라함이 당면한 현실은 다음과 같았다.

아브람의 아내 사래는 출산하지 못하였고(창 16:1)

사라 – 당시 그녀의 이름은 사래였다 – 는 결국 자신의 여종인 하갈을 아브라함에게 주었다. 『개역개정』에서는 사라가 하갈을 첩[5]으로 주었다고 번역한다. '첩'은 '본부인'과 비교하여 당사자를 격하하는 표현이다.

아브람의 '아내'(에쉣, אֵשֶׁת) 사래가 그 여종 애굽 사람 하갈을 데려다가 그 남편 아브람에게 '첩으로'(레이샤, לְאִשָּׁה) 준 때는 아브람이 가나안 땅에 거주한 지 십 년 후였더라(개역개정. 창 16:3)

사라가 하갈을 '첩'(이샤, אִשָּׁה)으로 주었다. 여기서 하갈을 가리키는 '이샤'는 아브라함의 아내 사라를 지칭하는 단어와 동일하다. 그러므로 히브리 성서에서는 동일한 단어가 사용되었는데 한글 성서 번역자가 이를 의도적으로 다르게 번역했음을 알 수 있다. 다른 고대 역본은 어떠한가? 70인역은 주전 3세기 즈음에 히브리 성서를 헬라어로 번역한 것으로서 히브리 성서 번역사에서 중요한 위치를 차지하므로, 70인역을 살펴보는 것은 의미 있는 일이다.

καὶ λαβοῦσα Σαρα ἡ γυνὴ Αβραμ Αγαρ τὴν Αἰγυπτίαν τὴν ἑαυτῆς παιδίσκην

5 간혹 '후처'(後妻)의 개념으로 이해되기도 한다. 김회권, 『하나님 나라 신학의 관점에서 읽는 모세 오경 1』, 108.

μετὰ δέκα ἔτη τοῦ οἰκῆσαι Αβραμ ἐν γῇ Χανααν καὶ ἔδωκεν αὐτὴν Αβραμ τῷ ἀνδρὶ αὐτῆς αὐτῷ γυναῖκα(LXX, 창 16:3)

70인역에서는 아내를 가리키는 '여성'이라는 동일한 표현이 두 번 나온다(γυνὴ / γυναῖκα). 전자는 사라를 가리키고, 후자는 하갈을 지칭한다. 주전 3세기경에도 하갈은 '첩'이 아니라 '아내'로 해석되었던 것이다.[6] 이러한 이해가 수많은 현대어 성서 역본들에서도 확인된다.

So after Abram had been living in Canaan ten years, Sarai his wife took her Egyptian maidservant Hagar and gave her to her husband to be his wife. (NIV, 창 16:3)

『개역개정』에서 하갈을 첩으로 번역한 이유는 무엇일까? 첫째, 신약 성서를 근거로 해서 구약을 해석했기 때문이다. 갈라디아서에서는 사라와 하갈을 두 언약으로 진술하는데, 각각 자유자와 여종으로 구별한다. 그리고 사라의 아들과 하갈의 아들을 각각 약속의 자녀와 종의 자녀로 구별한다. 즉, 창세기에서 하갈을 '첩'이라고 번역한 데에는, 구약을 이해하는 데 신약이 지대한 영향을 끼쳤기 때문이라고 볼 수 있다.

이것은 비유니 이 여자들은 두 언약이라 하나는 시내 산으로부터 종을 낳은 자니 곧 하갈이라 이 하갈은 아라비아에 있는 시내 산으로서 지금 있는 예루살렘과 같은 곳이니 그가 그 자녀들과 더불어 종 노릇 하고(갈 4:24-25)

환언하면, 창세기 16장에서 하갈을 의도적으로 첩이라고 번역한 것은 갈라디아

---

6 라틴어 역본인 Vulgata를 보라. tulit Agar Aegyptiam ancillam suam post annos decem quam habitare coeperant in terra Chanaan et dedit eam viro suo uxorem(VUL, 창 16:3). 여기서 uxorem은 uxor의 4격으로 '아내', '부인'을 뜻한다. Vulgata도 하갈을 '아내'로 이해한다.

서 4장의 이해와 일치시키기 위한 시도로 보인다. 그 결과 여종 하갈이 낳은 이스마엘은 적자가 되지 못한다. 하지만 이러한 해석에는 문제가 있다. 야곱에게는 두 명의 아내와 두 명의 첩이 있었는데, 그 첩들에게서 태어난 자녀들[7]은 어떻게 해서 야곱의 열두 아들로 인정받을 수 있었으며, 이스라엘의 열두 지파를 형성할 수 있었는가? 성서는 '실바와 빌하'에게서 태어난 아들들과 '레아와 라헬'에게서 태어난 아들들을 차별하지 않는다!

『개역개정』에서 하갈을 첩으로 번역한 둘째 이유는 한국의 문화적 특성 때문이다. 앞에서 언급한 것처럼 일부일처제와 같은 문화적 이해가 창세기 16:3의 번역에 지대한 영향을 끼친 것이다. 하지만 원어의 의미를 올바로 이해한다면, 하갈은 첩이 아닌 아내로 번역해야 한다. 『새번역』을 살펴보자.

> 아브람의 아내 사래가 자기의 여종 이집트 사람 하갈을 데려다가 자기 남편 아브람에게 '아내로' 준 때는, 아브람이 가나안 땅에서 살아온 지 십 년이 지난 뒤이다.(새번역. 창 16:3)

아브라함은 사라가 죽은 후 다시 아내를 맞이했다. 『개역개정』에서는 '후처'를 맞이했다고 번역했지만 원어의 의미를 고려하면 '아내를 맞이했다'는 번역이 적절하다.

> 아브라함이 '후처'를 맞이하였으니 그의 이름은 그두라라(개역개정. 창 25:1)
> 아브라함이 다시 '아내'를 맞아들였는데, 그의 이름은 그두라이다.(새번역. 창 25:1)

'아내를 맞이하다'(라카흐 이샤, לָקַח אִשָּׁה)라는 표현은 '이삭과 리브가' 이야기에도 빈번하게 나온다(창 24:3-8). 따라서 아브라함은 '첩'을 들인 것이 아니라, 아내를 맞이했다고 표현하는 것이 적절하다. 이와 유사한 상황이 야곱에게도 일어난다.

7 빌하는 단과 납달리를 낳았고, 실바는 갓과 아셀을 낳았다.

야곱

야곱이 에서의 장자권을 속임수로 빼앗은 뒤 하란으로 도망했다. 그는 라헬을 아내로 맞이하려고 7년을 며칠처럼 여기며 일했다. 하지만 7년이 지난 후 아내로 맞이한 것은 레아였다. 라반에게 속은 것에 대해 야곱은 분노했지만 어쩔 수 없었다(창 29:25). 라반의 제안대로 레아와 함께 7일을 지낸 이후에 라헬을 아내로 맞이했고, 다시 또 7년을 일해야만 했다.

> 야곱이 그대로 하여 그 칠 일을 채우매 라반이 딸 라헬도 그에게 '아내로'(레이샤, לְאִשָּׁה) 주고(개역개정. 창 29:28)
>
> And Jacob did so. He finished the week with Leah, and then Laban gave him his daughter Rachel to be 'his wife.'(NIV. 창 29:28)

라헬이 야곱의 '아내'가 되었다는 기록에 주목해 보자. 야곱이 이미 '레아'를 아내로 맞이했으므로, 라헬은 '첩'이라고 번역하는 것이 옳지 않은가? 하지만 히브리 성서에서는 '이샤'(אִשָּׁה)가 사용되었다. 한글 성서에서는 왜 '이샤'를 경우에 따라서 '아내', 또는 '첩'으로 번역한 것일까? 아마도 그 여인을 낮추려는 의도가 있을 때는 '첩'으로 번역한 것 같다. 즉, 번역자 자신의 시각에서 성서를 '해석'한 것이다.

레아와 라헬에게는 각각 '실바'와 '빌하'라는 여종이 있었다. 라헬은 아기를 낳을 수 없었기 때문에, 그리고 레아는 더 이상 아기를 가질 수 없었기 때문에 자신들의 여종을 야곱에게 주었다. 이에 대해 『개역개정』은 다음과 같이 기록한다.

> 그의 시녀 빌하를 남편에게 '아내로' 주매 야곱이 그에게로 들어갔더니(개역개정. 창 30:4)
>
> 레아가 자기의 출산이 멈춤을 보고 그의 시녀 실바를 데려다가 야곱에게 주어 '아내로' 삼게 하였더니(개역개정. 창 30:9)

하지만 한국 교회에서 오랫동안 사용했던 『개역한글』에는 다음과 같이 번역되어 있다.

> 그 시녀 빌하를 남편에게 '첩으로' 주매 야곱이 그에게로 들어갔더니(개역한글. 창 30:4)
>
> 레아가 자기의 생산이 멈춤을 보고 그 시녀 실바를 취하여 야곱에게 주어 '첩을' 삼게 하였더니(개역한글. 창 30:9)

『개역한글』이 한국에 보급되기 시작한 1961년부터 한국 기독교는 이 버전으로 성서를 해석해 왔다. 그리고 일부일처제라는 한국 문화를 기반으로 성서 속의 혼인 관계를 이해했다. 하지만 구약 성서는 고대 이스라엘이 일부일처제 사회가 아니었음을 보여 준다. 『개역개정』에서는 빌하와 실바를 '첩'이 아닌 '아내'로 바꾸어서 번역했다. 그런데도 한국 교회 목회자들과 성도들은 '빌하와 실바'를 여전히 '첩'으로 인식하는 경우가 적지 않다.[8]

하나 더 짚고 넘어가야 할 것이 있다. 『개역한글』에서 첩으로 번역된 두 여인, 빌하와 실바가 『개역개정』에서는 '아내'로 수정 번역되었다(창 30:4, 9). 하지만 하갈은 『개역개정』에서 여전히 '첩'으로 번역되었다는 점이다. 빌하와 실바, 그리고 하갈에게 동일한 히브리어(이샤, אִשָּׁה)가 사용되었는데도 말이다. 하갈이 '첩'으로 기록된 이유는 무엇일까? 앞에서 언급했듯이, 아마도 신약적 이해가 구약을 번역하는 데 지대한 영향을 끼침으로써, 시대착오적인 번역을 한 것은 아닐까?(참조. 갈 4:24-25)

역대기 본문을 보면 '이스마엘'이 아브라함의 아들로서 족보에 포함되어 있다. 이삭이 이스마엘보다 앞에 기록됨으로써 더 중요한 인물이라는 인상을 주지만, 이스마엘의 족보가 독립적으로 서술되어 있다는 점을 간과해서는 안 된다.

---

8 창세기 35:22에서는 빌하가 '첩'(필레게쉬, פִּלֶגֶשׁ)으로 기록되어 있다. 하지만 이 본문을 근거로 해서 30:4의 빌하를 '첩'으로 해석하는 것은 지양되어야 한다.

> 아브라함의 자손은 이삭과 '이스마엘'이라 이스마엘의 족보는 이러하니 그의 맏아들은 느바욧이요 다음은 게달과 앗브엘과 밉삼과 미스마와 두마와 맛사와 하닷과 데마와 여둘과 나비스와 게드마라 이들은 이스마엘의 자손들이라(대상 1:28-31)

성서가 부분적으로 일부다처제의 모습을 그리고 있음은 부인할 수 없는 사실이다.[9] 하지만 종교적 열심을 가지고 성서를 문자적으로 적용하여, 일부다처제 시스템을 오늘날의 사회에 적용해서는 안 된다. 현대를 살아가는 우리는 오늘날의 규범을 인정해야 한다. 혹자는 성서에 나오는 이러한 풍습을 이해하지 못하여 성서 인물들을 비난하기도 한다. 그러나 현대의 법과 도덕을 기준으로 과거의 풍습을 비난할 수는 없다. 이러한 비난이야말로 시대착오적인 것으로, 마치 조선 시대의 노비 제도를 현대의 시각으로 판단하는 것과 같다.

그밖의 남성들

창세기 외에도 일부다처제의 풍습을 묘사하는 본문이 많다. 왕이 등장하기 이전에도 남성들은 여러 명의 아내를 둘 수 있었다. 사무엘의 아버지 엘가나나 사사 기드온은 아내를 여러 명 둔 인물들로 묘사되었다.

> 기드온이 아내가 많으므로 그의 몸에서 낳은 아들이 칠십 명이었고 세겜에 있는 그의 첩도 아들을 낳았으므로 그 이름을 아비멜렉이라 하였더라(삿 8:30-31)
>
> 에브라임 산지 라마다임소빔에 에브라임 사람 엘가나라 하는 사람이 있었으니 그는 여로함의 아들이요 엘리후의 손자요 도후의 증손이요 숩의 현손이더라 그에게 '두 아내가' 있었으니 한 사람의 이름은 한나요 한 사람의 이름은 브닌나라 브닌나에게는 자식이 있고 한나에게는 자식이 없었더라(삼상 1:1-2)

---

9 참조. 기민석, 『구약의 뒷골목 풍경』, 134.

왕정 시대에 대한 기록에도 다수의 아내를 둔 남성들이 등장한다. 다윗은 나발이 죽은 이후에 그의 아내였던 아비가일을 자신의 아내로 취했는데, 사무엘상 18장과 19장에 따르면 다윗은 사울의 딸이었던 미갈을 아내로 둔 상태였다.

> 다윗이 일어나서 그의 부하들과 함께 가서 블레셋 사람 이백 명을 죽이고 그들의 포피를 가져다가 수대로 왕께 드려 왕의 사위가 되고자 하니 사울이 그의 딸 '미갈'을 다윗에게 '아내'로 주었더라(삼상 18:27)
> 아비가일이 급히 일어나서 나귀를 타고 그를 뒤따르는 처녀 다섯과 함께 다윗의 전령들을 따라가서 다윗의 아내가 되니라 다윗이 또 이스르엘 아히노암을 아내로 맞았더니 그들 두 사람이 그의 아내가 되니라(삼상 25:42-43)

성서에는 이처럼 여러 명의 아내를 둔 인물들이 자주 나온다.[10] 하지만 이러한 이야기들을 근거로 해서 오늘날에도 여러 명의 아내를 두는 것이 옳다고 주장할 수는 없다. 고대 사회의 모습대로 살아가고자 현재의 실정법을 어길 수는 없는 노릇이다. 마찬가지로, 오늘날의 사회적 통념을 토대로 성서의 인물을 판단할 수도 없다. 시대마다 그 시대에 맞는 규정이 있다. 그러므로 성서를 올바르게 이해하려면 성서가 기록되었을 당시의 사회적인 배경을 알아야 한다.

마무리하기

성서는 '문자'라는 수단을 통해 인간에게 주어졌다. 문자에는 그 시대의 문화가 스며들어 있다. 히브리어 성서에 들어 있는 히브리 문화가 한글 성서에서는 한국적인 문화루 해석되어 한글루 번역되었다. 이러한 일련의 과정에서, 중요한 인물을 강조하기 위해 상대적으로 덜 중요한 인물을 폄하하는 현상이 일어났다.

---

10 참조. H. Thielicke, 『성윤리학』, 170.

이 장에서는 아브라함의 '아내'로 등장하는 사라와 하갈, 그리고 야곱의 아내로 언급된 레아, 라헬, 빌하, 실바에 대해 살펴보았다. 히브리어로 '아내'를 지칭하는 단어는 '이샤'(אִשָּׁה)이다. 이 단어가 사라와 레아를 가리킬 때 사용되었다. 그녀들을 아내로 이해하는 것에는 이견이 없다. 하지만 사라는 자신의 여종이었던 '하갈'을 아브라함에게 '아내'(이샤, אִשָּׁה)로 주었다. 레아가 야곱의 아내였는데 그녀의 동생 라헬도 야곱의 '아내'로 등장한다. 창세기에 기록된 혼인 제도는 일부일처제가 아님을 알 수 있다. 레아와 라헬도 자신의 여종(실바, 빌하)을 야곱에게 주었다. 여기에서 특별히 주목해야 할 점은, 실바와 빌하를 '첩'이 아닌 '아내'(이샤)로 주었다고 성서가 기술한다는 점이다. 그동안 한국 문화 속에서 '첩'으로 이해되어 왔던 여인들은 신분 제도상의 '첩'이 아니라 첫 번째 아내 이외의 '아내'였다.

토의를 위한 질문

01. 하갈은 아브라함의 아내일까, 첩일까? 그렇게 대답한 이유는 무엇인가?

02. 성서를 더 풍성하게 이해하고 싶다면 다른 번역본들(예를 들어, 새번역 혹은 영어 번역[ESV, NRSV, NIV])과 비교해 가며 읽는 것을 추천한다. 창세기 16:3을 각 번역본으로 다시 읽어 보라. 애굽 사람이었고, 사라의 종이었던 하갈은 아브라함의 아내일까, 첩일까?

03. 창세기 29:28을 보라. 라반은 야곱에게 레아를 첫 아내로 주었다. 그리고 7일이 지난 이후에 레아의 여동생인 라헬도 주었다. 만약 그 당시가 일부일처제 사회였다면 라헬은 어떻게 기록되어야 하는가?

04. 야곱의 두 아내(레아와 라헬)는 자신들의 종인 실바와 빌하를 야곱에게 주었다. 그녀들은 야곱의 '첩'일까, 아내일까? 『개역한글』과 『개역개정』을 비교해 보라(창 30:4, 9).

05. 사무엘의 출생 이야기를 들려주는 사무엘상 1:1-2에 따르면, 엘가나에게는 몇 명의 '아내'가 있었는가?

부록 1

이스마엘

기독교는 이스마엘을 매우 부정적인 인물로 인식해 왔다. 종교적 측면에서 그러한 이해는 충분히 수긍할 수 있지만, 우리는 성서를 근거로 조심스럽게 접근해야 한다. 하갈을 아브라함의 '아내'로 번역하지 못하는 이유도 이스마엘에 대한 이해와 관련이 있다. 창세기 16장에는 낯익은 문구가 하나 나온다.

> 여호와의 사자가 또 그에게 이르되 내가 '네 씨를 크게 번성하여'(하르바 아르베 엣-자르에크, הַרְבָּה אַרְבֶּה אֶת־זַרְעֵךְ) 그 수가 많아 셀 수 없게 하리라 여호와의 사자가 또 그에게 이르되 네가 임신하였은즉 아들을 낳으리니 그 이름을 '이스마엘'이라 하라 이는 여호와께서 네 고통을 들으셨음이니라(창 16:10-11)

16:10에는 이스마엘에 대한 축복이 나온다. "네 씨를 크게 번성하여." 이와 동일한 표현이 아브라함을 축복하는 22:17에도 나온다. "네 씨가 크게 번성하여." 게다가 16:10의 '그 수가 많아 셀 수 없게 하리라'와 22:17의 '하늘의 별과 같고 바닷가의 모래와 같게 하리니'가 내용상 상응한다.

> 내가 네게 큰 복을 주고 '네 씨가 크게 번성하여'(붸하르바 아르베 엣-자르아카, וְהַרְבָּה אַרְבֶּה אֶת־זַרְעֲךָ)하늘의 별과 같고 바닷가의 모래와 같게 하리니 네 씨가 그 대적의 성문을 차지하리라(창 22:17)

이 두 본문에서는 공통적으로 '여호와의 사자'가 등장한다. '이스마엘'에게 해당된 축복은 하나님께로부터 나온 것이다. 따라서 이스마엘이 하나의 민족을 이루는 것은 신의 계시를 통해 정당화된다. 기독교인들은 이스마엘의 후손을 어떤 시각으로 바라보아야 하는가? 비록 종교적 가르침에 있어서는 일치하지 않지만,

그들이 하나의 큰 민족을 이룬 것은 성서가 보증하는 사실이므로 기독교인들은 그들을 품어야 하지 않을까? 선교적 관점에서 이러한 해석은 매우 중요하다.

역으로 생각하여, 이스마엘은 이삭을 대체할 수 있는가? 즉, 이삭이 아닌 이스마엘을 통해 언약이 유지되는가? 야곱을 중심으로 성서가 서술되므로, 성서의 관점에서 본다면 이는 수용하기 어려운 내용이다. '하갈'을 의도적으로 '첩'으로 번역하여 이스마엘을 폄하하는 것이 재고되어야 하듯이, 성서 기록을 의도적으로 곡해해서는 안 된다. 성서는 이스라엘의 역사가 이삭의 후손들을 통해 이루어진다고 서술하며, 이스라엘의 족장을 '아브라함', '이삭', '야곱'으로 한정한다(출 2:24; 3:6; 6:8).

부록 2

하갈에 대한 부정적 평가

성서에서는 하갈을 부정적으로 묘사한다.

> 아브람이 하갈과 동침하였더니 하갈이 임신하매 그가 자기의 임신함을 알고 그의 여주인을 멸시한지라(창 16:4)

하갈은 분명히 자신의 여주인을 모멸감 섞인 시선으로 바라보았을 것이다. 고대 근동의 기록들에서는 여종이 여주인의 남편과 합방하여 자녀를 낳았을 때 그 여주인을 깔보는 경우가 적지 않았다고 밝힌다. 고대 근동의 법인 함무라비 법전은 이러한 여종을 어떻게 치리할 것인가에 대해 다음과 같이 명시한다.

> 만약 한 자유인이 나디툼과 결혼하였고 그녀가 그녀의 남편에게 여자 노예를 주어 그녀가 자녀를 낳았는데, 나중에 그 여자 노예가 그녀의 여주인과 맞먹고자 하였다면, 그녀(여자 노예)가 자녀를 낳았기 때문에 그녀의 주인은 그녀를 팔지 못할 것이지만, 그녀에게 노예 식별 머리 모양을 하게 할 것이고, 그녀를 여자 노예 중의 하나로 여길 것이다.(함무라비 법전 146조)[11]

하지만 함무라비 법전의 기록을 근거로 해서 이스마엘을 격하할 수는 없다. 창세기 21:11에서는 그를 '그의 아들', 즉 아브라함의 아들로 명시한다.

---

11 "함무라비 법전", 『고대 근동 문학 선집』, 383. 본문의 '나디툼'은 여제사장을 가리킨다는 점에서 창세기와 명확히 일치하지는 않지만, 창세기와 내용상 유사하다는 점은 인정된다.

10

창세기 19:1-9

다시 읽는 소돔 이야기

페테르 파울 루벤스(Peter Paul Rubens),
롯의 피신(Lot and his family leaving Sodom), 1625년[1]

한눈에 보기

'소돔 이야기를 어떻게 해석해야 하는가?'라는 주제가 중요한 이슈로 떠오르고 있다. 기독교는 오랫동안 소돔 이야기를 근거로 해서 동성애를 금지해 왔다. 그런데 현대에 와서는 '퀴어'(Queer)라는 용어가 더 이상 생소하지 않으며, 동성

1 두 천사가 롯의 가족을 인도하고 있다. 창세기 19장에서 롯을 찾아간 이들을 한글 성서를 포함한 여러 역본에서는 '천사'(말아킴, מַלְאָכִים)라고 표현하는데 이 동일한 단어가 다른 곳에서는(예를 들어, 예언서의 마지막 책인 '말라기') '사자'(使者)라고 표현된다.

애가 세계 곳곳에서 핫이슈(Hot Issue)로 논의되고 있다. 성서에 나오는, '상관하리라'는 표현은 정말 성적인 행위와 관련이 있는가? 예언서들은 소돔의 멸망을 어떻게 표현하는가? 본서에서는 동성애 찬반의 주장을 서로 비교하면서, 성서 신학적 관점으로 소돔 이야기를 해석해 볼 것이다.

시작하기

동성애에 대한 논의가 20세기 후반부터 끊임없이 일어나고 있다. 이러한 현상은 비단 한국 사회에서만 나타나는 현상이 아니다. 이제 퀴어라는 단어가 세계적으로 널리 사용되고 있다. 한국에서는 2000년 9월 8-9일, 연세대에서 퀴어 축제가 처음으로 개최된 이래[2] 이 축제가 매년 6-9월 사이에 열리고 있다. 기독교의 보수 단체 일부가 맞은편에서 동성애 반대 집회를 함으로써 동성애에 대한 이해가 첨예하게 대립하고 있다.[3] 심지어 교황청이 설립한 대학교에서 신학을 가르쳐 온 신부가 2015년 10월 '커밍아웃'(coming out), 즉 자신이 동성애자임을 공식적으로 밝힘으로써 충격을 주기도 했다. 이처럼 음지(陰地)에 있어 왔던 동성애가 점차 세상 밖으로 나오고 있다. 그리하여 동성애를 금지해 왔던 근거들이 지금까지 경험하지 못했던 도전에 직면하게 되었다.

동성애 반대자들은 성서에서 동성애를 인정하지 않는다는 본문을 제시하면서 현사회의 동성애를 비판한다. 하지만 동성애를 찬성하는 자들은 그렇게 주장하는 기독교의 성서 해석이 오류라고 지적하면서 스스로의 정당성을 옹호한다. 즉, 동성애 찬반론자 모두 부분적으로 '성서'를 기반으로 자신들의 견해를 피력한

2 "[마이너리티] 집단적으로 감행한 커밍아웃", 〈한겨레21〉 제326호.

3 2015년에도 어김없이 서울 광장에서 퀴어 축제가 열렸다(6.9-6.28). 그와 동시에 맞은편에서 기독교는 반대 집회를 열었다. 이에 대해서는 다음 기사를 참조하라. "메르스 확산" 걱정된다더니…기독교 단체, '퀴어 축제 반대 집회'에 2,000명 참석. 〈한겨레〉 2015.06.10.

다.[4]

창세기 19장은 소돔의 멸망을 서술한다. 기독교 학자들은 소돔의 멸망 원인에 대해 상이한 의견들을 내놓는다. 브루그만(W. Brueggemann)은 예언서에서 소돔을 언급하는 본문을 근거로 해서 그 도시가 동성애와 무관할 수도 있다는 가능성을 언급한다.[5] 슈파이저(E. A. Speiser)는 소돔 사람들의 요구를 성적인 행위로 규정한다.[6] 그러므로 '소돔의 죄에 대한 기록을 어떻게 해석하느냐'에 따라 그 도시의 멸망 원인을 각기 다른 관점에서 관찰할 수 있다.

성서에서는 보통 '소돔과 고모라'를 한데 묶어서 표현한다(창 18:20; 19:24, 28; 신 29:23; 사 13:19; 렘 49:18; 암 4:11). 하지만 '고모라'에 대한 언급이 창세기 19:24에 가서야 비로소 등장하고, 본서에서는 소돔에 대해 언급하는 19:1-9을 중심으로 살펴볼 것이므로 '소돔'이라 지칭할 것이다.

소돔은 왜 멸망했을까?

소돔 이야기는 종종 다큐멘터리나 영화[7]의 주제로 그려졌다. '남색' 혹은 '수간'을 의미하는 '소도미'(Sodomy)라는 단어가 창세기 19장에서 기원한 것으로 추정될 정도로 소돔은 부정한 이미지로 표현된다. 아마도 소돔의 멸망 원인을 동성애로 이해하기 때문일 것이다. 이에 대한 중요한 근거는 '상관하리라'로 번역된 '알다'(야다, יָדַע)라는 동사이다. 이 동사는 경험하여 '알다', '성적(性的) 행위를 하다'라는 뜻이다.

---

4 참조. API EQUALITY-LA, http://apiequalityla.org/resources. 이 장에서는 다국어로 번역된 "성경을 통해 살펴본 동성애와 기독교"(What Does the Bible Say - Korean)를 인용하여 서술할 것이다.

5 참조. W. Brueggemann, 『창세기』, 258.

6 참조. E. A. Speiser, *Genesis*, 142.

7 영화로는 "Sodom and Gomorrah. The Last Days of Sodom and Gomorrah"(1962)가 있다.

롯을 부르고 그에게 이르되 오늘밤에 네게 온 사람들이 어디 있느냐 이끌어 내라 우리가 그들을 '상관하리라'(창 19:5)
아담이 그의 아내 하와와 '동침하매'(야다, יָדַע) 하와가 임신하여 가인을 낳고 이르되 내가 여호와로 말미암아 득남하였다 하니라(창 4:1)

동성애를 반대하는 자들은 이 동사가 '성교'(性交)를 의미한다고 해석한다. 반면에 옹호하는 자들은 이 동사에 여러 의미가 있으므로 '성교'로 단정지을 수 없다고 주장한다.

"창세기에는 천사 둘이 소돔에 살고 있는 롯의 집을 방문하는 이야기가 나옵니다. 천사들이 들어온 그날 밤, 군중이 집을 에워싸고 롯에게 방문자들을 내놓아 그들을 '상관'하게 해 줄 것을 요구합니다. 히브리어 원문의 '야다'(yada; 상관하다)에는 여러 가지 뜻이 있는데 그중의 하나가 성교입니다. 군중이 천사들을 강간하기를 원했는지, 그저 만나기를 원했는지, 또는 구타하기를 원했는지는 문맥상 명확히 판단할 수 없습니다. 군중의 목적이 흔히 해석되는 것처럼 동성 강간이라고 하더라도 소돔이 심판받아 멸망한 이유는 분명하지 않습니다. 강간 때문일 수도 있고, 이방인들을 향한 불친절 때문일 수도 있습니다."[8]

소돔의 멸망에 대한 이해들

동성애 옹호자들이 주장하는 소돔의 멸망 원인은 무엇인가?

"성경 본문은 하나님의 벌에 대한 구체적인 이유를 제공하지 않지만, 다른 성경 구절을 참고하면 소돔의 죄악이 무엇이었는지를 더 자세히 이해할 수 있습니다. 에스겔 16:49에서 하나님은 '네 아우 소돔의 죄악은 이러하니 그와 그의 딸들에게

---

8 "성경을 통해 살펴본 동성애와 기독교", API EQUALITY-LA, http://apiequalityla.org/resources.

교만함과 음식물의 풍족함과 태평함이 있음이며 또 그가 가난하고 궁핍한 자를 도와 주지 아니하며'(개역개정)라고 말씀하십니다. 보다시피 성관계에 대한 언급은 없습니다. 하나님의 진노는 소돔 주민들의 사회적 무책임에 집중되어 있는 것입니다."[9]

이 기록에 따르면 동성애 옹호자들은 에스겔 16:49을 바탕으로 소돔 멸망의 원인을 '사회적 무책임' 때문이라고 주장한다. 소돔 사람들이 풍족하게 살았는데도 가난한 자들을 도와주지 않았기 때문이라는 것이다. 이사야와 예레미야에도 비슷한 내용이 나온다.

너희 소돔의 관원들아 여호와의 말씀을 들을지어다 너희 고모라의 백성아 우리 하나님의 법에 귀를 기울일지어다(사 1:10)
그들의 안색이 불리하게 증거하며 그들의 죄를 말해 주고 숨기지 못함이 소돔과 같으니 그들의 영혼에 화가 있을진저 그들이 재앙을 자취하였도다(사 3:9)
내가 예루살렘 선지자들 가운데도 가증한 일을 보았나니 그들은 간음을 행하며 거짓을 말하며 악을 행하는 자의 손을 강하게 하여 사람으로 그 악에서 돌이킴이 없게 하였은즉 그들은 다 내 앞에서 소돔과 다름이 없고 그 주민은 고모라와 다름이 없느니라(렘 23:14)

이러한 본문들에 따르면 소돔 멸망이 동성애와 상관이 없는 것처럼 보이므로 동성애 옹호자들의 주장은 일견 납득할 만하다. 하지만 이들의 주장은 예언자를 오해한 데서 기인한 것이다. 예언자의 선포에는 사회 현상에 대한 간접적 혹은 직접적인 비판이 포함되어 있다. 예언자는 구전으로 전승된 이야기들을 무작정 수용해서 사용하지 않는다. 예를 들어, 호세아서에서는 출애굽 전통이 한편으로는 긍정적으로(호 2:15), 다른 한편으로는 부정적으로(호 11:1-2) 묘사된다. 즉, 예언

9 "성경을 통해 살펴본 동성애와 기독교", API EQUALITY-LA.

자들은 구전 전승을 자신의 시대적인 상황과 의도에 맞게 사용한 '현실적인 해석자'[10]이다. 따라서 예언서를 올바르게 이해하려면 그 당시의 시대적인 배경을 먼저 잘 파악해야 한다. 그러므로 예언서를 근거로 해서 소돔 멸망의 원인을 찾는다는 것이 전혀 불가능한 것은 아니지만, 예언서 본문을 근거로 창세기 해석을 제한해서는 안 된다.

무엇보다, 창세기 19장에 대한 해석이 선행되어야 한다.

창세기 19장의 '야다' 동사

히브리어 사전을 참고하면, '야다' 동사의 기본 형태(Qal)는 일반적으로 '알다', '인식하다', '지각하다', '이해하다'(왕상 1:11; 렘 50:24)라는 뜻이고, 종교적으로는 '알다'(호 5:3), 성적으로는 '동침하다'(창 4:1, 17; 24:16)라는 뜻이다.[11] 이처럼 '야다' 동사는 매우 다양한 의미를 내포하고 있다. 이 단어의 구체적 사용은 창세기 19장에서 관찰되어야 한다.

창세기 19장은 두 사자(使者)가 롯을 찾아가는 이야기로 시작한다. 18장에서는 세 명의 남자가 아브라함을 방문한다(창 18:2). 이렇게 차이점이 있기는 하지만[12] 두 본문은 주제적인 면에서 서로 연결된다.

> 여호와께서 마므레의 상수리나무들이 있는 곳에서 아브라함에게 나타나시니라 날이 뜨거울 때에 그가 장막 문에 앉아 있다가 눈을 들어 본즉 사람 셋이 맞은편에 서 있는지라 그가 그들을 보자 곧 장막 문에서 달려나가 영접하며 몸을 땅에 굽혀 (창 18:1-2)

---

10 G. von Rad, 『구약성서신학 II』, 172.

11 참조. W. Gesenius und F. Buhl, *Gesenius Hebräisches und Aramäisches Handwörterbuch über das Alte Testament*, 441-444.

12 G. von Rad는 이러한 차이를 여호와가 두 명의 사자를 먼저 보낸 것으로 해결하려 한다. G. von Rad, 『창세기』, 237-238.

저녁 때에 그 두 천사가 소돔에 이르니 마침 롯이 소돔 성문에 앉아 있다가 그들을 보고 일어나 영접하고 땅에 엎드려 절하며(창 19:1)

'마므레의 상수리나무들이 있는 곳'은 13:18에 따르면 헤브론이다. 헤브론에서 소돔까지의 거리는 대략 60-70km 정도이다. 사람의 하룻길을 대략 40km 내외로 본다면, 18장과 19장의 시간적 경과를 하루로 보는 것은 적절하지 못하다. 여하튼 19장에서는 두 사람이 찾아온 시각이 '저녁 때'라고 언급한다. 그리고 19:4에서는 그들이 저녁을 먹고 '눕기 전'이라고 하여 잠자리에 들 시간임을 알려 준다(참조. 수 2:8). 이러한 상황에서 '알다'(야다, יָדַע) 동사는 성적 의미로 해석될 여지가 있다. 하지만 성급하게 결론 내리는 것을 유보해야 한다.

이 동사가 어떤 의미로 사용되었는지 더 정확하게 유추해 볼 단서가 19:6-8에 나온다. 먼저 롯의 반응을 주목해서 살펴보자. 롯은 자신의 집을 둘러싸고 있는 사람들에게 '악을 행하지 말라'라고 요청한다.

이르되 청하노니 내 형제들아 이런 악을 행하지 말라(창 19:7)

롯의 관점에서 그들의 행위는 정당하지 못할 뿐만 아니라 '악하다.' 이러한 진술은 창세기 18:20과도 상응한다. 여기서 롯의 관점이 중요하다. 우리는 오늘날의 시각과 판단 기준으로 소돔 사람들의 행위를 평가할 수 있지만, 롯은 성서가 기록될 당시의 사회적 기준으로 이들을 판단하고 있다. 그러므로 성서 기록 시대와 상당한 시간적 간격이 있는 오늘날의 판단보다는 롯의 관점을 더욱 존중해야 한다.

19:8에서는 조금 더 명확한 단서가 제공된다.

내게 '남자를 가까이 하지 아니한 두 딸'이 있노라 청하건대 내가 그들을 너희에게로 이끌어 내리니 너희 눈에 좋을 대로 그들에게 행하고 이 사람들은 내 집에 들어왔은즉 이 사람들에게는 아무 일도 저지르지 말라(창 19:8)

소돔 사람들이 롯에게 '네게 온 사람들'을 밖으로 내보내라고 요구한다. 그러자 롯이 두 딸을 언급하며 '남자를 가까이 하지 아니한'(로-야드우 이쉬, לֹא־יָדְעוּ אִישׁ)이라는 설명을 덧붙인다(참조. 창 24:16). 이 표현에 '알다'(야다, יָדַע) 동사가 사용되었기 때문에,[13] 소돔 사람들의 요구인 '상관하리라'(붸네드아, וְנֵדְעָה)[14]를 이해하는 데 결정적인 단서를 제공해 준다. 롯은 의심할 여지없이 '알다' 동사를 '성적'인 의미로 사용하고 있다(참조. 삿 19:22-26).

롯이 이처럼 응대하는 것은 자신을 찾아온 손님을 보호하기 위한 – 히브리어 원문에서는 '그들이 자신의 지붕 아래로 들어왔기 때문에'라고 기록한다 – 극적인 방식이다.[15] 롯의 발언은 소돔의 성적 실태를 여실히 보여 준다. 롯은 소돔 사람들의 요구를 '그저 만나기를 원한'[16] 것이 아닌, 성적 행위를 원한 것으로 이해하고 있다.[17] 따라서 19장에 기록된 소돔의 죄악이 성적 행위와 관계가 없다고 이해하는 것은 옳지 않다.

다양한 의미를 지닌 '야다' 동사가 문장 내에서 어떤 뜻으로 사용되었는지를 알아보려면 전체 문맥에서 그 뜻을 파악해야 한다. 이 단어가 다양한 의미를 내포한다고 해서 그 가운데 하나를 임의로 취사 선택하는 것은 적절하지 않다.

손님 대신 딸을 내주겠다

사자(使者)를 대하는 롯의 모습 – 얼굴을 땅에 대고 절하며 – 이 아브라함과 상당히 흡사하다.[18]

---

13 '야드우'(יָדְעוּ)는 '야다'의 3인칭 공성 복수 칼(Qal) 완료 형태로, '가까이하다'로 번역되었다.
14 네드아(נֵדְעָה)는 '야다'의 1인칭 공성 복수 칼(Qal) 미완료 형태이다.
15 G. von Rad, 『창세기』, 239; C. Westermann, *Genesis 12-36*, 368.
16 "성경을 통해 살펴본 동성애와 기독교", API EQUALITY-LA.
17 참조. E. A. Speiser, *Genesis*, 142.
18 더욱 상세한 도표는 G. Wenham, 『창세기 16-50』, 131-132을 참조하라.

아브라함(창 18장)	내용	롯(창 19장)
18:2	달려가 영접하고 절함	19:1
18:3	머물라고 부탁	19:2
18:4	발을 씻고 쉬라고 요청	19:2
18:8	식탁을 베풂	19:3

고대 이스라엘에서 손님의 권리(Gastrecht)를 보호해 주는 일은 매우 중요했다. 해밀턴(V. P. Hamilton)은 손님을 보호해야 할 집주인의 의무를 다음과 같이 요약한다. "근동의 윤리에 따르면 집주인은 자신의 손님을 안전하게 보호해야 할 책임이 있다. 만약 자신의 집에 머물고 있는 기간에 손님에게 무슨 일이 생기면, 집주인은 비난을 받아 마땅하다."[19] 문화권마다 다소 차이는 있지만, 손님을 극진히 대접해야 한다는 인식은 오늘날의 이해와 크게 다르지 않다.[20]

아브라함이 자신을 찾아온 하나님의 사자들을 환대했듯이 롯도 똑같이 행동한다. 이와 상응하는 내용이 성서에 자주 나온다(삼상 25장; 삿 19:16-24). 하지만 소돔 사람들이 손님을 대하는 방식은 아브라함이나 롯의 행위와 대조적이다. 그들은 롯의 집을 에워싸고는 손님을 이끌어 내라고 강권한다. 샤베르트(L. Scharbert)는 이 대목에서 소돔 사람들의 죄악을 찾는다. 다시 말해, 소돔 사람들의 죄는 '손님 보호법을 의도적으로 무시한 것과 동료에게 법과 풍습을 어길 것을 강요한 것'이다.[21] 이와는 반대로, 무리에게로 나가서 뒤로 문을 닫은 롯의 행동은 자신의 생명을 바쳐서라도 손님을 지켜 주겠다는 의지로 이해된다.[22] 하지만 이어지는 구절에서 롯의 발언은 해석하기가 어렵다.

내게 남자를 가까이 하지 아니한 두 딸이 있노라 청하건대 '내가 그들을 너희에게

---

19 V. P. Hamilton, *The Book of Genesis 18-50*, 36.

20 신약에서도 이러한 이해가 관찰된다(참조. 눅 10:5-11)

21 L. Scharbert, *Genesis 12-50*, 154.

22 참조. L. Scharbert, *Genesis 12-50*, 152.

로 이끌어 내리니' 너희 눈에 좋을 대로 그들에게 행하고 이 사람들은 내 집에 들어왔은즉 이 사람들에게는 아무 일도 저지르지 말라(창 19:8)

자신의 딸들을 소돔 사람들에게 내주겠다는 롯의 발언은 정당한가? 손님을 지키겠다고 하면서 정작 자신의 딸들은 욕망의 희생양으로 삼고 있지는 않은가? 혹자는 족장 시대 때 가장은 구성원에 대하여 절대적인 권력을 가졌으므로 상대적으로 낮은 지위였던 딸들을 향한 이 결정은 문제가 없었을 것이라고 주장한다.[23] 그 당시의 사회적 통념을 기반으로 이해해야 한다는 것이다. 그러나 롯의 딸들은 이미 약혼을 한 상태여서,[24] 결혼한 여인과 동등한 위치에 있었다(창 19:14). 따라서 롯의 행위를 가부장적 권위 안에서만 이해해서는 안 된다. 신명기 22장에는 한 남자와 약혼한 여인이 다른 남자와 성읍에서 동침하다 발각되면, 돌로 쳐 죽이라고 기록되어 있다. 그렇다면 롯은 자신의 딸들을 의도적으로 사지로 내몰고 있는 것은 아닌가?

처녀인 여자가 남자와 약혼한 후에 어떤 남자가 그를 성읍 중에서 만나 동침하면 너희는 그들을 둘 다 성읍 문으로 끌어내고 그들을 돌로 쳐죽일 것이니 그 처녀는 성안에 있으면서도 소리 지르지 아니하였음이요 그 남자는 그 이웃의 아내를 욕보였음이라 너는 이같이 하여 너희 가운데에서 악을 제할지니라(신 22:23-24)

이 법에 따르면 롯의 딸들과 동침한 남자도 죽음을 면치 못한다.[25] 하지만 이미 다수의 논리로 범법 행위가 정당화되고 있던 소돔 사람들에게는 그것이 아무런 의미가 없다. 이런 이유로 롯이 '자신의 딸들은 소돔 사람들에게 유린당하지 않

---

23 참조. N. M. Sarna, *The JPS Torah Commentary. Genesis*, 136; 천사무엘, 『성서주석. 창세기』, 270-271.

24 N. M. Sarna는 70인역을 근거로 해서 딸들이 '이미 결혼한 상태'였다고 피력한다. (Lot) spoke to his sons-in-law, who had married his daughters (ἐλάλησεν πρὸς τοὺς γαμβροὺς αὐτοῦ τοὺς εἰληφότας τὰς θυγατέρας αὐτοῦ). N. M. Sarna, *The JPS Torah Commentary. Genesis*, 137.

25 참조. N. M. Sarna, *The JPS Torah Commentary. Genesis*, 136.

을 것'[26]이라고 생각했다는 추정은 전혀 개연성이 없다(참조. 삿 19:24 이하). 여하튼 롯의 행위는 딸들을 범죄와 죽음으로 내몰고 있다는 점에서 타당하지 않다. 그렇다고 롯을 소돔과 고모라 사람들과 동등하게 취급할 수는 없다.

롯의 절충안을 들은 소돔 사람들이 오히려 그들의 죄악을 극대화한다.

> 그들이 이르되 너는 물러나라 또 이르되 이 자가 들어와서 거류하면서 우리의 법관이 되려 하는도다 이제 우리가 그들보다 너를 더 해하리라 하고 롯을 밀치며 가까이 가서 그 문을 부수려고 하는지라(창 19:9)

결국 격분한 소돔 사람들이 손님을 보호하려는 롯을 위협한다. 소돔 사람들과 롯의 행위가 명백하게 대조된다. 본문에서는 손님을 보호해야 한다는 규정이 가장 중요한 사상으로 자리잡고 있는데, 소돔 사람들은 지금 이 규정을 어기고 있다.

창세기 19장에서 본 소돔 멸망

소돔 사람들의 죄악을 두 가지로 살펴볼 수 있다. 첫째, 성적인 죄이다. 소돔 사람들이 요구하는 '상관하리라'(야다, יָדַע)는 동일한 문맥에 나오는, '남자를 가까이 하지 아니한'이라는 구절과 연결할 때 성적인 행위로 해석할 수 있다. 둘째, 손님을 보호해야 한다는 규정을 전혀 지키지 않는다. 소돔은 이렇게 무법(gesetzlos)의 도시였다. 이 사실은 소돔의 죄악이 심히 무겁다는 18:20의 기록과 일치한다. 18:19에서는 아브라함의 모습(공의와 정의, 쩨다카)[27]이 소돔의 모습(부르짖음, 제아카)과 언어유희적으로 비교되는데(쩨다카/제아카), 이와 같은 언어유희가 이사야서에도 나온다.

---

26 참조. 송병현, 『엑스포지멘터리. 창세기』, 353.

27 창세기 18:19에서 아브라함은 정의를 외치는 예언자의 모습에 부합하는 자로 묘사되었다.

내가 그로 그 자식과 권속에게 명하여 여호와의 도를 지켜 '공의'(쩨다카, צְדָקָה)와 '정의'(미슈파트, מִשְׁפָּט)를 행하게 하려고 그를 택하였나니 이는 나 여호와가 아브라함에게 대하여 말한 일을 이루려 함이니라(창 18:19)
여호와께서 또 이르시되 소돔과 고모라에 대한 '부르짖음'(제아카, זְעָקָה)이 크고 그 죄악이 심히 무거우니(창 18:20)
무릇 만군의 여호와의 포도원은 이스라엘 족속이요 그가 기뻐하시는 나무는 유다 사람이라 그들에게 '정의'(미슈파트, מִשְׁפָּט)를 바라셨더니 도리어 '포학'(미슈파흐, מִשְׂפָּח) 이요 그들에게 '공의'(쩨다카, צְדָקָה)를 바라셨더니 도리어 '부르짖음'(제아카, זְעָקָה) 이었도다(사 5:7)

창세기 19장에서는 소돔의 죄악상을 '동성 성폭력과 손님 보호법 위반'으로 묘사한다. 소돔은 총체적으로 '공의와 정의가 없는 상태'이다. 동성 성폭력과 손님 보호법 위반은 소돔이 무법하다는 것을 보여 주는 대표적인 용례일 뿐이다. 소돔은 동성 성폭력이라는 한 가지 죄 때문에 멸망한 것이 아니라 죄악이 만연하여 멸망한 것이다.

그렇다면 소돔의 멸망에 대해 한 가지 근거만을 제시하는 예언서들을 어떻게 이해할 수 있을까? 먼저 예언서가 기록될 당시의 상황을 살펴보아야 한다. 예언자들은 선배 예언자들의 선포를 무조건 답습하지 않았고, 과거의 전승을 수용하되 자신의 시대에 맞게 적용하여 발전시켜서 선포했다.[28] 예언자의 메시지를 기반으로 하여 역(逆)으로 창세기에 기록된 소돔에 적용한다면, 이것은 시대착오적으로 해석될 수밖에 없다.

---

28 참조. 차준희, 『구약 예언서 이해』, 41-62, 특별히 57-59.

마무리하기

창세기 19:5의 '상관하리라'(야다, יָדַע)는 롯의 반응('악을 행하지 말라', 창 19:7)을 보았을 때, 일반적인 의미인 '알다'로 사용된 것이 아니다. 이어지는 딸에 대한 서술('남자를 가까이 하지 아니한', 창 19:8)이 이 점을 뒷받침한다. 창세기 19장에서 이 동사는 성행위의 의미로 사용되었다. 그러므로 소돔의 죄가 동성 성폭력과 무관하다는 주장은 옳지 않다.

19장에는 소돔의 또 다른 범죄가 나온다. 당시에는 손님의 권리(Gastrecht)를 보호해 주는 관습이 중요했는데도 소돔은 이를 위반했다. 소돔 사람들은 집단 폭력도 서슴지 않고 행한다. 이 모습은 소돔의 '죄악이 심히 무거우니'라는 18:20의 서술과도 부합한다. 이러한 소돔의 죄악상은 그 도시가 하나님의 가르침에서 멀어졌고, 무법한 상황임을 단적으로 보여 준다. 이러한 해석은 소돔의 멸망 원인과 동성 성폭력과의 관계를 희석시키려는 것이 아니다. 우리는 '동성애'에 집착한 나머지 아브라함과 소돔이 대비되는 모습을 놓치고 있다.

기독교는 동성애를 반대한다. 종교를 떠나서, 보수적인 성향을 띠는 집단의 대부분이 동성애를 반대한다. 하지만 기독교가 주장하는 것처럼 '동성애'라는 한 가지 죄 때문에 소돔이 멸망했는가? 이는 성서를 편협하게 해석하는 데서 나온 주장이다. 한 도시, 한 국가의 쇄락은 그곳에 만연한 '죄' 때문이라는 사실을 성서는 끊임없이 보여 준다. 오늘날 한국 기독교가 사회적으로 비판의 대상이 된 이유는 무엇일까? 지금이야말로 기독교가 스스로 자기 성찰을 할 때이다.

토의를 위한 질문

01. 소돔은 왜 멸망했을까? '상관하다'(야다, יָדַע)라는 동사는 창세기 19장에서 어떤 의미로 사용되었는가?

02. '상관하다'(야다, יָדַע)를 '알다'라고 번역할 수도 있다. 이렇게 번역하면 소돔 사람들의 요구는 어떻게 달라지는가?

03. 롯이 소돔 사람들의 요구에 대해 어떻게 반응하는가? 롯의 관점이 오늘날의 성서 해석 관점보다 중요한 이유는 무엇인가?

04. '야다' 동사는 소돔 이야기에서 총 2회 사용되었다. 19:8에서는 어떤 의미로 사용되었는가? 다른 의미로 번역할 수도 있는가?

05. '손님'을 대하는 모습에서 롯과 소돔 사람들의 태도는 어떻게 다른가? 소돔 사람들이 '동성 성폭력'을 행하고 '손님의 권리를 무시하는 것'을 18:19-20의 내용과 비교해 보라.

부록

창세기 19장과 사사기 19장

창세기 19장은 사사기 19장과 내용상 긴밀하게 연결된다. 사사기 19장에서는 베냐민 지파의 멸절 원인이 된 사건이 소개된다. 한 남자와 그의 첩이 에브라임으로 가는 길에 밤이 늦어 기브아에서 하룻밤을 유숙하고자 하지만, 그곳 사람들은 타지(他地) 사람을 영접하지 않는다.

> 그가 그에게 이르되 우리는 유다 베들레헴에서 에브라임 산지 구석으로 가나이다 나는 그 곳 사람으로서 유다 베들레헴에 갔다가 이제 여호와의 집으로 가는 중인데 나를 자기 집으로 영접하는 사람이 없나이다(삿 19:18)

이 절박한 상황에서 한 노인이 그들을 자신의 집으로 초청했고, 그들이 쓸 것을 모두 제공해 주며 호의를 베푼다(삿 19:20).

그들이 집에서 즐거운 시간을 보내고 있을 때, 성읍의 불량배들이 찾아와서 그 노인의 집을 에워싸고는 '그와 관계하리라' 하며 타지 출신의 사람을 끌어내려고 한다. '끌어내라', '관계하리라'라는 동사가 사용된 이 구절은 창세기 19:5과 내용이 일치한다.

> 그들이 마음을 즐겁게 할 때 그 성읍의 불량배들이 그 집을 에워싸고 문을 두들기며 집 주인 노인에게 말하여 이르되 네 집에 들어온 사람을 '끌어내라 우리가 그와 관계하리라 하니'(호쩨 엣-하이쉬 … 붸네다에누, הוֹצֵא אֶת־הָאִישׁ … וְנֵדָעֶנּוּ)(삿 19:22)
>
> 롯을 부르고 그에게 이르되 오늘밤에 네게 온 사람들이 어디 있느냐 '이끌어 내라 우리가 그들을 상관하리라'(호찌엠 엘레누 붸네드아 오탐, הוֹצִיאֵם אֵלֵינוּ וְנֵדְעָה אֹתָם)(창 19:5)

노인이 손님을 보호하기 위해, 베냐민 자손들에게 '악행을 저지르지 말라'라고 말한 후 자신의 딸과 그 사람의 '첩'(필레게쉬, פִּלֶגֶשׁ)[29]을 그들에게 내준다. 이 장면 역시 창세기 19장과 유사하다.

> 집 주인 그 사람이 그들에게로 나와서 이르되 아니라 내 형제들아 청하노니 이같은 '악행을 저지르지 말라'(알-타레우 나, אַל־תָּרֵעוּ נָא) 이 사람이 내 집에 들어왔느니 이런 망령된 일을 행하지 말라 보라 여기 내 처녀 딸과 이 사람의 첩이 있은즉 '내가 그들을 끌어내리니'(오찌아-나 오탐, אוֹצִיאָה־נָּא אוֹתָם) 너희가 그들을 욕보이든지 너희 눈에 좋은 대로 행하되 오직 이 사람에게는 이런 망령된 일을 행하지 말라 하나(삿 19:23-24)
>
> 이르되 청하노니 내 형제들아 이런 '악을 행하지 말라'(알-나 … 타레우, אַל־נָא … תָּרֵעוּ) 내게 남자를 가까이 하지 아니한 두 딸이 있노라 청하건대 '내가 그들을 너희에게로 이끌어 내리니'(오찌아-나 에트헨 알레켐, אוֹצִיאָה־נָּא אֶתְהֶן אֲלֵיכֶם) 너희 눈에 좋을 대로 그들에게 행하고 이 사람들은 내 집에 들어왔은즉 이 사람들에게는 아무 일도 저지르지 말라(창 19:7-8)

베냐민 자손들의 전무후무한 악행으로 말미암아 백성은 크게 분노했다(삿 19:30; 20:8). 이에 베냐민 지파를 제외한 모든 지파가 베냐민을 공격했고, 결국 베냐민 지파는 멸절의 위기에 봉착했다(삿 21:3). 비록 심판의 형태는 차이가 있으나, 베냐민의 멸절은 소돔의 멸망과 내용상 매우 유사하다.

29 하갈, 실바, 그리고 빌하를 가리키는 단어와 차이가 있다.

11

창세기 19:23-29

소돔을 돌아보는 롯의 아내

존 마틴(John Martin), 소돔과 고모라(Sodom and Gomorrah), 1852년[1]

한눈에 보기

소금 기둥으로 변한 한 여인의 이야기. 롯의 아내는 불순종 혹은 세상에 미련이 있는 사람의 전형(典型)으로 이해되어 왔다. 그녀가 소금 기둥이 된 장소는 '소알'이라는 성으로 추정되며(창 19:23, 26), 그녀는 그곳에서 소돔 멸망을 지켜보았다.

---

1 영국 Newcastle의 Laing Art Gallery에 소장되어 있다. 이 그림은 소돔을 떠나 소알로 향하는 롯의 식구들을 표현하고 있다. 롯의 아내는 소금 기둥이 된 채로 뒤에 머물러 있다. 화가는 롯의 아내가 소돔을 떠나 소알로 가는 도중에 소금 기둥이 된 것으로 해석한다. 흥미롭게도, 이 그림에서는 번개가 소돔과 고모라가 아닌, 롯의 아내를 향해 치고 있다. 여기에서 '하나님의 진노는 어디를 향하는가?'라는 질문을 던질 수 있다.

아브라함도 '소돔 멸망'을 바라보았지만 그는 소금 기둥이 되지 않았다(창 19:27-28). 아브라함과 롯이 헤어지는 장면을 그리는 창세기 13장은 소돔의 멸망을 알고 있는 상태에서 기록되었다. 즉, 소돔 심판 사건이 13장에서부터 시작되고 있는 것이다. 그리고 13:10에서는 이 지역이 '애굽 땅'과 같았다고 서술한다. 따라서 소돔을 돌아보는 롯의 아내 이야기는 출애굽하는 이스라엘을 염두에 둔 교육적 이야기로 해석될 수 있다.

시작하기

롯의 가족이 소알 성으로 피하는 과정에서 롯의 아내가 뒤를 돌아보다가 소금 기둥이 되었다는 이야기는 너무도 유명하다. 그녀에 대한 여러 가지 해석이 있다.[2] '소알'은 익숙한 지명은 아니지만 구약 성서에 몇 차례 등장한다. 롯이 소돔을 택할 때 '요단 지역을 바라본즉 소알까지'(창 13:10), 모세가 임종 직전에 느보산에 올라가 이스라엘의 지리적 경계를 내려다볼 때 '여리고 골짜기 평지를 소알까지'(신 34:3) 등에서 언급되었다. 소알은 이스라엘의 국경선에 인접한 곳으로서, 아마도 오늘날 사해 남쪽 지역으로 추정된다. 심판받은 큰 성 소돔과 근접한 곳이지만, 소돔과는 다르게 평가되었기에, 롯의 가족이 몸을 의탁하기에 적절한 곳이었다.

소돔 멸망 이야기를 읽다 보면 몇 가지 의문이 생긴다. 롯의 아내가 소금 기둥으로 변한 곳은 정확히 어디일까? 그리고 그녀가 뒤돌아본 것이 성서에 기록된 목적은 무엇일까?

2 롯의 아내는 전통적으로 세 가지 유형으로 해석되었다. 1. 불순종의 여인; 2. 세상에 미련을 버리지 못하는 여인; 3. 목숨을 보존하려고 애쓰는 사람. 박명자, 「한국여성신학」59(2004. 12), 71-81, 특별히 74 참조.

소돔을 돌아보다

창세기 19:23은 시간적 배경과 지리적 배경을 제시한다. 롯이 소알이라는 지역에 들어가자 '해가 돋았더라'는 서술은 롯이 소돔을 떠날 때인 '동틀 때에'에 상응하는 시각이다. 그리고 19:26의 롯의 아내가 뒤를 '돌아보았으므로'는 19:17의 '돌아보거나 들에 머물지 말고'라는 명령과 상응한다. 즉, 19:23-29 본문은 독립적인 내용이 아니며 앞의 이야기를 전제로 해서 읽어야 그 뜻을 더욱 명확하게 파악할 수 있다.[3]

15절	'동틀 때에' 천사가	롯이 소알에 들어갈 때에 '해가 돋았더라'	23절
17절	'돌아보거나 … 말고' (알-타비트, אַל־תַּבִּיט)	롯의 아내는 뒤를 '돌아보았으므로' (봐타벳, וַתַּבֵּט)	26절

내러티브 형태로 표현된 19:23-29을 꼼꼼히 살펴보면 새로운 점을 발견할 수 있다. 롯이 '소알에 들어갈 때'(창 19:23)라는 문구에는 롯과 함께 그의 가족이 전부 소알 성에 도착했다는 정보가 포함되어 있다. 롯의 아내가 뒤를 돌아본 사건(창 19:26)은 내러티브 흐름상 19:23 이후에 발생했다고 해석하는 것이 적절하다. 게다가 이 사건은 소돔과 고모라의 심판이 시작된 이후에 일어났다(창 19:24-25).[4] 그러므로 롯의 아내는 소알로 가던 도상에서 소금 기둥이 된 것이 아니라 소알에서 소금 기둥이 되었음을 알 수 있다.

소금 기둥

소금 기둥이 된 롯의 아내 이야기. 이 사건은 사람 모양의 소금 기둥이 생기게

---

3 참조. C. Westermann, *Genesis 12-36*, 375.

4 참조. C. Westermann, *Genesis 12-36*, 375.

된 원인을 설명하기[5] 위해 기록된 것일까? 인류는 성서 이야기를 고고학적인 관점에서 증명하려고 노력해 왔다. 혹자는 롯의 아내와 유사한 소금 기둥 형태를 제시함으로써 이 사건을 소금 기둥 발생의 원인론으로 해석하기도 한다.[6]

롯의 아내는 '뒤돌아보지 말라'라는 명령을 지키지 않아서 소금 기둥이 되었다.[7] 여기서 '돌아보았다'(나바트 נבט)는 단순히 본다는 것을 의미할 수도 있지만, 이 구절에서는 '큰 관심을 가지고 보았다'는 뜻이다. 즉, 소돔과 고모라를 동경하듯이 바라본 것이다. 그런데 뒤이어 19:27-28에서는 아브라함이 갑작스럽게 등장해서 그 역시 소돔 심판을 목격했다고 서술한다.

> '롯의 아내'는 뒤를 '돌아보았으므로' 소금 기둥이 되었더라(창 19:26)
> '아브라함'이 그 아침에 일찍이 일어나 여호와 앞에 서 있던 곳에 이르러 소돔과 고모라와 그 온 지역을 향하여 눈을 들어 연기가 옹기 가마의 연기같이 치솟음을 '보았더라'(창 19:27-28)

아브라함의 행위를 나타내는 '보았다'(샤카프, שקף)라는 동사는 이미 18:16에서도 사용되었다. "그 사람들이 떠나려고 일어서서, 소돔이 '내려다보이는' 데로 갔다."(새번역. 창 18:16). 하나님의 사자들이 심판 이전의 '소돔 일대를' 두루 보았다면, 아브라함은 심판 후의 소돔을 보았다.[8] 성서에서는 소돔 심판을 목격한 인물로 아브라함과 롯의 아내를 제시한다. 롯의 아내는 '돌아보았다'는 이유로 소금 기둥이 되었다. 그렇다면 소돔 심판을 바라본 아브라함도 소금 기둥이 되어야 하지 않을까? 사람들은 롯의 아내가 소금 기둥이 된 이유를 19:17과 연결하여 불순종의 전형에서 찾으려고 한다. 여하튼 롯의 아내가 소금 기둥이 되었기에 아브라함이 소돔 심판을 목격한 유일한 생존자로 남게 되었다.

---

5 참조. J. Scharbert, *Genesis 12-50*, 154.
6 참조. B. Jacob, *Das Buch Genesis*, 461-462.
7 참조. C. Westermann, *Genesis 12-36*, 375.
8 참조. V. P. Hamilton, *The Book of Genesis 18-50*, 49.

소돔 사건에서 염두에 두어야 할 것은 그 이야기가 창세기 13장부터 시작된다는 점이다[9](참조. '소돔과 고모라를 멸하시기 전이었으므로', 창 13:10).

돌아봄 - 소돔 그리고 애굽

롯과 그의 식구들은 소돔을 떠나야만 했다. 처음부터 소알이 그들의 목적지는 아니었다. 심판의 도시 소돔에서 가까웠기에 잠시 피신할 곳으로 소알을 선택했을 뿐이다. 그들은 무사히 소알에 도착했다. 하지만 그곳에서 소돔의 멸망을 바라본 롯의 아내는 소금 기둥이 되고 말았다.

소돔은 어떤 곳이었는가? 창세기 13장을 보면, 아브라함과 롯의 목자들 사이에 갈등이 생겨서 그들이 서로 갈라서게 되었다. 아브라함이 롯에게 선취권(先取權)을 주자 롯이 소돔 지역을 선택한다. 왜냐하면 그곳은 강수량이 부족한 팔레스타인 지역과 다르게 물이 넉넉한 곳이었기 때문이다(창 13:10a). 소돔이 풍요로운 지역이었다는 것을 성서는 비유적으로 표현한다.

> 이에 롯이 눈을 들어 요단 지역을 바라본즉 소알까지 온 땅에 물이 넉넉하니 여호와께서 소돔과 고모라를 멸하시기 전이었으므로 여호와의 동산 같고 '애굽 땅과 같았더라'(창 13:10)

'소돔과 고모라를 멸하시기 전이었으므로'라는 표현은 서사가 소돔이 심판받아 멸망할 것임을 이미 알고 있음을 알려 준다. 우리는 저자가 소돔을 포함한 요단 지역을 '애굽 땅'에 비유한다는 것에 주목해야 한다.[10] 그렇다면 소돔에서 나오는 것은 애굽에서 나오는 것과 상응한다. 다시 말해, '출(出)소돔'을 '출(出)애굽'으로 해석할 수도 있다는 가능성이 제기된다.

---

9 참조. E. A. Speiser, *Genesis*, 142.

10 신약에서도 소돔과 애굽이 평행하게 기록되어 있다. "그들의 시체가 큰 성 길에 있으리니 그 성은 영적으로 하면 소돔이라고도 하고 애굽이라고도 하니 곧 그들의 주께서 십자가에 못 박히신 곳이라"(계 11:8).

롯이 나가서 그 딸들과 결혼할 사위들에게 말하여 이르기를 여호와께서 이 성을 멸하실 터이니 너희는 일어나 '이 곳에서 떠나라'(쩨우 민-하마콤, צְאוּ מִן־הַמָּקוֹם) 하되 그의 사위들은 농담으로 여겼더라(창 19:14)

모세가 백성에게 이르되 너희는 '애굽 곧 종 되었던 집에서 나온'(예짜템 미미쯔라임, יְצָאתֶם מִמִּצְרַיִם) 그 날을 기념하여 유교병을 먹지 말라 여호와께서 그 손의 권능으로 너희를 그 곳에서 인도해 내셨음이니라(출 13:3)

창세기 19:14에 나오는 '이 곳에서 떠나라'라는 명령은 출애굽을 가리키는 관용구로 종종 사용된다(출 13:3, 8). 롯의 아내가 소돔을 동경하여 뒤를 돌아본 모습은 이스라엘 백성이 애굽에서 나온 후에 애굽을 그리워하며 현실을 불평하는 모습과 연결된다. 바로가 마음이 변하여 이스라엘 백성을 다시 잡아오려고 병거를 갖춘 군대를 보내자 백성이 다음과 같은 반응을 보인다.

그들이 또 모세에게 이르되 애굽에 매장지가 없어서 당신이 우리를 이끌어 내어 이 광야에서 죽게 하느냐 어찌하여 당신이 우리를 애굽에서 이끌어 내어 우리에게 이같이 하느냐(출 14:11)

이러한 반응이 어찌 한 번뿐이었겠는가? 갈대 바다 – 한글 성서에서는 '홍해'로 번역된–를 건넌 이후에는 식량 부족 문제가 발생했다. 그들이 아무리 많은 양의 식량을 가지고 나왔다한들, 수십 일치를 가져오지는 못했을 것이다.

이스라엘 자손이 그들에게 이르되 우리가 '애굽 땅에서 고기 가마 곁에 앉아 있던 때와 떡을 배불리 먹던 때에' 여호와의 손에 죽었더라면 좋았을 것을 너희가 이 광야로 우리를 인도해 내어 이 온 회중이 주려 죽게 하는도다(출 16:3)

거기서 백성이 목이 말라 물을 찾으매 그들이 모세에게 대하여 원망하여 이르되 당신이 '어찌하여 우리를 애굽에서 인도해 내어서' 우리와 우리 자녀와 우리 가축이 목말라 죽게 하느냐(출 17:3)

우리가 '애굽에 있을 때에는 값없이 생선과 오이와 참외와 부추와 파와 마늘을 먹은 것이 생각나거늘'(민 11:5)

출애굽기 16-17장뿐만 아니라 민수기 11장에서도 히브리인들은 식량 부족으로 인해 불평을 쏟아 놓는다. 민수가 14장에서는 가나안 땅을 정탐하고 온 사람들의 보고를 들은 이후에 백성이 불평하는 모습을 그린다.

이스라엘 자손이 다 모세와 아론을 원망하며 온 회중이 그들에게 이르되 우리가 애굽 땅에서 죽었거나 이 광야에서 죽었으면 좋았을 것을(민 14:2)

출애굽한 히브리인들은 광야를 지나는 동안 끊임없이 애굽 생활을 동경한다. 그들은 광야에서 반복하여 애굽을 회상하면서 다시 그곳으로 돌아가기를 원한다. 이러한 모습은 소돔을 동경하여 뒤돌아본 롯의 아내의 모습과 너무도 유사하다. 19장에서 일어날 소돔의 멸망을 이미 알고 있었던 창세기 저자가 13장에서 어떤 이유로 '소돔'을 '애굽'에 비유했는지를 추론할 수 있는 부분이다. 롯의 아내가 소금 기둥으로 변한 이야기는 출애굽해야 할 세대를 향한 교육적 목적을 담고 있다! 출애굽[11]한 이스라엘 후손들은 뒤를 돌아보지 말고 하나님이 약속한 이스라엘 땅으로 전진해야 한다. 이러한 교육적 의도는 '율법'보다는 '가르침/교육'이라고 해석해야 하는 '토라'라는 단어의 의미와도 일치한다.

마무리하기

롯 이야기는 대체로 소돔 이야기와 연결되어서 나온다. 롯의 아내는 소돔 사건 전에는 나오지 않다가 소돔 사건에서 비로소 등장한다. 소금 기둥으로 변한 롯의

11 창세기를 읽는 독자의 시대를 고려한다면, '출애굽'은 '출바벨론'을 가리킬 수도 있다.

아내에 관한 이야기는 소돔 멸망 사건을 출발점으로 삼는다. 사람들은 롯의 아내가 소금 기둥으로 변한 이야기를 몇 가지 방향으로 추론해 왔다. 이스라엘 사해(死海) 주변에 산재해 있는 소금 기둥 혹은 돌기둥이 나타나게 된 원인론을 설명한다는 의견도 있고, 하나님의 명령을 어겼을 경우에 받을 징계에 대한 가르침이라는 의견도 있다. 이러한 흥미로운 이야기는 후대에 많은 예술가에게 작품의 모티브가 되었다.

우리는 그동안 롯의 아내가 소돔을 떠나 소알로 향하는 길 어딘가에서 소금 기둥이 되었다고 생각했다. 하지만 성서는 롯과 그의 가족이 소알 지역으로 도피하여 그곳에 들어갔다고 서술한다. 즉, 롯의 아내는 소알에 도착한 후에 뒤를 돌아보았고, 소금 기둥이 되었다(창 19:26).

롯의 아내의 이야기가 왜 성서에 기록되어 있을까? 이에 대하여 창세기 13:10이 아주 중요한 실마리를 제공한다. 이 구절은 소돔이 멸망하기 이전이었음에도 '소돔 멸망'을 표현하며, 게다가 소돔을 애굽에 비유한다. 두 지역은 지리적으로 상당히 멀리 떨어져 있었는데, 풍요로움이라는 이미지를 통해 소돔과 애굽을 연결하고 있는 것이다. 따라서 소돔에서 나오는 것('출소돔')이 애굽에서 나오는 것('출애굽')과 상응한다. 또한 소알에서 소돔을 돌아보는 롯의 아내의 행위는 출애굽하여 광야에서 애굽을 그리워하는 이스라엘 자손의 행위와 상응한다. 그러므로 롯의 아내의 이야기가 성서에 기록된 목적은 출애굽 – 혹은 이후에 출바벨론 – 한 사람들을 교육하기 위함이다.

토의를 위한 질문

01. 롯의 아내가 소금 기둥이 되었다는 내용이 19:26에 기록되어 있다. 그녀가 현재 있는 장소는 어디인가? 창세기 19:23을 보라.

02. 롯의 아내의 바라봄(창 19:26)과 아브라함의 바라봄(창 19:28)에는 어떤 차이가 있는가? 19:28과 18:16을 비교해 보라.

03. 19:23-29은 내용상 13:10과 연결되어 있다. 소돔을 애굽에 비유한다면, 출소돔은 훗날 일어날 어떤 사건에 비유할 수 있는가?

04. 롯의 아내의 모습과 출애굽한 이스라엘 자손의 모습에는 어떤 유사점이 있는가? 출애굽기 16:3; 17:3을 민수기 11:5; 14:3과 비교하라.

05. 롯의 아내가 소금 기둥이 된 사건은 출애굽 - 혹은 출바벨론 - 한 세대에 어떤 가르침을 주는가?

12

창세기 21장

이스마엘 이해하기

클로드 로랭(Claude le Lorrain), 하갈의 추방(The Banishment of Hagar), 1668년[1]

한눈에 보기

기독교는 이스마엘이라는 인물을 부정적으로 인식한다. 이러한 배경에는 신약 성서의 영향이 자리 잡고 있다. 한글 성서는 창세기 21:9을 번역하면서 히브리 본문에는 없는 '이삭'이라는 목적어를 삽입함으로써 이스마엘을 부정적으로 이해

1 아브라함의 주거지를 성벽처럼 표현하여 더 이상 그리로 돌아갈 수 없음을 나타내고, 뒷쪽으로는 망망대해가 놓인 것처럼 표현하여 하갈과 이스마엘의 여정이 험난할 것임을 예고해 준다. 성서에서는 이스마엘을 어떻게 표현하는가? 우리의 예상과 달리 성서에서는 이스마엘을 긍정적으로 보도한다.

하도록 했다. 하지만 창세기를 살펴보면 사라를 제외한 어느 누구도 이스마엘을 부정적으로 대하지 않는다. 이스마엘은 아브라함의 유업을 이을 자는 아니었지만, 큰 민족을 이룰 것이라는 하나님의 약속을 받은 자였다(창 21:18).

시작하기

이스마엘과 하갈의 추방. 아브라함이 받은 언약이 이삭을 통해 이어지고 있음을 보여 주는 서사 중에서 이들이 추방당하는 내용은 한국 개신교에서 당연하게 여겨져 왔다. 이러한 사고가 성서 해석에도 반영되어 있다. 하지만 이러한 선입견으로 말미암아 우리는 한 인물을 왜곡되게 바라볼 수도 있다. 본서에서는 이스마엘에 대한 성서의 서술을 살펴보고 이스마엘을 바라보는 시각에 균형을 잡아보고자 한다.

이삭과 이스마엘

이삭

'여호와께서 말씀하신 대로 사라를 돌보셨다'(창 21:1)는 서술은 하나님의 사자가 사라에게 아들이 있을 것이라고 약속한 내용을 연상하게 하고(창 18장), 또한 그 약속이 이루졌음을 알게 한다. 여기에서 '돌보다'(파카드, פָּקַד)라는 동사는 이스라엘을 돌보아 주시는 하나님을 표현할 때도 사용되었다(창 50:24-25; 출 3:16; 4:31).

> 그가 이르시되 내년 이맘때 내가 반드시 네게로 돌아오리니 네 아내 사라에게 아들이 있으리라 하시니 사라가 그 뒤 장막 문에서 들었더라(창 18:10)

여호와께서 말씀하신 대로 사라를 돌보셨고 여호와께서 말씀하신 대로 사라에게 행하셨으므로 사라가 임신하고 하나님이 말씀하신 시기가 되어 노년의 아브라함에게 아들을 낳으니(창 21:1-2)

사라가 아들을 낳고 그 이름을 '이삭'이라 하였다(창 21:3). 그의 이름은 '웃다'라는 뜻인데, 창세기 21장에는 그 뜻이 수차례 나온다.

아브라함이 그에게 태어난 아들 곧 사라가 자기에게 낳은 아들을 이름하여 '이삭'(이쯔학, יִצְחָק)이라 하였고(창 21:3)
사라가 이르되 하나님이 나를 '웃게 하시니'(쩨혹, צְחֹק) 듣는 자가 다 나와 함께 '웃으리로다'(이쯔학, יִצְחַק)(창 21:6)

이스마엘

이스마엘의 출생과 성장 과정이 창세기 16장부터 서술되고 있다. 이스마엘이 하갈의 복중에 있을 때부터도 그에 대해 행복하게 묘사하는 구절을 성서에서 찾기는 쉽지 않다. 21장에서는 이스마엘과 하갈이 추방당하는 모습을 그린다. 그중 21:9은 이 추방의 빌미를 제공한 이스마엘의 행동으로 해석되곤 한다.

사라가 본즉 아브라함의 아들 애굽 여인 하갈의 아들이 이삭을 놀리는지라(창 21:9)
But Sarah saw the son of Hagar the Egyptian, whom she had borne to Abraham, laughing.(ESV)
Und Sara sah den Sohn der Ägypterin Hagar, den diese dem Abraham geboren hatte, scherzen.(ELB)

본문의 '이삭을 놀리는지라'는 이스마엘이 이삭을 희롱하는 모습으로 해석되어 이스마엘에 대한 부정적인 인식을 심어 주는 데 큰 역할을 해 왔다. 이 단어가 '메짜헥'(מְצַחֵק)인데, '짜학'(צחק)의 피엘(Piel) 분사 형태이다. 이것은 긍정적으로도 혹은 부정적 의미로도 해석할 수 있다. 베스터만(C. Westermann)은 이 동사가 전치사와 함께 쓰이지 않았기에 '비웃다', '조롱하다'라고 해석할 수 없다고 지적한다.[2] 39:14, 17에서는 이 동사가 전치사와 함께 사용되어 '성적으로 희롱하다'라는 뜻을 나타낸다(비교. 창 26:8). 하지만 이 동사는 '이삭'(יִצְחָק)의 이름과 동일한 어원에서 파생되었으므로, '웃으며 놀다'라는 긍정적인 뜻으로 사용되기도 한다.

21:9에서 주목해야 할 또 다른 표현은 '이삭을'이라는 목적어이다. 이 단어가 히브리 성서는 물론 영어 성서나 여러 다른 외국어 성서에는 대부분 나오지 않는다. 하지만 한글 성서에는 '이삭을'이 추가로 삽입되어 이스마엘에 대한 부정적인 인식을 갖게 한다. 그렇다면 이 목적어를 삽입한 것은 어디에서 기인했을까? 아마도 헬라어 역본(LXX)인 듯하다. 여기에는 '그녀의 아들 이삭과 함께'(메타 이삭 투 휘우 아우테스, μετὰ Ισαακ τοῦ υἱοῦ αὐτῆς)라는 문구가 추가되어 있다. 만약 우리가 헬라어 성서 전통을 따른다면, '이삭을'의 삽입을 받아들일 수 있지만, 히브리 성서의 전통을 따른다면 이 목적어를 배제한 상태에서 본문을 해석하는 것이 적절하다.

21:9에서 이스마엘이 이삭을 놀리고 있다고 해석하는 또 다른 근거는 무엇일까? 그것은 아마도 갈라디아서 4:28-29을 기반으로 할 것이다.

> 형제들아 너희는 이삭과 같이 약속의 자녀라 그러나 그 때에 육체를 따라 난 자가 성령을 따라 난 자를 박해한 것 같이 이제도 그러하도다(갈 4:28-29)

갈라디아서에서는 이스마엘이 이삭을 '박해'하는 것처럼 묘사한다. 그러나 이러한 해석이 적절한지를 자문해 보아야 한다. 오히려 해밀턴은 자신의 주석서에서

---

2 C. Westermann, *Genesis 12-36*, 414-415.

갈라디아서가 창세기 본문을 유형론적으로[3] 해석하는 것에 대해 '오용'(abuse)한다고 지적한다.[4]

21:10은 사라의 진술이다. 사라는 '기업을 얻지 못하리라' 하며 이스마엘을 추방하려는 속내를 드러낸다. 이 구절은 하갈의 아들이 사라의 아들을 위협하는 존재가 될 것이라는 예언적 성격을 띤다. 사라의 말은 아브라함을 고통스럽게 만든다.

> 그가 아브라함에게 이르되 이 여종과 그 아들을 내쫓으라 이 종의 아들은 내 아들 이삭과 함께 기업을 얻지 못하리라 하므로 아브라함이 그의 아들로 말미암아 그 일이 매우 근심이 되었더니(창 21:10-11)

'아브라함이 매우 근심이 되었더니'(봐예라 하다바르 메오드 베에네 아브라함, וַיֵּרַע הַדָּבָר מְאֹד בְּעֵינֵי אַבְרָהָם)를 문자 그대로 해석하면 '그 말은 아브라함의 눈에 보기에 아주 악한 것이었다'이다. 이스마엘이 '아브라함의 아들'이었기에 아브라함은 근심할 수밖에 없었다(창 21:9, 11).

사라의 질투는 이삭의 미래와 관련이 있다. 이삭에 대한 편애는 이삭에게 돌아갈 기업과 직접적으로 결부되어 있다. 그런데 사라의 발언은 오히려 노예의 자녀라도 기업을 받을 수 있다는 사실을 전제한다. 고대 근동의 법에서도 이와 같은 내용이 확인된다. 고대 함무라비 법전에서는 노예의 자녀에게도 재산을 분배해야 한다고 밝힌다.[5]

> 만약 한 자유인의 첫째 아내가 그에게 자녀를 낳았고 그의 여자 노예도 그에게 자녀를 낳았는데, 그 아버지가 살아생전에 여자 노예가 낳은 자녀에게 '나의 자녀들'이라고 말했고 첫째 아내의 자녀들과 같이 여겼다면, 그 아버지가 사망한 후에 첫째 아내의 자녀들과 여자 노예의 자녀들은 아버지 집의 재산을 공평하게 분배할

---

3 참조. W. Brueggemann, 『창세기』, 285.

4 V, P, Hamilton, *Genesis 18-50*, 78,

5 "함무라비 법전", 『고대 근동 문학 선집』, 386.

것이지만, 첫째 아내의 장남은 몫을 선택하고 취할 우선권을 가진다.(함무라비 법전 170조)

창세기 21:11에서는 이스마엘을 '아브라함의 아들'이라고 부른다. 물론 고대 법전을 문자적으로 수용하여 적용할 수는 없지만, 사라의 발언을 보면 이스마엘에게도 아브라함의 기업을 이을 명분이 있었다는 점은 확실하다. 하지만 사라는 그것을 용납하지 않는다. 아브라함의 기업을 이을 자는 자신의 아들 이삭만으로 충분하다고 여긴다. 창세기 21:12에서도 하나님의 목소리로 이 사실을 보증하여 주므로 사라의 계획대로 진행되는 것처럼 보인다. 하지만 창세기 21:13과 21:18에는 이스마엘도 큰 민족을 이룰 것이라는 약속이 나온다.

하나님이 아브라함에게 이르시되 네 아이나 네 여종으로 말미암아 근심하지 말고 사라가 네게 이른 말을 다 들으라 이삭에게서 나는 자라야 네 씨라 부를 것임이니라(창 21:12)
그러나 여종의 아들도 네 씨니 내가 그로 한 민족을 이루게 하리라 하신지라(창 21:13)
일어나 아이를 일으켜 네 손으로 붙들라 그가 큰 민족을 이루게 하리라 하시니라(창 21:18)

창세기 21장에서는 이스마엘을 부정적으로 묘사하지 않는다. 사라를 제외한 그 누구도 심지어 하나님까지도 이스마엘을 부정적인 인물로 여기지 않는다.[6] 물론 이 사실은 이스마엘이 이삭을 대신하여 아브라함의 기업을 잇는 자로 해석되어야 함을 의미하지 않는다. 아브라함의 기업은 '이삭의 후손'을 통해 계승된다(창 21:12). 다만 우리는 21장을 면밀히 살펴봄으로써 이스마엘에 대한 인식을 새롭게 할 필요가 있다.

---

6 참조. W. Brueggemann, 『창세기』, 284.

마무리하기

이스마엘의 웃음을 묘사하는 본문은 오랫동안 부정적으로 해석되어 왔다(창 21:9). 한글 성서에서는 히브리 성서에는 없는 '이삭을'이라는 목적어를 추가하여 번역함으로써, 이스마엘이 이삭을 놀리는 것으로 해석되게 했다. 또한 이스마엘에 대한 부정적 이해는 갈라디아서의 영향 때문일 것이다. 이스마엘이 이삭을 박해했다고 표현한 갈라디아서 4:28-29은 창세기 21:9의 헬라어 역본(LXX)을 수용한 것처럼 보이는데, 왜냐하면 여기에는 '이삭'이라는 목적어가 명시되어 있기 때문이다.

하지만 성서에서는 이스마엘을 아브라함의 아들이라고 부른다. 이스마엘은 '아브라함의 아들'이라고 표현됨으로써 아브라함의 기업을 차지할 권리를 가진 것처럼 보이지만, 사라는 그것을 거부한다. 그러나 사라를 제외한 모든 인물이 이스마엘의 중요성을 인식하고 있다. 이삭이 아브라함의 언약을 이을 자라고 선택받았다면 이스마엘은 큰 민족을 이룰 자라는 약속을 받았다.

토의를 위한 질문

01. 21:9의 '놀리는지라'를 여러 번역본으로 비교해 보라. 일부 성서에서는 '놀리다'로, 일부는 '놀다', '웃다'로 번역한다. 구절의 의미가 어떻게 달라지는가?

02. 한글 성서가 21:9에서 '이삭을'을 추가하여 번역한 이유는 무엇인가?

03. 한글 성서는 헬라어 성서를 근간으로 번역하였는가, 아니면 히브리 성서를 중심으로 번역하였는가?

04. 사라가 이스마엘을 거부한 이유는 무엇인가? 고대 근동의 함무라비 법전에서는 노예의 자녀를 어떻게 대우하라고 기록되어 있는가?

05. 하나님이 이스마엘에게 약속한 내용은 무엇인가?

13

창세기 22장

하나님이 예비할 것이다! 무엇을?

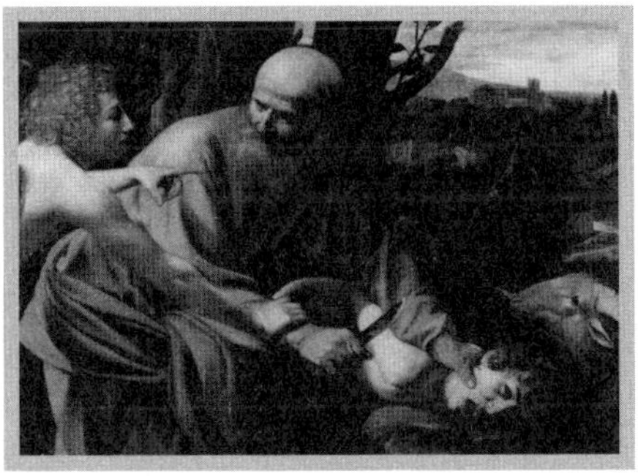

카라바조(M. Caravaggio), 이삭의 희생(Sacrifice of Isaak), 1594-1596년[1]

한눈에 보기

'이삭의 결박'(아케다) 사건으로 유명한 창세기 22장은 '아브라함의 믿음'을 보여 주는 본문으로 해석되곤 한다. 이 장에서 '준비하다'(라아, רָאָה)로 번역된 동사는 '보다'라는 의미로도 해석될 수 있으므로, 22장은 하나님이 스스로를 나타낸 사건, 즉 여호와 '계시'를 중심으로 해석할 수 있다. 아브라함이 이삭을 바친 '모리아 산'은 성서 전체에서 이곳을 제외하면 솔로몬의 성전 건축을 설명하는 역대하 3:1에만 나오는 지명이다. 그러므로 창세기 22장은 예루살렘 성전을 지향한

1 이 그림에서 천사는 독특하게도, '준비된 숫양'이 아닌, 산 위에 세워진 '성/성전'을 가리키고 있다.

다. 하나님은 '숫양'을 준비하는 분이며, 나아가 예루살렘 '성전 건축'을 준비하는 분으로서, 먼 미래의 사건까지 조망하는 분이다.

시작하기

하나님의 이름에는 각각 독특한 전승과 뜻이 들어 있다. '여호와 라파'(치료자 여호와)라는 이름에서 알 수 있듯이, 때로는 그분의 능력을 구체적으로 서술하거나, 때로는 특별한 사건과 연결되어 있기도 하다. 창세기 22장에는 '여호와 이레'(יְהוָה יִרְאֶה)[2]라는 하나님의 이름이 나온다.

22장은 하나님이 아브라함을 시험하는 장면으로 시작한다. '시험하다'(니사, נִסָּה)[3]라는 단어는 창세기에서 이곳에만 사용되었지만, 이외에도 오경에서는 '백성을 시험하는 하나님'(출 15:25; 16:4), 또는 '하나님을 시험하는 백성'(출 17:2, 7; 민 14:22)을 표현할 때 종종 사용되었다. 창세기 22장은 '아브라함을 시험하는 하나님'과 '시험에 합격한 아브라함'을 같이 묘사함으로써, 아브라함의 믿음을 강조한다. 이러한 아브라함의 모습은 시험에 통과하지 못하고 광야를 맴도는 출애굽 백성과 대비된다.

하나님이 준비한 곳

22:1의 '그 일 후에'는 지금 펼쳐질 이야기가 앞에 나온 이야기와 연관성이 있음을 알려 주며, 또한 시간의 경과를 나타낸다. 22:20에서는 다시 '이 일 후에'라고 서술함으로써 22:1-19이 하나의 독립된 단락임을 표시해 준다.

---

2 '야웨 이르에'로 음역되지만, '여호와 이레'라는 이름이 보편적으로 사용되기에 여기에서만 '여호와 이레'로 표현했다.

3 '나사'(נסה)의 피엘(Piel) 형태이다.

보다/준비하다(라아, רָאָה)

창세기 22장에는 '여호와 이레'와 관련된 기록이 자주 나온다(창 22:8, 14). 22:8에서는 아브라함이 '하나님이 자기를 위하여 친히 준비하시리라'(엘로힘 이르에-로, אֱלֹהִים יִרְאֶה־לּוֹ)라고 진술한다. '(그가) 준비하시리라'(이르에, יִרְאֶה) 혹은 '준비되리라'(예라에, יֵרָאֶה)가 대화체 본문에서 긴 형태(long form)의 미완료로 되어 있기 때문에 이는 확실한 미래를 나타내는 표현이다. 이러한 긴 형태는 하나님의 이름이 여호와로 바뀐 것을 제외한다면, 여호와 이레를 보여 주는 창세기 22:14에 상응한다(야웨 이르에, יְהוָה יִרְאֶה).

하나님이 … 준비하시리라(엘로힘 이르에)(창 22:8)
여호와 이레(야웨 이르에)(창 22:14)

22:8에서 아브라함이 확신한 내용이 22:14에서 성취되고 있으므로, 창세기 22장은 기본적으로 '하나님의 살아 계심'을 보여 준다.[4]

22:4과 22:13에서도 '준비하다'와 동일한 어근(라아, רָאָה)을 가진 단어가 등장한다(봐야레, וַיַּרְא). 이 단어에는 '준비하다'와 '보다'라는 의미가 다 들어 있는데, 한글 성서에서는 이 동사를 '바라보다'라고 번역했다. 히브리어의 형태는 기본적으로 단순형, 강조형, 그리고 사역형으로 나뉘며, 그것은 다시 각각 능동과 수동으로 구분된다. '라아' 동사가 22:4, 13에서는 같은 형태로 사용되었고(봐야레, וַיַּרְא), '보다'라고 번역되었다. 22:8, 14(이르에, יִרְאֶה 또는 예라에, יֵרָאֶה)에서는 이 동사가 약간의 형태상의 차이를 보이며, '준비하다/준비되다'로 번역되었다. '보다'일 때는 아브라함이 주어이고, '준비하다/준비되다'일 때는 하나님이 주어이다.

제삼일에 '아브라함'이 눈을 들어 그 곳을 멀리 '바라본지라'(봐야레, וַיַּרְא)(창 22:4)

---

4 참조. C. Westermann, *Genesis 12-36*, 440.

> '아브라함'이 눈을 들어 '살펴본즉'(봐야레, וַיַּרְא) 한 숫양이 뒤에 있는데 뿔이 수풀에 걸려 있는지라 아브라함이 가서 그 숫양을 가져다가 아들을 대신하여 번제로 드렸더라(창 22:13)
>
> 아브라함이 이르되 내 아들아 번제할 어린 양은 '하나님'이 자기를 위하여 친히 '준비하시리라'(이르에, יִרְאֶה) 하고 두 사람이 함께 나아가서(창 22:8)
>
> 아브라함이 그 땅 이름을 '여호와 이레'(이르에, יִרְאֶה)라 하였으므로 오늘날까지 사람들이 이르기를 '여호와의 산에서 준비되리라'(예라에, יֵרָאֶה) 하더라(창 22:14)

창세기 22장에서 이 동사는 단순 능동(Qal: 창 22:4, 8[봐야레], 13, 14[이르에]) 또는 재귀/수동(Nifal: 창 22:14[예라에])의 형태를 취하고 있다. 22:8에서는 '자신을 위하여'(로, לוֹ)라는 전치사가 함께 사용되어, '선택하다'라고 번역될 수도 있다.[5]

창세기 22:14에서 '보다'(라아, רָאָה) 동사가 두 번 사용되었는데, 한 번은 '여호와 이레'라는 하나님의 이름에서, 다른 한 번은 '준비되리라'에서이다. '예라에'(준비되리라)가 재귀/수동 형태이므로 이 동사를 '여호와가 스스로 나타나다' 혹은 '여호와가 보여질 것이다'(야웨 예라에, יְהוָה יֵרָאֶה)라고 해석해도 전혀 무리가 없다. 외국어 역본도 이러한 해석을 지지한다(ELB, EIN, ZUR, JPS).[6] '여호와의 나타남'을 신학적 용어로 '계시'(Offenbarung/Revelation)라고 한다. 다시 말해, 22장은 '여호와의 계시'를 보여 준다.

더 나아가, '라아' 동사가 미완료 형태인 '이르에'로 사용되었고, 그것의 주체가 여호와임을 고려한다면(여호와 이레), 여호와가 무엇을 '주시하고' 있다고 해석할 수 있다. 하나님의 시선이 아브라함에게 머물러 있는 것이다. 하나님은 사람의 심장을 살피며 폐부를 시험하는 분이므로(렘 17:10), 아브라함의 깊은 고뇌뿐만 아니라 이삭의 내면까지도 들여다보고 있다. 환언하면, '여호와 이레'는 '준비하시는 여호와'와 '지켜보시는 여호와', 두 가지로 해석된다. 하나님은 그의 백성에게

---

5 W. Gesenius und F. Buhl, *Gesenius Hebräisches und Aramäisches Handwörterbuch über das Alte Testament*, 1203.

6 참조. C. Westermann, *Genesis 12-36*, 444.

서 눈을 떼지 않는다!

아브라함이 믿음의 조상이라고 불리는 이유에 대해서는 이미 15장에서 살펴보았으므로, 여기에서는 다른 관점으로 22장을 다루어 볼 것이다.

하나님이 그에게 일러주신 곳?

아브라함은 불특정한 장소(a place)가 아니라, 특별히 지정된 '한 장소'(the place)로 이삭과 함께 떠났다. 아브라함이 도착한 곳은 바로 하나님이 지시한 '그 장소'였다. 22장에서는 이 장소가 점점 더 구체적으로 제시된다.

> 여호와께서 이르시되 네 아들 네 사랑하는 독자 이삭을 데리고 모리아 땅으로 가서 내가 네게 일러 준 '한 산'(아하드 헤하림, אַחַד הֶהָרִים) 거기서 그를 번제로 드리라(창 22:2)
>
> 아브라함이 아침에 일찍이 일어나 나귀에 안장을 지우고 두 종과 그의 아들 이삭을 데리고 번제에 쓸 나무를 쪼개어 가지고 떠나 하나님이 자기에게 일러 주신 '곳으로'(엘-하마콤, אֶל־הַמָּקוֹם) 가더니(창 22:3)
>
> 하나님이 그에게 일러 주신 '곳에'(엘-하마콤, אֶל־הַמָּקוֹם) 이른지라 이에 아브라함이 그 곳에 제단을 쌓고 나무를 벌여 놓고 그의 아들 이삭을 결박하여 제단 나무 위에 놓고(창 22:9)

아브라함이 도착해야 할 장소는 하나님이 일러 준 산(山)의 한 지점이다. 그 위치가 '한 산'에서 '곳'으로 점차적으로 구체화된다. 22:9-13 사건은 '바로 그곳'에서 일어났다. '그 산에서 여호와가 나타날 것이다'(22:14, 베하르 예호봐 예라에, בְּהַר יְהוָה יֵרָאֶה)[7]라는 언급은 '바로 그곳에서' 여호와의 계시가 있을 것임을 암시

7 한글 성서에서는 '여호와의 산에서 준비되리라'로 번역되었지만, 예라에(יֵרָאֶה)를 '그가 나타날 것이다'로 번역할 수도 있다.

한다.

창세기에는 이스라엘 족장들이 하나님을 만나는 장면이 종종 나온다(창 17; 28; 32장). 이러한 계시 사건에서 어떤 장소가 특별하게 부각되기도 하는데, 그 대표적인 예가 야곱의 도주 사건이다(창 28장). 야곱이 에서를 피해 혈혈단신(孑孑單身)으로 하란으로 도주하던 중에, 그는 꿈에서 하나님의 사자들이 하늘에 닿은 사닥다리를 오르락내리락하는 모습을 보았고, 또한 하나님의 음성을 들었다(창 28:12-15). 야곱이 아침 일찍 일어나 베개로 삼았던 돌에 기름을 붓고, 자신이 잠들었던 그곳을 '하나님의 집'(벧엘, בֵּית־אֵל)이라고 불렀다(창 28:19). 이러한 장면을 통해 성서는 '벧엘'이라는 명칭이 붙여진 원인, 혹은 명칭의 기원을 설명하려고 시도하는데(참조. 창 12:8), 이러한 서술 기법을 원인론(Ätiologie)이라고 부른다.[8] 또한 야곱이 벧엘에서 하나님을 만났다는 기록은 벧엘 지역에 성소가 건립되는 정당성을 부여해 준다(왕상 12:29; 13:1; 암 7:10).[9] 왜냐하면 이스라엘 족장들이 하나님을 만난 장소는 이스라엘 후손들에게 특별한 의미가 있기 때문이다.

야곱 이야기와 마찬가지로 창세기 22장에 기록된 하나님 현현(顯現)은 성소 건립에 대한 정당성을 부여한다. 야곱은 하나님을 만난 후 그곳에 돌기둥을 세웠지만, 아브라함은 어떠한 징표도 남기지 않았다. 창세기 22장에서는 아브라함이 하나님을 만난 장소가 모리아 땅에 있는 하나의 산이며, 하나님이 지정한 장소라는 점을 서술한다.

모리아 땅의 산

성서에서 모리아 산에 대한 기록은 창세기 22장을 제외하면 오직 역대하 3:1에만 나온다.

---

8 참조. E. A. Speiser, *Genesis*, 220.
9 참조. C. Westermann, *Genesis 12-36*, 558.

솔로몬이 '예루살렘 모리아 산'에 여호와의 전 건축하기를 시작하니 그 곳은 전에 여호와께서 그의 아버지 다윗에게 나타나신 곳이요 여부스 사람 오르난의 타작 마당에 다윗이 정한 곳이라(대하 3:1)

모리아 산이 '예루살렘'과 동일시되고 있으며, 솔로몬은 그곳에 하나님의 전을 건축했다. 역대하 3:1은 의심할 여지없이 창세기 22장과 연결된다. 야곱이 하나님을 만난 장소가 벧엘 성소 건축과 관련이 있다면(왕상 12:31), '아케다'(이삭의 결박) 사건은 솔로몬의 예루살렘 성전 건축과 관련이 있다. 다시 말해, 창세기 22장은 예루살렘에 세워질 성전을 염두에 둔 기록이다.[10]

예루살렘 성전은 이스라엘 역사에서 어떤 의미인가? 솔로몬 성전이 건축되기 이전에도 이스라엘에는 많은 중요한 성전이 존재했다. '실로'는 언약궤를 보관하던 곳일 뿐 아니라(삼상 4:3) 사무엘이 성장했던 곳이며, '기브온'은 솔로몬이 일천 제물을 드린 곳이었다(왕상 3:4). 요시야는 주전 622년에 성전에서 토라(율법책)를 발견하여 그것을 토대로 종교 개혁을 단행했는데, 예루살렘 성전은 요시야가 성소 중앙화를 단행하기 전까지는 많은 성전 가운데 '하나의 성전'(a Temple)에 불과했다.

또 유다 각 성읍에서 모든 제사장을 불러오고 또 제사장이 분향하던 산당을 게바에서부터 브엘세바까지 더럽게 하고 또 성문의 산당들을 헐어 버렸으니 이 산당들은 그 성읍의 지도자 여호수아의 대문 어귀 곧 성문 왼쪽에 있었더라(왕하 23:8)

모든 산당이 파괴되었지만 '예루살렘 여호와의 제단'은 남아 있었다. 즉, 예루살렘은 북이스라엘과 남유다를 통틀어 '유일한 성전'으로 남게 되었다.

산당들의 제사장들은 '예루살렘 여호와의 제단'에 올라가지 못하고 다만 그의 형

10 참조. C. Westermann, *Genesis 12-36*, 437.

제 중에서 무교병을 먹을 뿐이었더라(왕하 23:9)

이것은 역사적으로, 그리고 종교사적으로 예루살렘 성전이 매우 중요한 위치를 차지하게 되었음을 의미한다. 첫째로, 예루살렘 성전은 하나님이 선택한 유일한 성전이 되었다. 토라에 의하면, 이스라엘 백성은 아무 곳에서나 예배를 드릴 수 없었고, '한곳'(the place)에서만 예배를 드려야 했다. 그곳은 바로 하나님이 선택한 장소였다. 둘째로, 하나님이 선택한 그 장소는 이스라엘 백성에게 유일한 성전이며, 하나님께 제사드릴 수 있는 '합법적인 유일한 장소'였다. 예루살렘 성전이 아닌 다른 곳에서 제사를 드리면 비난과 심판을 받았다.

너는 삼가서 네게 보이는 아무 곳에서나 번제를 드리지 말고 오직 너희의 한 지파 중에 '여호와께서 택하실 그 곳에서'(바마콤 아쉐르-입하르 야웨, בַּמָּקוֹם אֲשֶׁר־יִבְחַר יְהוָה) 번제를 드리고 또 내가 네게 명령하는 모든 것을 거기서 행할지니라(신 12:13-14)

신명기 12:13-14에 따르면 예루살렘은 '여호와께서 택하실 그 곳', 즉 유일한 성전으로 기록되었고, 이는 의미적으로 창세기 22:9에 나오는 '하나님이 그에게 일러 주신 곳'과 상응한다. 창세기 22장과 역대하 3장은 '모리아 산'을 통하여, 그리고 신명기 12장과 열왕기하 22-23장은 '하나님이 선택한 한 장소'를 통하여 서로 연결된다. 이로써, 창세기 22장의 '하나님이 그에게 일러 주신 곳'과 역대하 3장의 '예루살렘 모리아 산', 그리고 신명기 12장의 '여호와께서 택하실 그 곳'과 열왕기하 23장의 '예루살렘 여호와의 제단'이 모두 같은 곳을 나타내고 있음을 알 수 있다. 아브라함 시대부터 이미 예루살렘 성전을 지향하고 있는 것이다. 하나님이 '한' 장소를 지정하여 일러 주셨다는 것은 예루살렘이 유일한 성전이라는 사실을 부각시켜 준다.

모리아 산, 즉 예루살렘 성소가 지어질 장소는 시험을 통과하지 못한 출애굽 백성, 심지어 하나님을 시험한 백성과는 구별된, 믿음의 조상 아브라함이 하나님의 시험을 통과한 장소이다. 하나님이 아브라함 때부터 준비한 장소, 하나님이 세상을 바라보는 곳, 그리고 하나님이 나타난 곳, 환언하면 하나님의 계시가 있었던 바로 그곳에 예루살렘 성전이 건축될 것이다. 그러므로 창세기 22장에서 '하나님이 준비하리라'는 대상은 번제를 위한 '숫양'을 뛰어넘는다. 하나님은 수백 년 이후에 일어날 예루살렘 성전 건축을 준비하고 있다. 예루살렘 성전을 준비하는 하나님의 시선이 창세기 22장에서 관찰된다!

마무리하기

창세기 22장은 아브라함의 확고한 믿음을 드러내 주는 본문이라고 해석되곤 한다. 이러한 이해는 창세기 22장이 아브라함을 '시험하는'(나사, נסה) 하나님과 시험에 통과한 아브라함을 묘사한다는 점에서 충분히 공감될 수 있다. 하지만 이렇게 해석하는 데에 그친다면 상당히 근시안적인 접근이다. 이미 15장에서 아브라함은 믿음의 조상으로 기록되어 있다. 그렇다면 22장은 '믿음의 조상'을 반복하는 것 이상의 의미를 지니고 있을 것으로 보인다. 22장에 자주 나오는 '보다'(라아, רָאָה) 동사를 관찰해 보면, 22장을 더욱 풍성하게 해석할 수 있다.

'보다' 동사가 22장에서 능동과 재귀/수동의 형태로 사용되었다. 재귀/수동의 형태로는 '하나님이 스스로를 보이다' 혹은 '하나님이 보였다'라는 뜻이기에, 이 본문은 하나님의 보이심, 즉 계시를 나타내고 있다. 성서에서 하나님의 계시는 일반적으로 성전과 연결되어 있는데, 하나님이 아브라함에게 현현한 '모리아 산' 역시 성전과 깊은 관련이 있다. 후대에 솔로몬이 바로 이곳에 예루살렘 성전을 건축한다.

22:2, 3, 9에 등장하는, 하나님이 특정한 '한 장소'(the place)도 예루살렘 성전을 가리킨다(신 12:14). 예루살렘 성전은 하나님이 선택한 '유일한 성전'이고, 여호와께 제사드릴 수 있는 '합법적인 유일한 장소'였다. 그러므로 '여호와 이레'에서 하나님이 준비하는 대상은 '숫양'을 뛰어넘어 '예루살렘 성전'까지로 지경을 넓혀야 한다.

아브라함이 이곳에서 하나님의 시험을 통과했기에 이 장소가 더욱 부각된다. 이스라엘 백성은 하나님의 시험에 통과하지 못했고 오히려 하나님을 시험했다(출 15:25; 16:4). 하나님은 이미 아브라함 시대부터 예루살렘 성전을 준비하는 분으로 등장한다. 수백 년 이후에나 비로소 건축될 예루살렘 성전을 향한 하나님의 시선! 그 예루살렘은 이스라엘 역사에서 매우 중요한 장소가 되었다.

'하나님이 자기를 위하여 친히 준비하시리라'라는 아브라함의 진술(창 22:8)이 성취되었다(창 22:14). 22장에서는 '보다'(라아, רָאָה) 동사를 사용하여, '살아 계신 하나님'을 입증하며, 하나님을 자신의 백성을 돌보는 분으로 묘사한다.

토의를 위한 질문

01. 창세기 22장에서 중요하게 사용된 동사(라아, רָאָה)의 두 가지 의미는 무엇인가? 창세기 22:4, 8, 13, 14을 보고 말하라. 여호와 이레는 '준비하시는 하나님' 이외에 어떤 뜻으로 해석할 수 있는가?

02. '여호와의 산에서 준비되리라'(창 22:14)는 '여호와가 보여질 것이다'라고 해석할 수도 있다. 하나님이 자신을 드러내는 것을 신학적 용어로 무엇이라고 하는가?

03. 여호와의 산은 어디이며, 후에 그곳에 무엇이 세워지는가? 역대하 3:1을 보라.

04. 창세기 22:2, 3, 9에 기록된 '하나님이 일러 주신 곳'과 신명기 12:13-14에서 확인되는 '여호와께서 택하실 그 곳', 그리고 열왕기하 23:9의 '예루살렘 여호와의 제단'은 동일한 곳으로 이해될 수 있는가? 그곳은 어디를 가리키는가?

05. '여호와의 산에서 준비되리라'에서 준비되는 대상은 무엇과 무엇으로 볼 수 있는가? 예루살렘 성전이 아브라함 시대 때부터 준비되고 있었다는 것은 이것을 읽는 독자, 즉 아브라함의 후손에게 어떻게 다가오는가? 역대하 36:23을 보라.

부록

예루살렘 성전은 어떻게 특별한 곳으로 부각되었을까?

예루살렘은 본래 여부스 족속의 성이었는데 다윗이 그곳을 점령한 후에 '다윗 성'이라고 불렀다(삼하 5:7). 이러한 명칭은 다윗 성이 개인 궁전이었음을 알려 준다. 이후에 솔로몬은 '예루살렘'에 성소를 건설한다(왕상 6:38).

예루살렘 성소가 특별한 장소라는 것은 이스라엘 역사에서도 증명된다. 남유다가 패권국인 앗수르의 침공을 적게 받았던 이유는 북이스라엘이 어느 정도 완충 역할을 했기 때문이다. 하지만 북이스라엘이 주전 722년에 앗수르에 함락된 이후에, 남유다는 앗수르의 속국으로 전락했다. 남유다는 아하스 왕 치하 때에 앗수르 성전을 모델로 삼아 성전을 지었고(왕하 16:11), 그곳에서 앗수르 신들을 숭배했다(왕하 17:15-18). 만약 이방 신상을 의도적으로 제거하다가 걸리면 속국의 지배로부터 벗어나려는 시도로 간주되어 그에 응당한 대가를 치러야 했다(왕하 18:1-8, 13-16). 하지만 히스기야는 앗수르의 지배에서 벗어나려고 애썼다. 이사야 36-37장을 보면, 히스기야 왕 14년에 앗수르 왕인 산헤립이 남유다의 모든 성을 정복하고는 예루살렘을 에워쌌다. 산헤립의 신하인 랍사게의 조롱 섞인 말을 들어 보면 예루살렘이 얼마나 처참한 상황이었는지를 알 수 있다. 예루살렘은 말 그대로 참혹상(慘酷相)이었다.

> 히스기야 왕 십사 년에 '앗수르 왕 산헤립이 올라와서' 유다 모든 견고한 성을 쳐서 취하니라(사 36:1)
> 랍사게가 이르되 내 주께서 이 일을 그 하나님 네 주와 네게만 말하라고 나를 보내신 것이냐 너희와 함께 '자기의 대변을 먹으며 자기의 소변을 마실' 성 위에 앉은 사람들에게도 하라고 보내신 것이 아니냐 하더라(사 36:12)

성서뿐 아니라 이스라엘 주변 지역에서 발굴된 문서에도 이와 유사한 상황이 묘사되어 있다. 산헤립의 역사를 기록한 '산헤립의 세 번째 원정'(Der dritte Feldzug Sanheribs)에 따르면, 산헤립은 주전 701년 남유다 원정에서 수많은 전리품을 획득했으며, 히스기야를 '새장의 새처럼 예루살렘에 가두었다'[11]고 한다. 그런데도 예루살렘은 앗수르에 정복되지 않았고, 예루살렘 성전은 앗수르에 정복되지 않은 유일한 장소로서, 여호와의 특별한 보호를 받는 상징이 되었다(시 46편).

11 R. Borger, "Der dritte Feldzug Sanheribs", *TUAT*, 389.

14

창세기 25-27, 32장

에서, 야곱의 개명

마티아스 슈토머(Matthias Stomer),
에서가 야곱에게 장자권을 팔다(Esau verkauft Jacob das Erstgeburtsrecht), 17세기[1]

한눈에 보기

'에서와 야곱' 이야기에는 아주 독특하게도 개명(改名) 사건이 두 번이나 나온다. 에서의 개명은 그가 먹은 음식과 관련되어 있는데, 성서는 붉은 음식을 사용하여 에돔을 경멸조로 묘사하며, 폭력을 좋아하는 에돔을 비판적으로 서술한다.

---

1 오른편 인물은 짐승을 어깨에 매고 있기에 에서로 보이며, 반대편에 앉아 있는 사람은 야곱일 것이다. 성서의 묘사와 달리 야곱이 붉은 천을 걸치고 있다는 점은 주목할 필요가 있다. 이와 유사한 패턴이 뒤에 나오는 Hendrick ter Brugghen의 그림에서도 확인된다. 야곱을 비판하는 그림이라고 해석할 수 있을까?

야곱은 에서를 속이는 자, 즉 자신의 이름에 걸맞은 자로 등장한다. 장자권과 축복권을 빼앗기 위한 야곱의 속임수는 윤리적으로 문제가 있다. 야곱의 장자권을 '이스라엘' 국가의 정통성과 연결하는 해석은 비윤리적 행위를 정당화하고, 이스라엘 국가에 대한 부정적인 인식을 갖게 할 뿐이다. 오히려 야곱이 에서의 분노를 피해 도망하고, 라반의 두 딸을 얻기 위해 14년간 일한 것은 장자권과 축복권의 무용함을 보여 준다. 창세기 32장에 따르면 그는 하나님으로부터 복을 받는다. 이때부터 야곱이 달라진다. 32장에 나오는 야곱의 개명 사건은 야곱/이스라엘의 새출발을 나타내 준다.

시작하기

창세기 25장에는 다양한 이야기가 집합되어 있다. 사라의 죽음 이후에 아브라함이 새롭게 아내를 맞이하는 이야기(25:1), 믿음의 모범인 아브라함의 죽음과 매장(25:7-10), 우리에게는 생소하게 들리는, 이스마엘의 죽음과 그의 후손들에 대한 이야기(25:12-18), 그리고 이삭 이야기가 들어 있다. 이스라엘 족장임에도 불구하고 이삭은 잠시 등장할 뿐이고, 오히려 그의 아들들인 에서와 야곱에 관한 기록이 본문의 중심을 이룬다. 특별히 한국 교회에서 즐겨 언급되는 것은 에서가 장자권을 가볍게 여겨서 그것을 떡과 팥죽과 바꾸었다는 마지막 단락이다(창 25:29-34). 여기에서는 창세기 25:19 이하를 분석할 것이다.

개명 사건

이삭의 족보

창세기 25:19에서는 이삭의 족보를 언급한다. 하지만 이삭이 아직 자식이 없는

데도 족보를 서술하는 것은 선뜻 이해가 되지 않는다.

아브라함의 아들 이삭의 '족보'(톨레돗, תּוֹלְדֹת)는 이러하니라 아브라함이 이삭을 낳았고(창 25:19)
이삭이 그의 아내가 임신하지 못하므로(창 25:21a)

물론 바로 뒤이어서 이삭의 아내 '리브가가 임신하였더니'라는 문구가 나오지만(창 25:21b), 어쨌든 족보는 리브가의 임신 보도 이후에 서술되는 것이 합리적이다. 특히 25:26을 보면 이삭이 얼마나 오랫동안 아이를 얻지 못했는지 알 수 있다. 25:20과 25:26은 무려 20년이라는 시간의 흐름을 보여 준다.

이삭은 사십 세에 리브가를 맞이하여 아내를 삼았으니 리브가는 밧단 아람의 아람 족속 중 브두엘의 딸이요 아람 족속 중 라반의 누이였더라(창 25:20)
후에 나온 아우는 손으로 에서의 발꿈치를 잡았으므로 그 이름을 야곱이라 하였으며 리브가가 그들을 낳을 때에 이삭이 육십 세였더라(창 25:26)

25:22-23은 쌍둥이 '에서와 야곱'에 대한 보도로, 아직 태어나지도 않은 두 인물이 각각 국부(國父)가 되리라고 선언한다. 또한 두 태아와 이들이 형성할 두 민족의 미래까지도 진술하는데, 두 민족이 평화롭게 지내기보다는 경쟁 관계에 있을 것이라고 한다.

여호와께서 그에게 이르시되 두 국민이 네 태중에 있구나 두 민족이 네 복중에서부터 나누이리라 이 족속이 저 족속보다 강하겠고 큰 자가 어린 자를 섬기리라 하셨더라(창 25:23)

개명 - 에서가 에돔으로(창 25:25, 30-34)

에서의 외모를 묘사하는 구절에서는 독특하게도 갓난아기의 온몸이 '털투성이'라고 한다.

> 먼저 나온 아이는 살결이 붉은데다가 온몸이 털투성이어서, 이름을 에서라고 하였다.(새번역. 창 25:25)

'에서'(에사브, עֵשָׂו)라는 이름은 어디에서 유래했을까? 첫째, '붉다'(앗모니, אַדְמוֹנִי)에서 유래했을 것이라고 추정하지만, 그렇다면 에서보다는 '에돔'(אֱדוֹם)이라는 이름이 더 잘 어울린다. 다윗의 용모가 좋다고 묘사하는 부분에서 두 번이나 '붉고'라는 단어가 사용된 것을 고려한다면, '붉다'는 것은 긍정적으로 해석되기에 충분하다.[2]

> 이에 사람을 보내어 그를 데려 오매 그의 빛이 붉고(앗모니, אַדְמוֹנִי) 눈이 빼어나고 얼굴이 아름답더라 여호와께서 이르시되 이가 그니 일어나 기름을 부으라 하시는 지라(삼상 16:12)
>
> 그 블레셋 사람이 둘러보다가 다윗을 보고 업신여기니 이는 그가 젊고 붉고(앗모니, אַדְמוֹנִי) 용모가 아름다움이라(삼상 17:42)

둘째, 에서의 이름이 털/머리카락을 가리키는 '세아르'(שֵׂעָר)에서 유래했을 것이라 추정하기도 한다.[3] 에서가 '털이 많은 사람'(이쉬 사이르, אִישׁ שָׂעִר, 창 27:11)으로 불리는 것을 근거로 해서 이러한 주장이 나오지만 두 단어 간의 연관성을 찾기는

---

2 참조. C. Westermann, *Genesis 12-36*, 505; 정일승, "아브라함의 죽음과 이스마엘의 족보, 에서와 야곱의 출생 및 장자권 거래", 48-72, 특별히 62-63.

3 V. P. Hamilton, *Genesis 18-50*, 178. 두 단어 에서와 세아르는 처음 두 자음의 순서가 바뀌었을 뿐이다(שׂע / עשׂ).

헨드릭 테르 브루그헨(Hendrick ter Brugghen), 에서가 장자권을 팔다(Esau Selling His Birthright), 1627년[5]

쉽지 않다. 일부 학자들은 '털이 많은 사람'이란 고대에서 '문명화되지 않은 인간'을 가리키는 표현이었다고 설명하기도 한다.[4]

야곱이 그 어머니 리브가에게 이르되 내 형 에서는 '털이 많은 사람'이요 나는 매끈매끈한 사람인즉(창 27:11)

창세기 25장에서는 에서의 다른 이름이 소개된다.

야곱이 죽을 쑤었더니 에서가 들에서 돌아와서 심히 피곤하여(창 25:29)

야곱이 '죽을 쑤다'(봐야제드 … 나지드, נָזִיד … וַיָּזֶד)에서 두 단어(죽/죽을 쑤다)는 동일한 어근(주드, זיד)을 가지고 있다.[6] 이러한 표현은 마치 야곱을 사냥꾼처럼 이해하도록 만드는데, 왜냐하면 '사냥꾼'(짜이드, צַיִד)이라는 단어의 발음이 '죽을 쑤다'(주드, זיד)와 비슷하기 때문이다.[7] 게다가 사냥꾼의 어근(쭈드, צוד)도 '죽을 쑤다'의 어근(주드, זיד)과 형태상 매우 유사하다. 따라서 이 구절의 야곱의 행위를 다음과 같이 설명할 수 있다. "야곱은 에서를 '쭈드'(사냥, צוד) 하기 위해 '주드'(죽을 만든다, זיד) 한다." 사냥꾼이었던 에서가 야곱의 사냥감으로 전락했다.

25:30은 붉은 것을 먹는 에서의 모습을 그리면서 그가 '에돔'으로 개명했다고

4 참조. G. Wenham, 『창세기 16-50』, 336; G. von Rad, 『창세기』, 294; 그와 다른 해석으로는 정일승, "아브라함의 죽음과 이스마엘의 족보, 에서와 야곱의 출생 및 장자권 거래", 62을 참조하라.

5 야곱과 에서의 뒤에 리브가와 이삭이 그려져 있고, Matthias Stomer의 그림과 마찬가지로 야곱이 붉은색 옷감을 걸치고 있다.

6 참조. W. Gesenius und F. Buhl, *Gesenius Hebräisches und Aramäisches Handwörterbuch über das Alte Testament*, 297, 그리고 798. Bibleworks는 '죽을 쑤다'의 어근을 '지드'(זיד)로 설명한다.

7 참조. 정일승, "아브라함의 죽음과 이스마엘의 족보, 에서와 야곱의 출생 및 장자권 거래", 64-65.

알린다. 한글 성서에서 '별명'(쉠, שֵׁם)으로 번역된 이 단어는 본래 '이름'이라는 뜻이다.

> 야곱에게 이르되 내가 피곤하니 '그 붉은'(민-하아돔 하아돔, מִן־הָאָדֹם הָאָדֹם) 것을 내가 먹게 하라 한지라 그러므로 에서의 별명은 '에돔'(אֱדוֹם)이더라(창 25:30)

에서는 심히 허기졌으므로 그 붉은 것을 먹고 '싶어 했다'(라아트, לעט). '라아트'가 성서에 단 한 번만 나오기 때문에(Hapaxlegomenon) 그 의미를 명확히 파악할 수는 없지만, 어쨌든 허기진 에서의 욕구를 잘 표현해 주는 단어이다.[8] 그리고 한글 성서에는 '붉은 것'이 한 번 나오지만 히브리 본문에는 두 번 나오는데(민-하아돔 하아돔, מִן־הָאָדֹם הָאָדֹם), 본문의 의도를 살려서 번역하면 '제발 그 붉은 것'이다. 이 붉은 요리는 허기를 가라앉힐 뿐만 아니라 아마도 씹지 않고 마실 수도 있는 것으로, 빵과 함께 먹는 음식이었다.[9]

> 야곱이 떡과 팥죽을 에서에게 주매 에서가 먹으며 마시고 일어나 갔으니 에서가 장자의 명분을 가볍게 여김이었더라(창 25:34)

이것은 오늘날에도 근동 지역에서 즐겨 먹는 음식으로, 아랍어로 *idâm*으로 불리며, 붉은 빛깔을 제외한다면 '팥죽'과 동일하지 않을 것이다.[10] 킹(P. J. King)과 스태거(L. E. Stager)는 고대 이스라엘의 생활상을 보여 주는 저서에서 이것을 '편두 스튜'[11]로 이해한다. 이후에 에서가 '야곱에게 두 번 속았다'라고 한탄하는데, 이

---

8 참조. C. Westermann, *Genesis 12-36*, 510.

9 참조. B. Jacob, *Das Buch Genesis*, 545; G. von Rad, 『창세기』, 295; G. Wenham은 사냥꾼들이 즐겨 먹었을, 고기가 들어 있는 음식으로 간주했다. G. Wenham, 『창세기 16-50』, 338.

10 참조. B. Jacob, *Das Buch Genesis*, 545; C. Westermann은 이것을 붉은 콩(Linsen) 요리라고 한다. C. Westermann, *Genesis 12-36*, 510; 차준희, 『창세기 다시보기』, 159. 차준희에 따르면 에서는 '선짓국'(blood soup)으로 생각했지만, 야곱에게서 받은 것은 '팥죽'이었다고 한다.

11 P. J. King and L. E. Stager, 『고대 이스라엘 문화』, 115.

는 에서가 생각한 음식과 야곱이 준 것이 달랐음을 보여 준다(창 27:36).

흥미로운 것은 에서의 다른 이름 '에돔'이 후에 국호(國號)로 사용된다는 점이다. 창세기 32:4에서는 지명으로, 출애굽기 15:15, 그리고 민수기 20:14에서는 국가 개념으로 사용되었다.

> 모세가 가데스에서 에돔 왕에게 사신을 보내며 이르되 당신의 형제 이스라엘의 말에 우리가 당한 모든 고난을 당신도 아시거니와(민 20:14)

오경에는 기원론적(Ätiologie/Etiology) 성격의 기록이 많이 포함되어 있다. 이 기록은 고대 지명의 기원을 설명해 주는데 일례로 창세기 28:17, 19 등이다. '벧엘'(בֵּית־אֵל)은 '하나님의 집'이라는 뜻인데 창세기 28장에서는 하나님이 야곱에게 나타난 사건을 통해 '벧엘'이라는 지명이 생기게 된 기원을 밝힌다.

허기를 이기지 못하여 붉은 음식에 자신의 권리를 팔아넘김으로써 '에서'가 '에돔'으로 개명하는 모습, 즉 '에돔'(붉음)이라는 국호의 기원을 밝히는 설명에는 에돔을 조롱하는 듯한 뉘앙스가 들어 있다. 게다가 '에돔'(אֱדוֹם)이 붉음을 의미하므로 피를 좋아하는 에돔의 폭력성도 암시해 준다(참조. 암 1:11).[12]

야곱의 행위들(창 25:29-34; 27:35)

25장의 마지막 단락은 야곱과 에서가 대화를 나누는 장면이다. 우리는 에서가 장자의 명분을 가볍게 여겼다는 서술을 근거로 해서, 야곱은 지혜롭고 에서는 어리석다고 해석해 왔다(창 25:34). 하지만 본문은 그 이상의 의미를 내포한다. '가볍게 여겼다'(바자, הָזָה)는 다른 본문에서 '멸시하다'로 번역할 정도로 매우 부정적인 표현이다(민 15:31; 삼상 2:30).

---

12 참조. B. Jacob, *Das Buch Genesis*, 546.

> 야곱이 떡과 팥죽을 에서에게 주매 에서가 먹으며 마시고 일어나 갔으니 에서가 장자의 명분을 '가볍게 여김이었더라'(봐이베즈, וַיִּבֶז)(창 25:34)
> 그런 사람은 여호와의 말씀을 '멸시하고'(바자, בָּזָה) 그의 명령을 파괴하였은즉 그의 죄악이 자기에게로 돌아가서 온전히 끊어지리라(민 15:31)

본문에서는 에서만 냉혹하게 평가할 뿐, 야곱에 대해서는 전혀 언급하지 않는다. 야곱은 '붉은 것'을 주면서 꼭 대가를 요구해야 했을까? 형제의 필요를 채워주는 것이 마땅하지 않은가? 에서가 경솔하게 행동한 원인이 '장자권을 팔라'라고 요구한 야곱에게 있으므로, 야곱은 윤리적인 측면에서 자유로울 수 없다.

> 야곱이 이르되 형의 '장자'(베코라, בְּכֹרָה)의 명분을 오늘 내게 '팔라'(믹크라, מִכְרָה)(창 25:31)

장자의 명분은 과연 거래가 가능한 것이었을까? 성서에는 장자권 매매에 대한 기록이 나오지 않는다. 이 구절에서는 '장자'(베코라, בְּכֹרָה)가 '팔다'의 명령형(믹크라, מִכְרָה)과 언어유희를 이룬다. '장자'라는 단어는 창세기 25장을 제외하고는, 성서의 일부 본문에서만 사용되었다(창 27:36; 43:33; 신 21:17; 대상 5:1-2).

신명기에서는 장자에게 두 배의 몫을 주어야 한다는 장자의 권리를 소개한다.

> 반드시 그 미움을 받는 자의 아들을 장자로 인정하여 자기의 소유에서 그에게는 두 몫을 줄 것이니 그는 자기의 기력의 시작이라 장자의 권리가 그에게 있음이니라(신 21:17)

아버지일지라도 장자를 임의로 정할 수 없고, 사랑하는 여인에게서 아들이 태어났을지라도 장자의 순서를 바꿀 수는 없다. 그런데 역대상에서는 야곱의 장자인 르우벤이 장자권을 박탈당하는 독특한 상황을 서술한다(참조. 창 35:22).

이스라엘의 장자 르우벤의 아들들은 이러하니라 (르우벤은 장자라도 그의 아버지의 침상을 더럽혔으므로 장자의 명분이 이스라엘의 아들 요셉의 자손에게로 돌아가서 족보에 장자의 명분대로 기록되지 못하였느니라)(대상 5:1)

이스라엘이 그 땅에 거주할 때에 르우벤이 가서 그 아버지의 첩 빌하와 동침하매 이스라엘이 이를 들었더라(창 35:22)

르우벤의 장자권 박탈에는 '아버지의 침상을 더럽혔다'라는 근거가 명확하게 제시되어 있다. 이처럼 장자권은 임의로 처분할 수 있는 것이 아니었다. 그렇다면 에서는 장자권을 박탈당할 만한 부정한 일을 저질렀는가? 성서에는 그러한 기록이 나오지 않는다.

창세기 27장에서는 에서가 야곱이 자신의 장자의 명분을 빼앗았다고 토로한다. 이것은 25장 사건을 염두에 둔 발언이다.

이삭이 이르되 네 아우가 와서 '속여' 네 복을 빼앗았도다 에서가 이르되 그의 이름을 야곱이라 함이 합당하지 아니하니이까 그가 나를 속임이 이것이 두 번째니이다 전에는 나의 장자의 명분을 빼앗고 이제는 내 복을 빼앗았나이다 또 이르되 아버지께서 나를 위하여 빌 복을 남기지 아니하셨나이까(창 27:35-36)

여기에서 문제가 되는 것은 '속이다'(미르마, מִרְמָה)이다. "이삭이 이르되 네 아우가 와서 '속여'(베미르마, בְּמִרְמָה) 네 복을 빼앗았도다." 성문서와 예언서에서는 '속이는' 행위를 매우 큰 죄로 다루는데, 이는 악인의 전형적인 행위이기 때문이다.

그들은 재난을 잉태하고 죄악을 낳으며 그들의 뱃속에 '속임'(미르마, מִרְמָה)을 준비하느니라(욥 15:35)

거짓말하는 자들을 멸망시키시리이다 여호와께서는 피 흘리기를 즐기는 자와 '속이는 자'(미르마, מִרְמָה)를 싫어하시나이다(시 5:6[7])

네가 사는 곳이 '속이는 일'(미르마, מִרְמָה) 가운데 있노다 그들은 '속이는 일로'(베미

르마, בְּמִרְמָה) 말미암아 나를 알기를 싫어하느니라 여호와의 말씀이니라(렘 9:6[5])

그렇다면 야곱의 행위에 정당성을 부여할 수 있는가? 성서는 야곱의 행위에 대해 윤리적으로 평가를 내리지 않지만, 오늘날 우리는 '과연 속여서 빼앗은 권리가 정당할 수 있는가?' 하는 문제를 제기할 수 있다.[13] 일부 학자들은 야곱의 장자권을 '이스라엘' 국가의 정통성과 연결해서 해석한다. 하지만 이러한 시각은 야곱의 부정한 행위에 침묵하는 것이다.

한 가지 더 생각해 볼 내용이 있다. "야곱은 장자의 권리를 누렸는가?" 앞에서 살펴본 것처럼 장자는 다른 아들들과 비교해서 아버지의 유산을 '두 몫' 받을 권리가 있었다(신 21:17). 하지만 야곱은 '두 몫'은커녕 혈혈단신으로 하란으로 도주했다(창 28:1-10). 물론 이삭이 생존해 있었기 때문에 유산을 받을 상황도 아니었다. 신부를 위해 지불할 돈이 없었던 야곱은 라반의 집에서도 14년이나 노동을 해야 했다.

내가 오기 전에는 외삼촌의 소유가 적더니 번성하여 떼를 이루었으니 내 발이 이르는 곳마다 여호와께서 외삼촌에게 복을 주셨나이다 그러나 나는 언제나 내 집을 세우리이까(창 30:30)

성서에서는 야곱이 이삭에게 복을 받은 것이 아니라, 하나님으로부터 복을 받아 부유해졌다고 증언한다(창 31:42). 환언하면, 야곱은 에서를 속여서 장자권과 축복권을 빼앗았지만, 그것들이 야곱의 삶에 중요하게 작용하지는 않았다. 그러므로 장자권과 축복권의 탈취 사건은 그 이후 이야기와 내용상 연결이 되지 않는다.

---

13 리브가의 행동에도 같은 문제를 제기할 수 있다(창 27:5-17). 참조. 차준희, 『창세기 다시보기』, 154-157.

개명 - 야곱이 이스라엘로(창 25:26; 27:36; 32:28[29])

한 개인의 이름이 국호(國號)로 사용되는 경우가 '에돔'에 이어 다시 한 번 나온다. 야곱의 이름이 이스라엘로 바뀌는 것이다. 야곱이 처음 등장하는 때는 에서와 함께 태어나는 장면이다.

> 후에 나온 아우는 손으로 '에서의 발꿈치를 잡았으므로'(오헤젯 바아켑 에사브, אֹחֶזֶת בַּעֲקֵב עֵשָׂו) 그 이름을 '야곱'(יַעֲקֹב)이라 하였으며 리브가가 그들을 낳을 때에 이삭이 육십 세였더라(창 25:26)

야곱이라는 이름은 '아켑'(עָקֵב, '발꿈치')과 동일한 자음이고, '발꿈치를 잡았다'라는 뜻이다. 하지만 야곱의 호칭은 그밖에도 다양한 의미를 갖는다.

> 에서가 이르되 그의 이름을 '야곱'(야아콥, יַעֲקֹב)이라 함이 합당하지 아니하니이까 그가 나를 '속임'이(봐야케베니, וַיַּעְקְבֵנִי) 이것이 두 번째니이다(창 27:36a)

본문이 보여 주듯이 '속이다'(아캅, עקב) 동사와 '야곱'(야아콥, יַעֲקֹב)은 어근이 동일하다. 에서가 야곱에게 장자권과 축복권을 모두 빼앗기고 난 후에, 아버지 이삭에게 야곱이라는 이름의 뜻과 그의 속이는 행위가 일치한다고 비난한다. 그의 이름에는 매우 부정적인 의미가 들어 있는 것이다.[14]

> 너희는 각기 이웃을 조심하며 어떤 형제든지 믿지 말라 형제마다 '완전히 속이며'(아콥 야-콥, עָקוֹב יַעְקֹב) 이웃마다 다니며 비방함이라(렘 9:4[3])

---

14 G. von Rad는 다른 견해를 제시한다. 야곱의 이름은 '하나님께서 지켜 주시기를 바란다'는 의미인데, 에서가 그 뜻을 왜곡하고 있다고 설명한다. G. von Rad, 『창세기』, 309; 하지만 G. Wenham은 야곱의 어근을 '속이다'로 이해한다면, 그것과 고대 우가릿어(*'qb*)가 일치함을 보여 준다. G. Wenham, 『창세기 16-50』, 390-391.

성서에는 개명 사건이 여러 번 소개된다. '아브람'이 '아브라함'으로 이름이 바뀌었듯이 '야곱'도 '이스라엘'로 바뀌었다. 족장 중에 이름이 바뀌지 않은 인물은 '이삭'뿐이다. 창세기 32장에는 야곱의 개명 사건이 소개된다. 야곱이 식구들을 거느리고 얍복 나루를 건너가, 그곳에 잠시 홀로 남아 있다가 어떤 사람과 날이 새도록 씨름을 했다. 그가 돌아가려고 했지만 야곱이 놓아 주지 않자, 야곱의 이름을 묻고는 '이스라엘'로 바꿔 주었다.

> 그가 이르되 네 이름을 다시는 야곱이라 부를 것이 아니요 '이스라엘'(יִשְׂרָאֵל)이라 부를 것이니 이는 네가 하나님과 및 사람들과 '겨루어'(사리타, שָׂרִיתָ) 이겼음이니라 (창 32:28[29])

'이스라엘'(יִשְׂרָאֵל)이라는 이름은 '겨루다'(사라, שָׂרָה)라는 동사와 어근이 같다. '이스라엘'이라는 표현은 본래 '하나님이 다툰다'를 의미하며, '하나님과 다툰다'라는 뜻과는 거리가 있다. 즉, '하나님이 다툰다'라는 '이스라엘'은 '네가 하나님과 겨루었다'(사리타 임-엘로힘, שָׂרִיתָ עִם־אֱלֹהִים)와 언어유희이다.[15] '하나님이 다툰다'가 '하나님과 겨룬다'로 바뀌었다. 히브리어 전치사 '임'(עִם)을 어떻게 해석하느냐 따라 의미가 달라진다. 한글 성서는 '임-엘로힘'(עִם־אֱלֹהִים)을 '하나님과'로 번역하여 하나님을 야곱과 다투는 대상으로 서술했다.[16] 하지만 '임'(עִם)이 문자적으로는 '함께'를 뜻하므로 하나님이 야곱의 편에 서서 다투는 모습으로 해석될 수도 있다(비교. 호 12:4).[17] 야곱의 새로운 이름은 이후에 '에돔'과 마찬가지로 국호(國號)로 사용되므로, 이 개명 사건은 이스라엘 국가에 큰 의미가 있다.

---

15 참조. G. Wenham, 『창세기 16-50』, 528. 그밖에도 '이스라엘'에는 다양한 의미가 있다.

16 참조. W. Gesenius und F. Buhl, *Gesenius Hebräisches und Aramäisches Handwörterbuch über das Alte Testament*, 1299.

17 이것을 위해 우리는 전치사의 다양한 의미를 고려해야 한다. 창세기 문맥에서 하나님은 '대상'이 된다. L. Köhler und W. Baumgartner, *Hebräisches und Aramäisches Lexikon zum Alten Testament* Bd. 2, 1354.

마무리하기

'에서와 야곱' 이야기에는 아주 독특하게도 개명 사건이 두 번이나 나온다. 에서의 개명은 그가 먹은 '붉은' 음식과 관련이 있는데, 여기서 붉은 색은 에돔에 대한 경멸과 에돔의 폭력적인 성향을 암시한다. 그와 달리 야곱의 개명 사건은 전혀 다른 국면을 서술한다. 에서의 개명을 묘사하는 과정에서 야곱은 그의 이름에 걸맞게 에서를 '속이는 자'로 등장한다. 형제를 속인 야곱의 행위는 윤리적 문제를 야기하며, '속여서 빼앗은 장자권은 합당한가?'라는 의문을 제기하게 한다.

야곱은 장자권과 축복권을 탈취했지만, 아버지 이삭에게 장자로서의 권리를 주장할 수 없었다. 분노하는 에서를 피해 밧단아람으로 홀로 도주해야 했기 때문이다. 그곳에서의 그의 삶은 비참했다. 그는 장자권/축복권이 아니라, 하나님의 돌봄을 통해 부를 축적했다.

야곱의 개명 사건이 나오는 32장에서는 야곱의 변화된 모습과 에서와의 달라진 관계를 서술함으로써 야곱에 대한 새로운 이해를 제시하는 동시에 후대 이스라엘에 대한 이해를 제공한다.

토의를 위한 질문

01. 창세기 25:19부터는 이삭의 족보가 소개된다. 자녀들이 태어났을 때 이삭의 나이는 몇 살이었는가?

02. 에서는 에돔(붉음)으로 개명되었다. 일반적으로는 개명을 하면 긍정적인 호칭으로 바뀌었는데 에돔으로의 개명은 그렇지 않았다. 에돔에는 어떤 조롱의 의미가 담겨 있는가?

03. 창세기 25:29에서 '죽을 쑤는' 야곱은 어떤 모습으로 묘사되었는가? 본문에서 언어유희를 살펴보라. 25:31과 27:36은 에서의 장자권과 축복권이 탈취되는 장면을 묘사한다. 리브가와 야곱의 행위는 정당한가? 목적은 수단을 정당화할 수 있는가?

04. 장자권과 축복권을 탈취한 야곱은 이삭으로부터 무엇을 받았는가? 신명기 21:17에서는 장자의 권리를 서술하는데, 야곱이 에서를 피해 달아날 때 야곱은 두 배의 축복을 받았는가? 라헬을 아내로 취할 때 야곱은 신부를 위해 지불할 돈이 없어서 어떻게 했는가?

부록

야곱, 에서와 재회하다

> 자기는 그들 앞에서 나아가되 몸을 일곱 번 땅에 '굽히며'(봐이쉬타후, וַיִּשְׁתַּחוּ) 그의 형 에서에게 가까이 가니(창 33:3)

얍복 나루 사건 이후 야곱이 달라졌다. 무리를 여럿으로 나눈 뒤 맨 뒤에서 뒤따라오던 야곱이 선두로 나와 에서를 만난다. 그리고 에서가 가까이 오기까지 '일곱 번 땅에 절을 한다.' 야곱의 식구들도 야곱을 따라 한다. 고대 아마르나 서신에는 이러한 행위가 적지 않게 등장한다.[18] 이를 근거로 야곱의 행위는 봉신관계에서 나타나는 행위 혹은 주군에 대한 신하의 행위로 해석된다(비교. 창 18:2 등).[19]

야곱 이야기에서 '절하다'라는 표현이 이곳 말고 한 번 더 나오는데, 이삭이 야곱을 축복할 때이다.

> 만민이 너를 섬기고 열국이 네게 '굴복하리니'(붸이쉬타하부, וְיִשְׁתַּחֲווּ) 네가 형제들의 주가 되고 네 어머니의 아들들이 네게 '굴복하며'(붸이쉬타하부, וְיִשְׁתַּחֲווּ) 너를 저주하는 자는 저주를 받고 너를 축복하는 자는 복을 받기를 원하노라(창 27:29)

만민이 야곱을 섬길 것이다. 야곱의 형제들이 야곱에게 굴복할 것인데, 에서도 여기에 포함된다. 즉, 에서가 야곱에게 절해야 한다. 그러나 야곱과 에서가 재회하는 장면에서는 관계가 역전되어 야곱이 일곱 번이나 몸을 숙여 에서에게 절을 한다. 웬함은 야곱이 머리를 숙이는 독특한 장면과 에서에게 예물을 주는 모습을

---

18 "아마르나 편지", 『고대 근동 문하 선집』, 783-804.

19 참조. H. J. Boecker, *1 Mose 25,12-37,1 Isaak und Jakob*, 107.

‘축복을 돌려주려는 시도’로 해석한다.[20]

20 G. Wenham, 『창세기 16-50』, 531.

15

창세기 29장

레아, 사랑받지 못한 여인?

어윈 스펙터(Erwin Speckter), 야곱이 라헬을 만나다(Jacob meets Rachel), 1827년경[1]

한눈에 보기

예술가들은 그동안 야곱과 라헬의 러브스토리를 위주로 작품을 만들어 왔다. 야곱의 첫째 아내이자 라헬의 언니인 레아가 야곱과 단둘이 등장하는 예술품을 찾아보기는 힘들다. 야곱이 레아보다 라헬을 더 사랑했다고 성서는 기록하지만,

---

1 오래전부터 화가들은 한 여인과 사랑에 빠진 야곱의 모습을 그려 왔는데 대부분 야곱과 라헬을 주제로 삼아 표현했다. 그중 양 떼를 이끄는 라헬과 야곱의 만남을 그린 Josef von Führich의 그림(Jacob Encountering Rachel with her Father's Herds, 1836)이 대표적이다.

우리는 레아를 너무 매정하게 다룬 듯하다. 레아는 과연 야곱의 사랑을 받지 못한 비운의 여인이었는가? 야곱이 자신의 생(生)의 마지막에 남긴 한마디는 우리의 고정관념을 재고하게 한다.

시작하기

야곱에게는 여러 명의 아내가 있었다. 라반의 딸들인 레아와 라헬 자매가 대표적이다. 성서에서는 두 여인이 야곱과 결혼하는 과정을 매우 흥미롭게 기록한다. 야곱은 라헬과 결혼하고자 7년을 며칠처럼 여기며 외삼촌 라반을 섬겼다(창 29:20). 하지만 손윗사람이 먼저 결혼해야 한다는 관습 때문에 야곱은 레아와 결혼하게 되었다. 야곱은 분했지만, 다시 7년을 라반을 위해 일했다. 한글 성서는 야곱이 그와 같이 봉사한 이유를 '레아보다 라헬을 더 사랑하여'라고 설명한다. 레아의 입장에서 이 본문을 보면 기분이 어떠할까? 우리가 그녀의 심정을 짐작이라도 할 수 있을까? 첫날밤이 지난 후에야 자신의 아내가 라헬이 아닌 것을 알게 된 야곱은 레아를 어떤 시선으로 바라보았을까?

성서에서는 라헬에 대한 기록을 쉽게 찾을 수 있다. 하지만 레아는 자녀를 낳았다는 기록 외에는 별로 등장하지 않는다. 레아는 정말 야곱의 사랑을 받지 못했을까?

레아

레아는 시력이 약하다?

창세기 29:17에서는 '레아는 시력이 약하고 라헬은 곱고 아리따우니'라고 묘사함으로써, 레아에 대해 부정적인 인식을 갖게 한다. 하지만 '(시력이) 약하다'의 '라크'(רַךְ)는 다양한 의미로 번역할 수 있다. 히브리어 '라크'는 신명기 28:54, 56

에서는 '온유하고'로, 잠언 15:1에서는 '유순한/부드러운'으로 번역되었다. 해밀턴은 이러한 번역을 수용하여 '레아는 나이가 많았지만, 눈은 훨씬 어린 사람의 것처럼 아름다웠다'라고 해석한다.[2] 『새번역』과 『공동번역』에서도 이 단어를 '부드럽다'로 번역한다.

> 레아는 눈매가 '부드럽고', 라헬은 몸매가 아름답고 용모도 예뻤다.(새번역. 창 29:17)
> 레아는 '부드러운' 눈매를 하고 있었지만, 라헬은 몸매도 아름답고 용모도 예뻐서(공동번역. 창 29:17)

라헬을 더 사랑했다?

창세기 29:18에서는 야곱이 라헬을 '더(!) 사랑했다'라고 서술한다. 하지만 다른 번역본들에는 비교급 부사 '더'가 나오지 않는다.

> 야곱이 라헬을 더 사랑하므로(개역개정. 창 29:18*)
> 야곱은 라헬을 사랑하고 있었으므로(『성경』. 창 29:18)
> Jacob loved Rachel(ESV. 창 29:18)
> וַיֶּאֱהַב יַעֲקֹב אֶת־רָחֵל(봐예에하브 야콥 엣-라헬)(BHS. 창 29:18)

'(시력이) 약하다'라고 번역된 단어를 근거로 해서 레아의 외모를 논하는 것은 적절하지 않다. 29:18보다는 29:31을 근거로 레아가 '사랑을 받지 못했다'고 해석할 수 있는데, 이 구절에서는 '미움받고'(쉐누아, שְׂנוּאָה) 있다고 서술한다.

---

2 V. P. Hamilton, *Genesis 18-50*, 258-259; 이와는 반대로, G. von Rad는 '흐릿하고 광채 없는 눈'을 의미한다고 추정한다. G. von Rad, 『창세기』, 324.

조상들의 매장지

아브라함, 이삭, 그리고 야곱. 이들의 죽음을 묘사할 때 공통적으로 발견되는 표현이 있다.

> 아브라함의 향년이 백칠십오 세라 그의 나이가 높고 늙어서 기운이 다하여 죽어 '자기 열조에게로 돌아가매'(창 25:7-8)
>
> 이삭이 나이가 많고 늙어 기운이 다하매 죽어 '자기 열조에게로 돌아가니' 그의 아들 에서와 야곱이 그를 장사하였더라(창 35:29)
>
> 야곱이 아들에게 명하기를 마치고 그 발을 침상에 모으고 숨을 거두니 '그의 백성에게로 돌아갔더라'(창 49:33)

'자기 열조에게로 돌아간다'라는 표현은 무슨 뜻일까? 탈몬(S. Talmon)은 이 본문과 관련된, 고대 이스라엘 사람의 사상을 매우 간결하게 설명한다. "산 자의 공동체에서 죽은 자의 공동체로 들어가는 것."[3] 즉, 죽음으로 모든 것이 끝나는 것이 아니라, 죽음 이후에도 공동체는 지속된다는 것이다.

아브라함과 사라

성서에서는 아브라함을 이스라엘은 물론 모든 믿는 자들의 조상이라고 서술한다(창 15:6; 참조. 히 11장). 아브라함의 아내 사라는 127년간 수명을 누렸다. 사라가 죽은 뒤에 아브라함은 에브론(헤브론)에 위치한 막벨라 굴을 구입했고, 그곳에 사라를 장사했다. 아브라함에게는 여러 명의 아내가 있었지만(창 25:1), 오직 '사라'만 막벨라 굴에 매장되었다. 창세기 25장에 의하면 아브라함 역시 막벨라 굴에

3 S. Talmon, "The Sectarian יחד. A Biblical Noun", 133-140, 특별히 138을 참조하라; 그밖에도 P. J. King and L. E. Stager, 『고대 이스라엘 문화』, 476-477; G. Wenham, 『창세기 16-50』, 313; 이은애, "히브리 성서에서의 죽음과 장례: 존재와 관계에 대한 기억", 143.

장사되었다.

> 마므레 앞 막벨라에 있는 에브론의 밭 곧 그 밭과 거기에 속한 굴과 그 밭과 그 주위에 둘린 모든 나무가 성 문에 들어온 모든 헷 족속이 보는 데서 아브라함의 소유로 확정된지라 그 후에 아브라함이 그 아내 사라를 가나안 땅 마므레 앞 '막벨라 밭 굴에 장사하였더라'(창 23:17-19)
> 아브라함의 향년이 백칠십오 세라 그의 나이가 높고 늙어서 기운이 다하여 죽어 자기 열조에게로 돌아가매 그의 아들들인 이삭과 이스마엘이 그를 마므레 앞 헷 족속 소할의 아들 에브론의 밭에 있는 '막벨라 굴에 장사하였으니'(창 25:7-9)

아브라함과 사라가 매장된 이 굴은 특별히 족장들을 장사지내는 곳이었기에 이후에도 중요한 장소로 언급된다.

이삭과 리브가

이삭은 어머니 사라를 장사지낸 후에 리브가를 아내로 맞이한다. 성서에서는 이삭과 리브가를 자세히 다루지 않는다. 다만 창세기 27장에서 두 그룹(리브가와 야곱, 이삭과 에서) 간의 갈등을 묘사할 때 이들이 비중 있게 등장한다. 그리고 35장에서는 이삭이 임종하기 전에 아들 야곱과 만났다고 서술한다. 그런데 아브라함과 사라의 매장지를 구체적으로 소개한 것과 달리 이삭을 매장한 장소에 대해서는 전혀 언급이 없다. 단지 이삭이 임종 때까지 헤브론에서 머물렀다고만 기록되어 있다.

> 야곱이 기럇아르바의 마므레로 가서 그의 아버지 이삭에게 이르렀으니 기럇아르바는 곧 아브라함과 이삭이 거류하던 헤브론이더라 이삭의 나이가 백팔십 세라 이삭이 나이가 많고 늙어 기운이 다하매 죽어 자기 열조에게로 돌아가니 그의 아들 에서와 야곱이 그를 장사하였더라(창 35:27-29)

여기서 야곱이 이삭을 만나러 '마므레'로 갔다는 것과 그곳이 아브라함이 거류하던 '헤브론'이라는 지역 정보로 볼 때, 아마도 막벨라 굴에 이삭이 장사되었으리라고 유추해 볼 수 있다(창 23:19). 성서는 리브가의 죽음에 대해서도 별다른 기록을 하지 않는다. 49장에 가서야 비로소 이삭과 리브가를 장사지낸 곳이 소개된다.

> 이 굴은 가나안 땅 마므레 앞 막벨라 밭에 있는 것이라 아브라함이 헷 사람 에브론에게서 밭과 함께 사서 그의 매장지를 삼았으므로 '아브라함과 그의 아내 사라'가 거기 장사되었고 '이삭과 그의 아내 리브가'도 거기 장사되었으며(창 49:30-31a)

이 본문에서는 막벨라 굴이 아브라함 가족의 매장지로 사용되고 있음을 알려 준다. 특별히 여기에는 이스라엘 조상과 선별된 그들의 '아내'만이 장사되었다.

야곱과 아내들(레아, 라헬)의 매장지

야곱이 '조상들에게로 돌아가다'라는 표현을 사용하여 자신의 임종이 가까워 왔음을 알린다. 이와 비슷한 표현이 아브라함(참조. 창 25:8; 15:15)과 아론(민 20:26), 모세의 임종 때에도 나온다(민 27:13). 야곱은 아브라함과 이삭과 달리, 스스로 매장지를 지목한다.

> 그가 그들에게 명하여 이르되 '내가 내 조상들에게로 돌아가리니' 나를 헷 사람 '에브론의 밭에 있는 굴'에 우리 선조와 함께 장사하라(창 49:29)

앞에서 살펴보았듯이, 레아는 사랑받지 못한 여인으로 이해되었고(창 29:25), 성서 역시 야곱이 레아보다 라헬을 더 사랑했다고 기록한다.[4]

---

4 37:3에서는 야곱이 다른 형제들보다 요셉을 더 사랑해서 채색옷을 입혔다고 언급한다. 혹자는 이러한 이유를 야곱이 라헬을 더 사랑했다는 것에서 찾지만, 이와 같은 해석은 근거가 부족하고 추가적인 설명을 요구할 뿐이다.

> 야곱이 또한 라헬에게로 들어갔고 그가 레아보다 라헬을 더 사랑하여 다시 칠 년 동안 라반을 섬겼더라(창 29:30)

그러나 라헬과 레아의 매장지에 대한 기록을 살펴보면 새로운 사실을 알 수 있다. 오랫동안 자식이 없었던 라헬은(창 29:31) 태가 열리게 되어 요셉을 낳았고, 베냐민을 출생하는 과정에서 죽음을 맞이한다(창 35:18). 야곱은 라헬을 장사지낸 후, 그녀를 위해 묘비를 세운다.

> 라헬이 죽으매 에브랏 곧 '베들레헴 길에' 장사되었고 야곱이 라헬의 묘에 비를 세웠더니 지금까지 라헬의 묘비라 일컫더라(창 35:19-20)

라헬은 에브랏이라는 베들레헴 길에 장사되었다. 라헬의 무덤은 이후에 중요한 이정표로도 사용되었고(삼상 10:2), 오늘날에도 많은 관광객이 찾는 명소가 되었다. 여하튼 라헬의 매장지인 '에브랏 곧 베들레헴 길'은 조상들의 매장지와 구별된다. '아브라함과 사라', '이삭과 리브가'의 매장지이자 '야곱'이 자신을 묻어 달라고 요구한 곳은 '마므레 앞 막벨라'이다. 야곱이 사랑했던 라헬은 조상들의 무덤에 장사되지 못했다.

성서에서는 레아가 어떻게 죽었는지에 대해서는 기록하지 않고, 단지 어디에 묻혔는지만 밝힌다.

> 아브라함과 그의 아내 사라가 거기 장사되었고 이삭과 그의 아내 리브가도 거기 장사되었으며 나도 레아를 그 곳에 장사하였노라(창 49:31)

막벨라 굴에는 이스라엘 조상의 선택된 아내들만이 매장될 수 있었다. 야곱이 자신의 아내 레아를 조상들의 묘에 장사지냈다는 것은 다른 아내들보다 레아를 특별하게 생각했음을 보여 준다. 젊은 시절에 야곱은 의심할 여지없이 레아보다는 라헬을 많이 사랑했다. 그러나 마지막 유언에서 야곱은 조상들의 무덤에 묻힐 것을 소망할 뿐 아니라, 그의 아내 레아 곁에 매장되기를 원한다. 다시 말해, 레아는 그녀의 남편 야곱과 함께 묻히게 된다.

> 그가 그들에게 명하여 이르되 내가 내 조상들에게로 돌아가리니 나를 헷 사람 '에브론의 밭에 있는 굴'에 우리 선조와 함께 장사하라 이 굴은 가나안 땅 마므레 앞 막벨라 밭에 있는 것이라 아브라함이 헷 사람 에브론에게서 밭과 함께 사서 그의 매장지를 삼았으므로 아브라함과 그의 아내 사라가 거기 장사되었고 이삭과 그의 아내 리브가도 거기 장사되었으며 나도 '레아를 그 곳에 장사하였노라'(창 49:29-31)

이것은 야곱이 '라헬을 싫어했다' 혹은 '라헬보다 레아를 사랑했다'라는 뜻은 아니다. 하지만 '레아는 야곱에게 사랑받지 못했던 여인'이라는 일반적인 인식을 수정할 필요가 있음은 분명하다. '조상들에게로 돌아간다'는 표현에서 확인되듯이, 야곱은 죽음을 삶의 연속 과정으로 이해하고 있다. 그러므로 죽음 이후에 레아와 함께하기를 소망하는 야곱의 바람은 레아를 향한 야곱의 마음을 재고하게 한다.

마무리하기

레아와 라헬. 두 여인이 야곱의 아내가 되는 과정은 한 편의 드라마처럼 매우 극적이다. 하지만 두 자매의 운명은 상반되게 기록되어 있다. 솔직하게 말하면, 우리는 레아가 야곱에게 그다지 사랑을 받지 못했을 것이라고 추정한다. 중세와 근대의 수많은 예술가 역시 이렇게 생각했고, 그래서 레아를 작품의 대상으로 삼지 않았다.

야곱은 청년 시절에 라헬을 사랑했다. 베냐민을 출산하는 과정에서 사랑하는 라헬이 숨을 거두자, 야곱은 그녀를 에브랏 곧 베들레헴 길에다 장사지냈다. 라헬의 무덤은 이미 오래전부터 알려져 있었다.[5] 그리고 오늘날에도 많은 사람이 그녀의 무덤을 방문하고 있다.

하지만 성서는 그것으로 종결되지 않는다. 창세기의 마지막 부분에서는 야곱의 죽음에 관해 상세하게 묘사하는데, 야곱은 임종을 목전에 두고 자신을 장사지낼 곳을 자녀들에게 설명한다. 그곳은 아브라함과 이삭이 매장된 곳이다. 그리고 사라와 리브가도 함께 묻혀 있다. 즉, 아무나 장사될 수 없는 장소이며, 오직 조상으로 인정된 자와 그의 아내만이 매장된 장소이다.

그런데 그곳에 또 한 명의 여인이 매장되었다는 기록이 나온다. 레아! 야곱의 사랑을 받지 못했다고 추정된 여인이 그곳에 장사되었다. 참으로 흥미롭게도, 창세기 마지막에 가서야 레아가 야곱의 진정한 아내로 인정받았다는 사실을 접하게 된다. 야곱은 또 다른 공동체로 들어가는 관문인 죽음 이후를 레아와 함께하기를 소망했다. 야곱에게 사랑을 받은 여인 레아!

5 1585년 한 여행자가 라헬의 묘지를 스케치했다.

토의를 위한 질문

01. 아브라함은 아내가 여럿 있었지만, 그중 사라만을 위하여 특별한 매장지를 준비한다. 그곳의 이름은 무엇이며, 장소는 어디인가? 23:17-19을 보라.

02. 아브라함이 매장된 곳은 어디인가? 25:7-9을 보라. 이삭과 리브가가 매장된 곳은 어디인가? 49:30-31a을 보라.

03. 야곱의 아내 라헬이 매장된 곳은 어디인가? 35:19-20을 보라. 그리고 레아가 매장된 곳은 어디인가? 49:31을 보라.

04. 아브라함과 사라, 그리고 이삭과 리브가, 야곱과 레아는 특정한 한 장소에 매장되었다. 이것은 무엇을 의미하는가? '내 조상에게로 돌아간다'라는 표현은 무슨 뜻인가?

05. 야곱은 죽음을 목전에 두고 누구의 곁에 매장되기를 원하는가?

부록

야곱의 소원(출애굽)

야곱은 왜 자신을 '헤브론의 밭에 있는 굴'에 매장하라고 후손들에게 말했을까? 여기서 가장 먼저 고려해야 할 부분은 야곱이 죽음을 맞이한 장소가 애굽 땅이라는 점이다. 이곳은 하나님이 아브라함의 후손들에게 주겠다고 약속한 땅이 아니다. 비록 야곱은 애굽 땅에서 죽지만 약속의 땅에 매장되기를 간절히 바라고 있는 것이다. 즉, 야곱은 자신의 매장지를 가나안으로 요구함으로써 이스라엘 백성이 언젠가는 애굽을 탈출해야 함을 예언하고 있다. 예언자적인 야곱의 모습이 창세기 49장 전체에 묘사되어 있다. "너희가 후일에 당할 일을 내가 너희에게 이르리라"(창 49:1). 출애굽하는 야곱의 이러한 모습은 '갈대아 우르'에서 나온, 즉 출바벨론하는 아브라함의 모습과 동일하다. 아브라함이 바벨론을 탈출한 디아스포라가 따라야 할 인물로 기록된 것처럼, 야곱은 애굽을 탈출해야 하는 자들의 모범으로 등장한다.

16

창세기 31장

야곱의 귀환, 출애굽 세대를 향해 말하다

지오반니 바티스타 티에폴로(Giovanni Battista Tiepolo),
우상을 숨기는 라헬(Rachel hiding the idols from her Father Laban), 1726-1729년경[1]

한눈에 보기

성서에는 야곱의 파란만장한 삶이 기록되어 있다. 그는 형 에서의 장자권을 빼앗은 후 외삼촌 라반의 집으로 도피했다. 그곳에서 네 명의 아내를 맞아 많은 자녀를 얻었다. 하지만 라반 아래에서 살아간다는 것은 이방인의 삶 그 자체였다. 결국 야곱은 식구들을 이끌고 그곳에서 탈출(!)하고(창 31:20-21), 라반이 그들을 뒤쫓는다. 이 장면은 출애굽기에 나오는, '이스라엘'의 탈출의 원형(原型)이 된다.

1 도망치는 야곱과 그의 아내들을 잘 표현했다. 라반이 매우 중요하게 생각하는 드라빔이 여인에게 깔려 있는 모습은 독자가 드라빔을 우스꽝스럽게 여기도록 만든다. 이러한 장면에 주목하다 보면 우리는 창세기

시작하기

창세기 30장과 연결되는 31장은 외삼촌인 라반의 밑에서 야곱이 번성해 가는 이야기이다. 30장에서 야곱은 라헬에게서 요셉을 낳은 후에 자신의 땅으로 가게 해 달라고 외삼촌에게 요구한다(창 30:25). 이방 땅에서 오랫동안 거주하다가 고향으로 돌아가고자 하는 야곱의 모습은 한눈에 보기에도 아브라함과 비교된다. 아브라함은 정든 고향을 떠나 하나님이 지시하는 낯선 땅으로 갔다면, 야곱은 낯선 땅을 떠나 하나님이 지시하는 고향으로 돌아간다.

> 여호와께서 야곱에게 이르시되 '네 조상의 땅' 네 족속에게로 돌아가라 내가 너와 함께 있으리라 하신지라(창 31:3)
>
> 여호와께서 아브람에게 이르시되 너는 너의 고향과 친척과 아버지의 집을 떠나 '내가 네게 보여 줄 땅으로' 가라(창 12:1)

이 구절들에서는 문자적으로 '땅'이라는 단어가 공통되게 사용되었다. 이어지는 야곱 이야기에서도 아브라함과 야곱과의 직접적인 공통점이 나온다.

귀환

31장에서는 야곱과 라반의 아들들 사이에서 발생한 갈등을 그린다. 갈등의 이유는 라반의 소유는 점점 줄어드는 데 반해 야곱의 재산은 점점 늘어났기 때문이었다. 그래서 야곱은 라반과도 종전과 같은 관계를 유지하기가 어려워졌다. 31장에 두 번에 걸쳐 나오는 '돌아가라'는 하나님의 명령은 이러한 배경에서 이해해

31장이 독자에게 궁극적으로 알리고자 하는 것을 잊게 된다. 야곱의 귀환 이야기를 오경의 다른 이야기와 연결할 때, 비로소 저자의 시각에서 본문을 이해할 수 있다.

야 한다.

여호와께서 야곱에게 이르시되 '네 조상의 땅 네 족속에게로 돌아가라'(슈브 엘-에레쯔, שׁוּב אֶל־אֶרֶץ) 내가 너와 함께 있으리라 하신지라(창 31:3)
나는 벧엘의 하나님이라 네가 거기서 기둥에 기름을 붓고 거기서 내게 서원하였으니 지금 일어나 이 곳을 떠나서 '네 출생지로 돌아가라'(붸슈브 엘-에레쯔 몰라드테카, וְשׁוּב אֶל־אֶרֶץ מוֹלַדְתֶּךָ) 하셨느니라(창 31:13)

이 땅에서 떠나 그 땅으로 돌아가라

31:13에서 하나님은 자신을 '벧엘의 엘(하나님)'이라고 소개한다. 그리고 이 구절에는 독특하게도, '일어나라'(쿰, קוּם), '떠나라'(쩨, צֵא), '돌아가라'(슈브, שׁוּב)라는 다양한 명령이 나온다. 하지만 '일어나라'는 하나의 독립된 의미라기보다는 '떠나라'를 강조하는 표현이기에,[2] 실제로는 두 가지(떠나라, 돌아가라) 명령이 나온다고 볼 수 있다.

히브리 본문에 따르면 첫 번째 명령은 '이 땅에서 떠나'(쩨 민-하아레쯔, צֵא מִן־הָאָרֶץ)라는 것이다. '야짜'(떠나다, יָצָא) 동사는 전치사 '민'(מִן, ~로부터)과 함께 사용되어 성서에서 출애굽을 묘사하는 독특한 표현이다(출 13:3; 20:2; 23:15; 민 20:16 등). 이와 유사한 표현이, 소돔의 멸망을 목전에 두고 롯이 가족에게 명령하는 '이 곳에서 떠나라'(쩨우 민-하마콤, צְאוּ מִן־הַמָּקוֹם, 창 19:14)와 아브라함을 '갈대아인의 우르에서 이끌어 낸 여호와'(호쩨티카 메우르 카스딤, הוֹצֵאתִיךָ מֵאוּר כַּשְׂדִּים, 창 15:7)를 묘사할 때 사용되었다. 그러므로 아브라함이 원-모세(Proto-Mose)로 간주되듯이,[3] 야곱 역시 모세보다 앞서서 출애굽을 보여 주는 인물로 간주된다.

이 구절에서 본질적인 진술은 '땅으로 돌아가라'라는 명령이다. 이 땅은 곧 야

2 참조. S. Amsler, "קוּם", *THAT* II, 635-641, 특별히 638.
3 참조. T. Römer 외, 『구약신학 연구동향』, 41.

곱이 나고 자란 출생지를 의미한다. 31:13은 앞선 명령인 31:3을 반복하고 강조하는 역할을 한다.[4]

> 나는 벧엘의 하나님이라 네가 거기서 기둥에 기름을 붓고 거기서 내게 서원하였으니 지금 일어나 '이 곳을 떠나서'(쩨 민-하아레쯔, צֵא מִן־הָאָרֶץ) '네 출생지로 돌아가라'(붸슈브 엘-에레쯔 몰라드테카, שׁוּב אֶל־אֶרֶץ מוֹלַדְתֶּךָ) 하셨느니라(창 31:13)
>
> 여호와께서 야곱에게 이르시되 '네 조상의 땅 네 족속에게로 돌아가라'(슈브 엘-에레쯔 아보테카 우레몰라드테카, שׁוּב אֶל־אֶרֶץ אֲבוֹתֶיךָ וּלְמוֹלַדְתֶּךָ) 내가 너와 함께 있으리라 하신지라(창 31:3)

두 본문에서 하나님은 야곱의 땅, 즉 고향으로 돌아갈 것을 명령한다. 두 본문에는 공통적으로 '슈브'(שׁוּב) 동사가 사용되었는데, 이는 매우 중요하다. 왜냐하면 이것은 '귀환/회개'에서 사용되는 핵심 용어이기 때문이다. 볼프(H. W. Wolff)는 구약 예언서의 회개[5]라는 주제를 다룬 논문에서, '고향으로의 귀환은 여호와에게 귀환한 결과'[6]라고 설명한다. 여기에는 '여호와에게 돌아가야 고향으로 돌아갈 수 있다'는 신학이 반영되어 있다.

이방인

'귀환하겠다'는 야곱의 결심은 야곱과 라반의 관계가 이그러졌다는 기록에서도 유추된다(창 31:5). 라반은 야곱의 품삯을 지속적으로[7] 속여 왔다(창 31:7). 심지어 라반은 자신의 딸들도 야곱처럼 대했다. 그녀들은 아버지가 자신들을 팔았을

4 참조. V. P. Hamilton, *The Book of Genesis Chapters 18-50*, 289; C. Westermann, *Genesis 12-36*, 600.

5 H. W. Wolff, "Das Thema ‚Umkehr' in der alttestamentlichen Prophetie", 129-150.

6 H. W. Wolff, "Das Thema ‚Umkehr' in der alttestamentlichen Prophetie", 144-145.

7 '열 번'은 지속적인 행위를 의미한다(민 14:22). 참조. V. P. Hamilton, *The Book of Genesis Chapters 18-50*, 288.

뿐만 아니라, '외국인'(노크리요트, נָכְרִיּוֹת)처럼 대했다고 증언한다(창 31:15). 그래서 스스로 자신들의 권리를 찾는다(창 31:16).[8] 아내들이 라반과 함께한 삶을 '외국인' 처럼 살았다고 정의하자 야곱도 비로소 라반과 한 치의 미련도 없이 갈라선다.

> 라헬과 레아가 그에게 대답하여 이르되 우리가 우리 아버지 집에서 무슨 '분깃이나 유산'(헬렉 붸나할라, חֵלֶק וְנַחֲלָה)이 있으리요 아버지가 우리를 팔고 우리의 돈을 다 먹어버렸으니 아버지가 우리를 '외국인'(노크리요트, נָכְרִיּוֹת)처럼 여기는 것이 아닌가(창 31:14-15)

'외국인/이방인'(노크리, נָכְרִי)이 여기에서 언급되었다는 것은 매우 중요하다. 왜냐하면 이 단어는 이방 땅에서 거주하는 이스라엘의 모습을 정의하기 때문이다. 즉, 오랜 시간이 지났음에도 불구하고 이방 땅에서 그 땅의 국민으로 인정받지 못하고 있음을 보여 준다. 왕대일은 '노크리'가 "어떤 고장에 정착해서 일정 기간 동안 합법적인 자격을 갖추고 살다가 돌아가는 외국인"이라고 설명하고,[9] 이태훈은 "이스라엘에 정착할 의향이 없이 일시적으로 머물게 된 외국인"[10]이라고 서술한다. '노크리'는 타지(他地) 사람과는 구별되며, 이스라엘 가족 혹은 지파에 소속되지 못한 자, 즉 타국민을 가리킨다.[11] 이들은 이스라엘 동족과도 구별되며, 심지어 종보다 못한 자로 취급받기도 하였다.

> 내 집에 머물러 사는 자와 내 여종들은 나를 낯선 사람으로 여기니 내가 그들 앞에서 '타국 사람이'(노크리, נָכְרִי) 되었구나(욥 19:15)

8 참조. B. Jacob, *Das Buch Genesis*, 613; 이와 유사한 의견에 대해서는 C. Westermann, *Genesis 12-36*, 601을 참조하라.

9 왕대일, "나그네: 구약신학적 이해", 101-121, 특별히 103.

10 이태훈, "구약의 외국인 복지", 70-88, 특별히 71.

11 참조. R. Martin-Achard, "נכר", *THAT* Bd. 2, 66-68.

야곱과 그의 아내들은 라반이 사는 곳에서 '이방인' 취급을 받았다. 다시 말해서, 그곳은 그들이 정착할 영토가 아니다. 31장에서는 '가나안으로의 귀향'이라는 주제가 지속적으로 강조된다.

> 야곱이 일어나 자식들과 아내들을 낙타들에게 태우고 그 모은 바 모든 가축과 모든 소유물 곧 그가 밧단아람에서 모은 가축을 이끌고 가나안 땅에 있는 그의 아버지 이삭에게로 가려 할새(창 31:17-18)

야곱이 출발한 곳

창세기의 고대 번역본을 비교하면 흥미로운 사실을 알 수 있다. 31:18의 '밧단아람'을 70인역(LXX)에서는 '메소포타미아'(Μεσοποταμία)로 번역한다. 히브리 성서에서는 이 지역을 다양하게 부르는데 70인역은 시종일관 '메소포타미아'라고 번역한다.[12] 이 지역은 가나안 지역으로 떠나려고 하는 '야곱의 출발점'이다. 하지만 야곱이 에서를 피해 도망왔던 지역을 히브리 성서에서는 '하란'이라고 명시한다.

> 내 아들아 내 말을 따라 일어나 '하란으로 가서' 내 오라버니 라반에게로 피신하여(창 27:43)
>
> 야곱이 그들에게 이르되 내 형제여 어디서 왔느냐 그들이 이르되 '하란에서 왔노라' 야곱이 그들에게 이르되 너희가 '나홀의 손자 라반을 아느냐' 그들이 이르되 아노라 야곱이 그들에게 이르되 그가 평안하냐 이르되 평안하니라 그의 딸 라헬이 지금 양을 몰고 오느니라(창 29:4-6)

---

12 일례로 25:20; 28:2, 5에서는 '밧단아람'이 언급되는데도 '메소포타미아'로 번역되었다. 27:43에서는 '하란'이라는 지명만 나왔는데도 '메소포타미아'를 추가적으로 기입하였다. 참고로, 29:4-6에는 '메소포타미아'가 나오지 않는다.

하란과 메소포타미아는 동일한 지명이 아니다. '하란'은 특정한 지역의 지명이고, '메소포타미아'는 매우 광범위한 지역으로서, 바벨론의 '우르'(Ur)뿐만 아니라 아람 지역의 '하란'(Haran)까지도 포함한다.

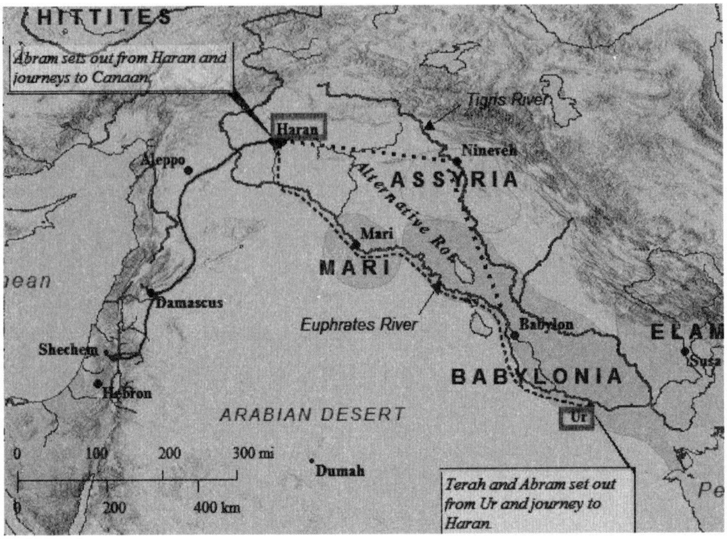

하란과 우르 지도[13]

70인역이 '하란' 대신에 '메소포타미아'라는 지명을 사용함으로써 야곱이 고향으로 이동하기 전의 출발점이 모호해졌다. 야곱은 메소포타미아에서 고향으로 귀환한 자로 해석되고 있다. 야곱의 출발점을 메소포타미아로 설정함으로써 후대 구성자는 야곱을 출(出)바벨론 하는 모범적인 인물로 후대에 각인시켰다.

야곱의 귀환 사건을 출애굽의 전형으로 이해하는 관점이 호세아서에도 나온다. 호세아 12:12-13[13-14]을 히브리 성서와 동일하게 배열하면 다음과 같다.

---

13 출처: http://www.israel-a-history-of.com.

호 12:12a	야곱이 아람의 들로 도망하였으며
호 12:12b1	이스라엘이 아내를 얻기 위하여 사람을 섬기며
호 12:12b2	아내를 얻기 위하여 양을 쳤고
호 12:13a	여호와께서는 한 선지자로 이스라엘을 애굽에서 인도하여 내셨고
호 12:13b	이스라엘이 한 선지자로 보호받았거늘

호 12:13a	וַיִּבְרַח יַעֲקֹב שְׂדֵה אֲרָם
호 12:13b1	וַיַּעֲבֹד יִשְׂרָאֵל בְּאִשָּׁה
호 12:13b2	וּבְאִשָּׁה שָׁמָר
호 12:14a	וּבְנָבִיא הֶעֱלָה יְהוָה אֶת־יִשְׂרָאֵל מִמִּצְרָיִם
호 12:14b	וּבְנָבִיא נִשְׁמָר

이 본문에는 '이스라엘'이 세 번 나오는데, 12:12b1에서는 '야곱'을, 12:13a과 12:13b에서는 출애굽한 민족으로서의 '이스라엘'을 가리킨다.

창세기에 따르면 야곱은 에서와 이삭을 속이고 도망친 자로 묘사되는데, 호세아 12장에서는 에브라임의 죄악을 대표하는 자로 기술된다(호 12:7-8). 즉, 그는 불의한 죄를 짓고 도주한 자이다.[14] 예레미야스(J. Jeremias)는 첫 번째 이스라엘 곧 야곱은 가나안 종교에서 헤어나오지 못하는 타락한 이스라엘의 원형이라고 주장한다.[15] '아내'[16]를 얻기 위해 사람을 '섬기며'(아바드, עָבַד, 12:b1[13b1]), 아내를 얻기 위해 양을 '지키는'(샤마르, שָׁמַר, 12:12b2[13b2]) 자로 등장하기 때문이다. 이러한 야곱의 모습과 대조적으로 하나님은 이스라엘을 애굽에서 탈출시키고, 이스라엘을 '보호'(샤마르, שָׁמַר, 12:13b[14b])한다.

호세아 12장은 이처럼 '이스라엘'을 이중 개념으로 사용함으로써, 한 명의 인물로서의 '이스라엘'과 민족으로서의 '이스라엘'을 동일한 관점으로 해석한다. 환언하면, 개인으로서의 '이스라엘'은 민족으로서의 '이스라엘'의 전형(典型)이다.

---

14 참조. J. Jeremias, *Der Prophet Hosea*, 157.

15 J. Jeremias, *Der Prophet Hosea*, 157.

16 호세아서에서는 여인이 긍정적인 모습으로 그려지지 않는다.

호세아 12장에서 주목해야 할 또 다른 한 가지는 야곱 즉, 이스라엘이 도주한 '아람'이라는 곳이다. 이 지역은 지도에서 보듯이 이스라엘 북쪽에 위치한 '시리아'이다. 하지만 하나님이 '이스라엘'을 이끌어 낸 지역은 이스라엘 남쪽에 위치한 '애굽'이다. 이스라엘이라고 불리는 야곱이 '북쪽'으로 도망하였는데 하나님이 이스라엘을 '남쪽'에서 인도하여 낸다는 것은 논리적 모순이다. 본문은 의도적으로, 야곱 이야기가 출애굽 원형의 모습으로 해석될 수 있음을 제시한다.

'야곱 – 라반'과 '이스라엘 – 애굽'

야곱과 그의 아내들이 라반에게 알리지 않고 도주한다.

> 야곱은 그 거취를 아람 사람 라반에게 말하지 아니하고 가만히 '떠났더라'(보레아흐, בֹּרֵחַ) 그가 그의 모든 소유를 이끌고 강을 건너 길르앗 산을 향하여 '도망한'(봐이브라흐, וַיִּבְרַח) 지 삼 일 만에 야곱이 '도망한'(바라흐, בָרַח) 것이 라반에게 들린지라(창 31:20-22)

이 본문에서 중요하게 사용된 단어는 '도망하다'(바라흐, בָּרַח)이다. 이 단어가 『개역개정』에는 두 번 나오지만, 히브리 성서에서는 총 세 번 등장한다. 가만히 '떠났더라'에도 이 단어가 사용되었다.

라반이 도주하는 야곱을 '쫓아간다'(라다프, רָדַף). 이 단어는 군사 행동을 표현할 때 사용되는데, 라합과 두 명의 정탐꾼(수 2:16-22), 그리고 다윗을 추적하는 사울(삼상 23:25-28) 이야기 등에서 자주 등장한다.

> 라반이 그의 형제를 거느리고 칠 일 길을 '쫓아가'(봐이르도프, וַיִּרְדֹּף) 길르앗 산에서 그에게 이르렀더니(창 31:23)

창세기 31장에서 야곱과 라반은 '도망하고 쫓아간다.' 이렇게 연결된 두 단어는 출애굽 이야기에서도 중요하게 사용된다. '도망하다'(바라흐, בָּרַח) 동사는 탈출하는 이스라엘을 묘사하고(출 14:5), '추적하다/쫓아가다'(라다프, רָדַף) 동사는 이스라엘을 뒤쫓는 애굽 군대를 묘사한다(출 14:4-5, 8-9, 23). 즉, 창세기 31장과 출애굽기 14장이 서로 연결된다.

> 그 백성이 '도망한'(바라흐, בָּרַח) 사실이 애굽 왕에게 알려지매 바로와 그의 신하들이 그 백성에 대하여 마음이 변하여 이르되 우리가 어찌 이같이 하여 이스라엘을 우리를 섬김에서 놓아 보내었는가 하고(출 14:5)
> 여호와께서 애굽 왕 바로의 마음을 완악하게 하셨으므로 그가 이스라엘 자손의 뒤를 '따르니'(봐이르도프, וַיִּרְדֹּף) 이스라엘 자손이 담대히 나갔음이라 애굽 사람들과 바로의 말들, 병거들과 그 마병과 그 군대가 그들의 뒤를 '따라'(봐이르데푸, וַיִּרְדְּפוּ) 바알스본 맞은편 비하히롯 곁 해변 그들이 장막 친 데에 미치니라(출 14:8-9)

따라서 '야곱의 도주 – 라반의 추격' 이미지는 '이스라엘의 도주 – 애굽의 추격'과 상응하여, 이스라엘(야곱)의 도주는 곧 모세를 따라나서는 이스라엘의 도주를 상징한다. 창세기 31장은 출애굽 이야기를 미리 보여 주고 있는 것이다.

마무리하기

야곱이 에서를 피해 도망하여 '하란'의 라반 곁에 정착했다. 시간이 흐른 뒤 하나님이 야곱에게 '고향으로 돌아갈 것을'(슈브 엘-에레츠, שׁוּב אֶל־אֶרֶץ, 창 31:3) 명령한다. 31:13에도 같은 명령이 반복하여 나오는데, '이곳을 떠나서', 즉 출애굽을 암시하는 관용구가 함께 사용된다. 이러한 명령의 형태는 '포로'에 대한 이해를 전제로 할 때, 그 의미가 증폭된다.

야곱이 아내들에게 자신의 고향으로 돌아가자고 제안하자 레아와 라헬이 그동안 아버지에게 '외국인'처럼 부당한 대우를 받았다고 토로한다. '외국인'은 타국에 잠시 머물다 떠나는 자들로서 법적인 보호와 혜택을 받지 못했다. 다시 말해서, 레아와 라헬은 아버지인 라반 곁에서 타국인처럼 살았다고 하면서, 마치 돌아가야 할 고향이 있는 것처럼 발언한다. 그들의 고향은 비록 가나안 땅이 아니지만, 야곱이 돌아가야 할 곳은 가나안이기 때문에, 레아와 라헬의 발언은 신학적 관점에서 해석되어야 한다.

호세아 12장에서는 '이스라엘'이라는 명칭이 3회 언급되었는데, 한 번은 '도주한 인물'로, 다른 두 번은 '인도함을 받는 인물'로 등장한다. '도주한 인물'은 야곱 개인을 가리키고, '인도함을 받는 인물'은 이스라엘 민족을 가리킨다. 야곱 개인은 이스라엘 북쪽에 위치한 '아람'으로 도주했지만, 이스라엘 민족은 남쪽에 위치한 애굽에서 인도함을 받는다.

야곱이 결국 라반을 가만히 '떠난다.' 즉, 야곱이 라반에게서 도주한다. '도주'한 야곱의 가족을 라반이 '추격'한다. 이러한 도주와 추격이 이스라엘 역사, 다시 말해 출애굽 사건에서 반복된다. 이스라엘이 애굽에서 '도주'하자 애굽 왕 바로가 이스라엘을 '추격'한다. 따라서 '야곱의 도주 – 라반의 추격'은 '이스라엘의 도주 – 애굽의 추격'과 상응한다. 그러므로 이스라엘의 조상인 야곱 이야기는 아브라함 이야기(창 15장)와 함께 출애굽의 원형이 된다.

토의를 위한 질문

01. 31:3, 13에 나오는 명령형을 찾아보라.

02. 야곱이 에서를 피해 어디로 도주했는가?(참조. 창 27:43; 29:4-6) 헬라어 성서에서는 이 지역을 무엇이라고 부르는가?

03. 호세아 12:12-13에 나오는 '이스라엘'이라는 단어는 각각 무엇을 가리키는가?

04. 호세아 12:12a에서 언급하는 야곱의 도주 장소는 어디인가? 그곳은 이스라엘 나라를 기준으로 어디에 위치해 있는가? 호세아 12:13a에 나오는, 하나님이 이스라엘을 인도하여 낸 장소는 어디인가? 그곳은 어디에 위치해 있는가?

05. '야곱의 도주 - 라반의 추격'(창 31:20-23)과 '이스라엘의 도주 - 애굽의 추격'(출 14:5, 8-9) 이야기를 비교하라. 공통점이 무엇인가?

부록

이삭과 야곱 / 이스마엘과 에서

31장은 야곱이 에서를 피해 하란으로 도망가는 28장과 연결된다. 이삭은 야곱에게 '가나안 사람의 딸'이 아니라, 라반의 딸 중에서 아내를 맞이하라고 명령한다(창 28:1-2). 이것은 아브라함이 그의 종에게 이삭의 아내를 선택하는 조건을 서술하는 장면을 자연스럽게 연상하게 한다(창 24:3-4). 이처럼 두 장면을 교차시키는 것은 야곱에게 주어진 명령이 이삭의 아내를 구하는 과정을 단순히 반복하는 것이 아니며, 아브라함-이삭의 언약이 야곱을 통해 계승될 것임을 암시한다.

> 이삭이 야곱을 불러 그에게 축복하고 또 당부하여 이로되 너는 '가나안 사람의 딸들 중에서 아내를 맞이하지 말고' 일어나 밧단아람으로 가서 네 외조부 브두엘의 집에 이르러 거기서 '네 외삼촌 라반의 딸 중에서 아내를 맞이하라'(창 28:1-2)
> 내가 너에게 하늘의 하나님, 땅의 하나님이신 여호와를 가리켜 맹세하게 하노니 너는 내가 거주하는 이 지방 '가나안 족속의 딸 중에서 내 아들을 위하여 아내를 택하지 말고' 내 고향 '내 족속에게로 가서 내 아들 이삭을 위하여 아내를 택하라'(창 24:3-4)

야곱과 달리 에서는 '이스마엘에게' 갔다고 성서는 기록한다.

> 이에 에서가 '이스마엘에게 가서' 그 본처들 외에 아브라함의 아들 이스마엘의 딸이요 느바욧의 누이인 마할랏을 아내로 맞이하였더라(창 28:9)

창세기 28장에서는 야곱과 에서의 길이 나뉘고 있음을 보여 준다. 야곱은 이삭과 동일한 일을 겪음으로써 이삭의 길을 가고 있음을 묘사하고, 에서는 이스마엘에게 감으로써 아브라함의 약속과 점점 더 멀어지고 있음을 보여 준다.

17

창세기 34장

야곱과 조상

한눈에 보기

세겜과 디나 이야기에서는 이스라엘 족장 야곱의 민낯이 적나라하게 드러난다. 야곱은 세겜이 자신의 딸 디나를 성적으로 유린했는데도 잠잠했으며, 적지 않은 예물을 받고 디나를 넘겼다. 또한 딸을 내줌으로써 그 땅에서 평안을 유지했다. 이러한 패턴이 그리 낯설지는 않다. 아브라함과 이삭에게서도 이와 유사한 모습을 찾을 수 있다.

시작하기

세겜과 디나 사건은 독사들을 당혹스럽게 한다. 성서에 성폭력 사건이 여과 없이 서술되어서 당혹스럽고, 이에 대처하는 야곱의 태도 역시 당혹스럽다. 얍복 나루에서 하나님과 날이 새도록 씨름한 후 복을 받고 이스라엘로 개명한 야곱의 모습은 온데간데 없고 그저 갈팡질팡하고 있다.

야곱과 조상

세겜, 디나를 욕보이다

히위 족속 하몰의 아들인 세겜이 디나를 욕보였다(창 34:2). 남성이 여성을 강제로 욕보이는 경우가 성서에 종종 묘사된다. 일례로 다윗의 아들 암논은 이복 여동생 다말과 억지로 동침했다(삼하 13:14). 하지만 두 사건은 전혀 다른 방향으로 흘러간다. 암논은 다말을 욕보인 후에 그녀를 심히 미워했지만, 세겜은 오히려 디나를 더욱 사랑했다.

> 그리하고 암논이 그를 심히 미워하니 이제 미워하는 미움이 전에 사랑하던 사랑보다 더한지라 암논이 그에게 이르되 일어나 가라 하니(삼하 13:15)
> 그 마음이 깊이 야곱의 딸 디나에게 연연하며 그 소녀를 사랑하여 그의 마음을 말로 위로하고 그의 아버지 하몰에게 청하여 이르되 이 소녀를 내 아내로 얻게 하여 주소서 하였더라(창 34:3-4)

야곱의 반응

이 사건에서 가장 눈에 띄는 것은 야곱의 반응이다. 야곱은 딸이 강간을 당했는데도 분노하기는커녕 '잠잠했다'(창 34:5). 매우 의외의 태도이다. 하몰과 세겜은 야곱에게 '이 땅에 정착하라', 그리고 '큰 혼수와 예물을 주리라'고 하여 야곱이 물리치기 어려운 제안을 한다.

> 너희가 우리와 함께 거주하되 땅이 너희 앞에 있으니 여기 머물러 매매하며 여기서 기업을 얻으라 하고 세겜도 디나의 아버지와 그의 남자 형제들에게 이르되 나로 너희에게 은혜를 입게 하라 너희가 내게 말하는 것은 내가 다 주리니 이 소녀만 내게 주어 아내가 되게 하라 아무리 큰 혼수와 예물을 청할지라도 너희가 내게 말

한 대로 주리라(창 34:10-12)

야곱의 아들들이 하몰과 세겜을 속인다(창 34:13). 시므온과 레위는 하몰 집안의 남자들이 할례를 받으면 결혼을 승락하겠다고 조건을 내세우는데, 실제로는 그들을 몰살하려는 계책이었다. 여기서, '할례를 받으면 이방 민족일지라도 이스라엘 안으로 수용될 수 있는가?' 하는 신학적 문제가 제기된다. 야곱도 이렇게 할례를 조건으로 내세웠는지는 알 수 없다. 디나를 세겜의 집에서 데려왔다는 이후의 기록으로 보아(창 34:26), 야곱은 디나의 결혼을 찬성했던 것 같다. 야곱은 그저 이 일이 원만히 해결되기만을 바란 것 같다. 야곱이 이처럼 쉽게 디나를 넘겨준 이유는 무엇일까?

야곱과 달리 시므온과 레위는 하몰과 세겜을 적대적으로 대한다. 시므온과 레위는 하몰과 세겜이 할례를 받은 후 고통스러워할 때 그 성읍을 기습하여 거기에 있던 모든 남자를 죽인다. 야곱이 이 일에 대해 '내게 화를 끼쳐' 주변 민족에게 '악취를 내게 하였다'라고 하면서 아들들을 원망하며 비난한다. '나는 수가 적은즉 … 나와 내 집이 멸망하리라'라는 야곱의 발언을 통해, 야곱이 그 지역에서 세력이 약하여 입지가 견고하지 못했음을 알 수 있다. 즉, 그는 디나를 넘겨줌으로써 자신의 안녕을 추구하고 있었던 것이다. 하지만 그 계획이 물거품이 되었기에 자신의 명예가 떨어졌을뿐더러 생명까지 위험에 처하게 되었다고 토로한다.

야곱이 시므온과 레위에게 이르되 너희가 내게 화를 끼쳐 나로 하여금 이 땅의 주민 곧 가나안 족속과 브리스 족속에게 악취를 내게 하였도다 나는 수가 적은즉 그들이 모여 나를 치고 나를 죽이리니 그러면 나와 내 집이 멸망하리라(창 34:30)

우리 누이를 창녀처럼 대우하다

야곱의 원망 섞인 말을 들은 시므온과 레위가 야곱에게 이렇게 대답한다.

그들이 이르되 그가 우리 누이를 창녀 같이 대우함이 옳으니이까(창 34:31)

여기서 '그'는 누구인가? 얼핏 보기에는 세겜 같지만, 우회적으로는 야곱을 지칭한다. 야곱이 디나의 성폭행 사건에 대해 잠잠했을 뿐 아니라 그녀를 세겜에게 내줌으로써 창녀처럼 취급되도록 했기에 야곱을 비난하고 있는 것이다.[1]

야곱과 조상

디나 사건을 대하는 야곱의 모습에서 그의 조상들의 모습이 겹쳐진다. 첫째, 야곱이 '나는 수가 적은즉'이라고 고백하여 자신이 새롭게 정착한 땅에서 위험에 노출되어 있음을 암시했듯이, 가나안 또는 이방 땅으로 이동했던 아브라함과 이삭도 그 땅에서 안전하지 못했다(창 34:30 / 12:12-13; 20:2; 26:7). 둘째, 야곱은 위험에서 벗어나려고 여성을 이용했다. 그는 그 땅에서 오랫동안 평안히 정착하고자 디나를 넘겨주었다. 이것은 아내를 '누이'라고 속여서 이방 민족의 왕에게 넘겼던 아브라함과 이삭의 이야기와 일맥상통한다(창 34:21, 27 / 12:15; 20:2; 26:7). 셋째, 야곱은 딸 디나를 내준 뒤에 상당한 예물을 받았다. 아브라함 역시 사라를 내주고 많은 선물을 받았다(창 34:11-12 / 12:16). 그러므로 디나 사건은 조상들과 연장선상에서 해석되어야 한다.

	창 12장	창 20장	창 26장	창 34장
생명의 위협	12-13절	2절	7절	30절
위기 모면(여성을 이용)	15절	2절	7절	21, 27절
대가를 취함	16절			11-12절

1 G. Wenham, 『창세기 16-50』, 561.

마무리하기

창세기 34장에서는 표면적으로는 디나의 성폭행 사건을 그리지만, 그 안에는 신학적 문제가 포함되어 있다. 바로 할례 문제이다. 본문에서는 이방인일지라도 할례를 받았다면 이스라엘 안으로 들어올 수 있는 것처럼 서술한다.

야곱은 자신의 세력이 약하다는 것을 알고 있었기에 하몰과 원만한 관계를 유지하려고 자신의 딸 디나의 성폭행 사건을 모른 척한다. 디나를 세겜에게 주는 대가로 적지 않은 예물을 받았을 뿐 아니라, 그 땅에서의 자신의 안녕(安寧)도 보장받았다. 즉, 그는 위험에서 벗어나기 위해 여성을 이용했다.

창세기를 읽다 보면 이와 유사한 형태의 사건 전개를 종종 볼 수 있다. 아브라함이 기근 때문에 애굽으로 이동했을 때, 그는 생명의 위협을 느끼자 자신의 아내를 '누이'라고 속여서 바로에게 넘겼다. 그 대가로 많은 선물을 받았고, 생명도 보존할 수 있었다. 창세기는 이러한 일이 아브라함에게 반복하여 일어났다고 기술한다(창 20장). 창세기 20:12에서는 '그는 정말로 나의 이복 누이로서 내 아내가 되었음이니라'라고 설명하며 아브라함의 행위를 변호한다. 이삭 역시 자신의 생명을 유지하고자 아내를 누이라고 속인 적이 있었다. 즉, 족장들이 겪었던 일과 유사한 패턴이 야곱에게서 반복되고 있다. 하지만 창세기 34장에서는 야곱의 행위가 옳지 않다는 비판적인 시각이 드러난다.

토의를 위한 질문

01. 세겜이 디나를 욕보였을 때, 야곱은 어떻게 반응했는가?

02. 야곱은 디나를 넘기고 꽤 많은 예물을 받았다. 이와 비슷한 내용이 창세기의 어디에 또 기록되어 있는가?

03. 창세기 34:30에서 야곱이 처한 상황은 어떠한가? 이 발언에서 디나를 넘긴 이유를 발견할 수 있는가?

04. '우리 누이를 창녀 같이 대우함이 옳으니이까'(창 34:31)는 누구를 향한 비난인가?

05. 34장에 기록된 야곱의 모습과 이스라엘 조상들의 모습을 비교해 보라. 그리고 유사한 내용끼리 짝을 지어 보라.

18

창세기 37장

옷에 피를 묻히다

프리드리히 폰 샤도우(Friedrich W. von Schadow),
야곱의 탄식(Klage Jakobs), 연대 미상[1]

한눈에 보기

감옥에 갇힌 죄인의 신분에서 총리까지 된 요셉. 아버지 야곱이 죽은 후에 요셉이 한 행동은 많은 이가 닮아야 할 본보기가 된다. 그러나 37장에서는 그와 상반되는 요셉의 모습이 그려진다. 그는 형들과 함께 목동으로 일했다. 장신구가 많이

---

1 피 묻은 요셉의 옷을 보고 야곱이 탄식하며 자신의 옷을 찢고 있다. 여기에서 요셉의 옷은 형제들과 옷과 구별된다. 심지어 여인들의 옷보다 더 화려하다. 성서에서는 요셉이 '채색옷'을 입었다고 서술한다. 요셉의 옷을 가리키는 형제의 손가락, 그리고 들판을 가리키는 형제의 손가락은 제한된 캔버스(Canvas) 안에서 많은 내용을 함축하고 있다. 우리는 이들의 손가락의 방향을 보면서 이 장면의 전후 문맥을 유추할 수 있다.

달린 요셉의 옷은 그가 아버지에게 특별한 사랑을 받았음을 시사한다. 요셉이 아버지에게 형제들에 대한 비방의 말을 전했지만, 야곱은 여러 아들보다도 요셉을 더 사랑했다. 그로 말미암아 요셉과 형제들의 관계가 단절되었고, 그 결과 요셉은 그의 형제들에 의해 종으로 팔려 가게 되었다. 심지어 그의 형제들은 야곱을 기만하기까지 했다. 요셉의 형제들이 제시한 피 묻은 옷은 당시의 목동법을 근거로 이해해야 한다. 그들은 요셉의 생명을 구하기 위해 최선을 다한 자들로 위장하고자 그러한 방법을 썼다.

시작하기

요셉은 아기를 가질 수 없었던 라헬의 몸에서 태어났다. 그의 출생은 그 자체가 기적에 가까웠다. 게다가 그는 순탄하지 않은 삶을 살았다. 요셉이 우여곡절을 겪은 후 총리가 되기까지의 험난한 여정들을 우리는 익히 알고 있다.

요셉의 출생에 앞서서 에서의 족보가 36장에 서술된다. 37장에서는 '야곱의 족보는 이러하니라'라고 기록함으로써 36장과 내용상 균형을 이루는 듯하지만, 실제로는 야곱의 족보가 나오지 않는다. 에서는 야곱과 동시대 인물이므로 36장에 소개된 에서의 족보는 야곱 이야기를 종결짓는 중요한 기능을 한다. 야곱은 이후에도 계속 생존한 상태이지만, 37장부터는 야곱이 아니라 요셉에 대한 진술이 중심을 이룬다. 42장 이후에 야곱이 이따금씩 언급되지만, 기록자의 시선은 요셉을 따라 애굽으로 이동한다.

이 챕터에서는 37장의 내용 중 다음과 같이 세 가지의 주제를 살펴봄으로써 요셉 이야기를 더욱 명확하게 이해해 보려고 한다. 첫째, 요셉이 특별한 사랑을 받았다는 징표로 이해되었던 '채색옷', 둘째, 형들의 잘못을 아버지에게 말하는 요셉의 행동, 그리고 마지막으로 요셉의 채색옷에 피를 묻혀 야곱에게 보여 준 형들의 행동이다.

창세기 37장의 이야깃거리

37장은 교회에서 자주 설교되는 본문으로, 많은 이야깃거리가 담겨 있다. 이것들을 하나하나 살펴봄으로써, 번역된 성서와 히브리 성서의 간격을 좁혀 가는 작업은 매우 의미 있는 일이다.

채색옷

야곱이 노년에 얻은 아들, 요셉. 성서는 야곱이 요셉을 다른 아들들보다 특별히 사랑했다고 기록한다(창 37:3). 혹자는 야곱이 요셉을 노년에 얻었다는 기록을 근거로 47:9과 연결하여 야곱이 요셉을 얻었을 때의 나이를 계산하기도 하는데,[2] 이것은 야곱-요셉 이야기가 아브라함-이삭 이야기와 관련되었음을 강조한다.

요셉을 늦게 얻었다는 것이 요셉을 특별히 사랑하는 이유가 될 수 있을까? 사랑하는 아내 라헬에게서 얻은 첫아들이라는 점은 요셉을 사랑하는 하나의 이유가 될 수도 있다. 하지만 우리는 요셉 이외에도 베냐민을 고려해야 한다. 베냐민은 라헬의 목숨과 바꾼 막내아들로서 야곱에게는 둘도 없는 자식이었을 것이다(창 35:18). 이는 야곱이 '벤-오니'(고통의 아들, בֶּן־אוֹנִי)라는 이름을 '빈야민'(오른편의 아들, 행운의 아들, בִּנְיָמִן)으로 바꾼 것에서도 충분히 확인된다. 그런데도 성서는 요셉만이 특별한 사랑을 받은 것처럼 묘사한다. 혹자는 요셉의 출생과 야곱의 귀향(歸鄕) 시점이 서로 연결된다는 점을 들어서(창 30:24-25) 요셉이 특별히 더 사랑받았다고 주장하기도 한다.[3]

---

2 이와 다른 해석으로는 G. von Rad, 『창세기』, 394을 참조하라. G. von Rad는 야곱이 나이가 매우 많았을 때 요셉을 얻은 것으로 추정하는 것을 반대한다.

3 야곱에 관한 이야기가 이삭의 죽음을 끝으로 35장에서 마무리된다. 36장에서는 에서의 후손인 에돔의 족보가 서술됨으로써 야곱 이야기가 끝났음을 암시한다. 그런데 37:1의 내러티브 서술과 구별되게 갑자기 37:2에는 '야곱의 족보'(엘레 톨레돗 야콥, אֵלֶּה תֹּלְדוֹת יַעֲקֹב)라는 표현이 나온다. 이 표현은 36장의 '에서의 족보'(엘레 톨레돗 에사브, אֵלֶּה תֹּלְדוֹת עֵשָׂו)와 연결된다. 참조. P. Weimar, "Die Josefsgeschichte als theologische Komposition. Zu Aufbau und Struktur von Gen 37", 27-60, 특별히 44.

요셉이 그의 형제들보다 사랑을 많이 받았음을 상징적으로 보여 주는 것은 '채색옷'(케토넷 파심, כְּתֹנֶת פַּסִּים)이다(창 37:3). 이 옷에는 어떤 특징이 있을까? 히브리어 사전에 따르면 여러 색으로 된 옷이라기보다는 손목과 발의 복사뼈까지 내려오는 긴 옷으로[4], 여러 장신구가 달려 있다고 한다.[5] 이러한 형태의 옷을 70인역(키토나 포이킬론, χιτῶνα ποικίλον)과 Vulgata(tunicam polymitam)에서는 '채색옷'이라고 번역했다. 채색옷을 공주가 입었다는 사무엘하의 기록을 고려한다면,[6] 이러한 옷은 평민들에게는 상당한 사치품이었을 것이다.

> 암논의 하인이 그를 끌어내고 곧 문빗장을 지르니라 다말이 '채색옷'을 입었으니 출가하지 아니한 공주는 이런 옷으로 단장하는 법이라(삼하 13:18)

야곱이 요셉에게 이러한 옷을 입혀 주었다는 것은 그를 그만큼 끔찍히 생각했다는 뜻이다. 물론 채색옷을 입고 목동 일을 하기가 쉽지는 않았을 것이지만,[7] 그렇다고 해서 요셉이 양을 치는 일을 전혀 하지 않았다고 주장할 수는 없다. 여기서 '요셉이 목동 일을 했을까?'라는 질문을 제기할 수 있다. 해답이 되는 37:2은 다음과 같이 두 가지로 번역할 수 있다. 아래는 필자의 사역(私譯)이다.

הָיָה רֹעֶה אֶת־אֶחָיו בַּצֹּאן	'그가 형들과 함께 양을 칠 때에'
하야 로에 엣-에하브 바쫀	'그가 양 무리에 있는 그의 형제들을 치는데'

요셉을 양치기로도, 형제를 관리 감독하는 자로도 해석할 수 있다. '형제들'(에하브, אֶת־אֶחָיו)과 같이 나오는 전치사 '엣'(אֶת)을 '~ 함께'로 번역하느냐, 혹은 4격

4 L. Köhler und W. Baumgartner, *Hebräisches und Aramäisches Lexikon zum Alten Testament* Bd. 2, 892.

5 W. Gesenius und F. Buhl, *Gesenius Hebräisches und Aramäisches Handwörterbuch über das Alte Testament*, 1064.

6 참조. N. M. Sarna, *The JPS Torah Commentary Genesis*, 255.

7 참조. 차준희, 『창세기 다시보기』, 186; G. von Rad, 『창세기』, 394.

을 보여 주는 '~ 을/를'로 번역하느냐에 따라 의미가 달라진다. 두 가지 해석 모두 가능하므로 요셉에 대한 이해의 폭을 넓힐 수 있다.

그들의 잘못을 말하다

37:2에는 요셉이 양을(혹은 형제들을) 치는 일을 한다는 내용 외에도 요셉의 색다른 모습을 볼 수 있는 내용이 서술되어 있다.

> 야곱의 족보는 이러하니라 요셉이 십칠 세의 소년으로서 그의 형들과 함께 양을 칠 때에 그의 아버지의 아내들 빌하와 실바의 아들들과 더불어 함께 있었더니 그가 그들의 '잘못을 아버지에게 말하더라'(창 37:2)

요셉이 빌하와 실바의 아들들과 함께 있었는데 '그들의 잘못을 아버지에게' 말했다고 한다. 이 구절을 더 명확하게 분석해 보자. 이 구절은 요셉의 형제들이 왜 요셉을 미워했는지 그 이유를 제시한다. 먼저 한글 성서를 비교할 필요가 있다. 『새번역』은 히브리 성서를 좀 더 쉬운 현대적 용어로 옮긴 것이며, 『공동개정』은 개신교와 가톨릭이 함께 번역했던 『공동번역』을 개정한 것이다. 마지막으로, 『성경』은 가톨릭에서 독자적으로 번역한 것이다.

새번역	공동개정	성경
야곱의 역사는 이러하다. 열일곱 살 된 소년 요셉이 아버지의 첩들인 빌하와 실바가 낳은 형들과 함께 양을 치는데, 요셉은 형들의 허물을 아버지에게 일러바치곤 하였다.	야곱의 아들들의 이야기는 여기에서 시작된다. 요셉은 열일곱 살이 되어 형들과 함께 양을 치게 되었다. 그는 아버지의 두 소실 빌하와 질바의 아들들을 거들어 주고 있다가 아버지에게 그들을 좋지 않게 일러바쳤다.	야곱의 역사는 이러하다. 열일곱 살 난 요셉은 형들과 함께 양을 치는 목자였는데, 아버지의 아내인 빌하의 아들들과 질파의 아들들을 도와주는 심부름꾼이었다. 요셉은 그들에 대한 나쁜 이야기들을 아버지에게 일러바치곤 하였다.

요셉이 형들의 허물을 아버지에게 고자질했다면 형들의 잘못된 행동이 그 원인이 되므로 요셉에게 향하는 비난이 비교적 약화될 것이다. 하지만 요셉이 형들에 대해 '좋지 않게' 또는 '나쁘게' 알렸다면, 그러한 행위에는 말하는 요셉의 악한 의도가 담겨 있다. 환언하면, 본문을 어떻게 번역하느냐에 따라 그 의미가 완전히 달라진다.

『개역개정』에서는 요셉이 '그들의 잘못'(디바탐 라아, דִּבָּתָם רָעָה)을 아버지에게 말했다고 기록되어 있다. 히브리어 '디바'(דִּבָּה)는 성서에서 매우 드물게 사용되는 단어이다. 오경을 제외한 본문에서는 불평/비난(잠 25:10)과 같은 부정적인 의미로 사용되고, 오경에서는 가나안 정탐꾼이 그 땅을 '악평'(디바, דִּבָּה)했다고 할 때 사용되었다(민 13:32; 14:36-37).[8] 그러므로 요셉이 형제들을 부정적으로 평가해서 아버지에게 말한 것이다.

히브리 성서의 창세기 37:2에는 '악한'(라아, רָעָה)이라는 용어가 추가로 언급되어 있다. 이것은 이중적인 의미로 해석할 수 있다. 첫째, 『공동개정』과 유사하게, 요셉의 행위를 수식하는 것으로서, '악하게'라는 의미이다. 즉, 요셉이 형제들에 대해서 의도적으로 험담을 좋지 않게 했다는 뜻이다.[9] 둘째, 『성경』과 유사하게, '악한'이라는 형용사를 '허물/비난'과 연결하여 해석할 수 있다. '디바'(דִּבָּה)와 '라아'(רָעָה)가 모두 여성형이기 때문이다. 비난에 이미 부정적인 의미가 들어 있는데, 요셉이 그중에서도 악한 것을 선별했다는 뜻이다. 다시 말해서, 요셉이 형제에 관한 소문을 더 악하게 혹은 그중에서 가장 악한 것만 골라서 야곱에게 알린 것이다.[10]

히브리 성서에서는 37:3의 첫 단어가 '그리고 이스라엘'(붸이스라엘, וְיִשְׂרָאֵל)이

---

8 참조. C. Westermann, *Genesis 37-50*, 26.

9 참조. W. Gesenius und F. Buhl, *Gesenius Hebräisches und Aramäisches Handwörterbuch über das Alte Testament*, 236.

10 참조. B. Jacob, *Das Buch Genesis*, 696. W. Gesenius and E. Kautzsch, *Gesenius' Hebrew Grammar*, 364. W. Gesenius에 따르면 '가져가다'(봐야베, וַיָּבֵא)로 해석되야 할 동사는 본문의 문맥이 명확한 상황에서는 종종 목적어를 생략하기도 한다. 그와 달리 37:2에서는 목적어, 즉 악한 허물이 오히려 강조되고 있다.

다. 일반적으로 이 접속사(붸, וְ)는 '그리고'로 번역되지만, 여기에서는 '그러나'로 번역하는 것이 문맥상 더 적절하다. 요셉이 잘못된 행위를 하고 있는데도 야곱이 묵인하고 있기 때문이다. 37:2b-3a을 문맥에 맞게 번역하면 다음과 같다. "요셉이 형제들에 대한 악한 비방을 그들의 아버지에게 말했지만, 그러나 이스라엘은 여러 아들보다도 요셉을 더 사랑했다."[11] 어떤 경우이든지 요셉의 의도된 행위가 드러나기 때문에, 요셉이 형제들에게 미움을 받으리라는 것은 너무도 당연한 결과이다. 요셉과 형제들의 관계가 이미 파기된 상태인 것이다. "그에게 '편안하게'(레샬롬, לְשָׁלֹם) 말할 수 없었더라"(창 37:4). 다시 말해서, '샬롬을 말할 수 없었다.' 이러한 상태가 표면적으로 드러나지 않았을 뿐이다.

한 가지 더 살펴보면, '그에게 편안하게 말할 수 없었더라'에서 3인칭 남성 단수인 '그'가 요셉과 야곱, 두 사람을 다 가리킬 수도 있다는 점이다. 즉, 성서가 의도적으로 3인칭 대명사를 사용함으로써 요셉과 형제들의 관계는 물론 아버지 야곱과 아들들의 관계도 파괴되었음을 암시한다.[12] 그 원인이 누구에게 있는지를 따져 보는 것은 중요하지 않다. 37:2에서는 요셉의 행실을 비판적으로 묘사한다. 그리고 요셉을 편애하는 야곱의 행동 역시 관계 단절의 원인으로 작용했음을 알려 준다. 요셉이 형들의 비난거리를 잡으려고 그들과 함께 목동 일을 했는지는 알 수 없다. 다만 그가 한때 양을 치는 일을 했다고 성서는 기록한다.

본문에서 언급하는 '형들'은 누구인가? 37:2에서는 요셉이 '빌하와 실바의 아들들'과 함께 있었다고 언급한다. 이것은 요셉이 모든 형제에 대해서 험담을 한 것이 아니라, '빌하와 실바의 아들들'[13]에 대해서 주로 험담을 했음을 암시한다. 요셉을 죽이려고 모의하는 형제들(창 37:18)과 요셉을 살리려고 노력하는 레아의 아들 르우벤의 모습(창 37:21)을 비교해 보라. 르우벤은 요셉을 구덩이에서 꺼내

---

11 참조. B. Jacob, *Das Buch Genesis*, 694.

12 참조. B. Jacob, *Das Buch Genesis*, 697.

13 그들이 '첩의 아들'이었기 때문에 요셉이 그들을 험담한 것은 아니다. 족장 시대에도 '축첩제도'(蓄妾制度)와 '서얼제도'(庶孽制度) 같은 것이 있었을지 한 번쯤 생각해 보아야 한다. 본서의 "9. 창세기 16장 - 아내일까, 첩일까?"를 보라. '빌하와 실바'에 대해서는 J. Skinner, *Genesis*, 444을 참조하라.

주려고 했지만, 나중에 요셉이 없어진 것을 보고 옷을 찢었다(창 37:29). 장자인 르우벤은 아버지가 부재한 상황에서 가족의 책임자로서의 역할을 충실히 수행했다.[14] 레아의 아들인 유다 역시 요셉의 목숨을 보호하려고 노력했다(창 37:26-27). 이로써 요셉과 레아의 아들들은 우호적인 관계였다고 추정해 볼 수 있다.[15]

> 요셉이 그들에게 가까이 오기 전에 그들이 요셉을 멀리서 보고 죽이기를 꾀하여(창 37:18)
> 르우벤이 듣고 요셉을 그들의 손에서 구원하려 하여 이르되 우리가 그의 생명은 해치지 말자(창 37:21)
> 유다가 자기 형제에게 이르되 우리가 우리 동생을 죽이고 그의 피를 덮어둔들 무엇이 유익할까 자 그를 이스마엘 사람들에게 팔고 그에게 우리 손을 대지 말자 그는 우리의 동생이요 우리의 혈육이니라 하매 그의 형들이 청종하였더라(창 37:26-27)

요셉의 옷을 가져다가 피에 적시다

요셉의 형들이 요셉을 구덩이에 던져 놓고서는 앉아서 음식을 먹고 있다(창 37:25). 요셉이 아버지에게 특별한 사랑을 받고 있다는 점에서, 이러한 끔찍한 장면의 연출은 야곱과 그의 아들들과의 관계를 대변한다. 형제들 간에 피바람이 일어날 수도 있는 일촉즉발의 긴박한 상황은 창세기 4장의 사건을 떠올리게 한다. 37:26-28에서는 형제들의 화를 진정시키려고 했던 르우벤이 잠시 자리를 비운 것 같다. 이때 시므온과 레위는 침묵으로 일관하지만 유다는 실바와 빌하의 아들들에게 요셉과 자신들이 서로 형제지간임을 인식시킴으로써 요셉과 형제들 사이의 갈등을 완화시킨다(창 37:26-27).

---

14 참조. C. Westermann, *Genesis 37-50*, 440.
15 참조. B. Jacob, *Das Buch Genesis*, 695.

하지만 형제들이 요셉을 '애굽으로 가는 미디안' 또는 '이스마엘 상인'에게 은 이십에 파는 것까지는 막을 수 없었다(창 37:28). '은 이십'은 레위기 27:5에 나오는 '이십 세겔'과 동일한 금액인데, 함무라비 법전에 따르면 노예의 평균 거래가였다.[16]

다섯 살로부터 스무 살까지는 남자면 그 값을 이십 세겔로 하고 여자면 열 세겔로 하며(레 27:5)

요셉의 형들은 노예를 파는 가격에 요셉을 넘겼다. 즉, 그들은 요셉을 가족이 아닌 노예로 취급했다. 이 사건은 형제 관계가 파기되었음을 가시적으로 드러내 준다. 요셉을 팔아넘긴 이후에 그들은 숫염소를 죽여서 요셉의 옷에 그 피를 묻히고 그것을 야곱에게 보인다.

그들이 요셉의 옷을 가져다가 '숫염소를 죽여 그 옷을 피에 적시고' 그의 채색옷을 보내어 그의 아버지에게로 가지고 가서 이르기를 우리가 이것을 발견하였으니 아버지 아들의 옷인가 보소서 하매(창 37:31-32)

요셉의 형들은 도대체 왜 이러한 행동을 했을까? 그들은 마치 요셉의 죽음을 증명해야만 하는 자들처럼 행동한다. 요셉의 형들은 목동이었다. 성서의 율법 가운데 가장 오래된 것으로 평가되는, 소위 언약 법전(Bundesbuch / The Book of Covenant: 출 20:22-23:19)에는 목동이 지켜야 할 법이 기록되어 있다.

사람이 나귀나 소나 양이나 다른 짐승을 이웃에게 맡겨 지키게 하였다가 죽거나 상하거나 끌려가도 본 사람이 없으면(출 22:10)
만일 자기에게서 도둑 맞았으면 그 임자에게 배상할 것이며 만일 찢겼으면 그것을

16 참조. N. M. Sarna, *The JPS Torah Commentary. Genesis*, 261.

가져다가 증언할 것이요 그 찢긴 것에 대하여 배상하지 아니할지니라(출 22:12-13)

이 율법에 따르면 목동은 자신에게 맡겨진 양에 대해 책임을 져야 했다. 만약 양을 도둑맞았다면, 자신의 무죄를 증명하기 위해 맹세를 하거나, 또는 그것을 배상해야 했다. 배상을 면하는 하나의 방법은 가축을 지키기 위해 자신이 최선을 다했다는 것을 입증하는 것이었다. 맹수에게 물려서 양이 찢겨 죽었다면 목동은 맹수의 입에서 찢겨진 것이라도 끄집어 와서 주인에게 징표로 제시해야 했다. 요셉의 형들은 요셉의 옷에 피를 묻혀 제시함으로써 자신들이 이 사건에 책임이 없다는 것을 법적으로 입증하려 했던 것이다.

그들은 아버지 야곱을 기만했다. 하지만 그들의 행위는 야곱이 과거에 저질렀던 행위를 연상시킨다. 야곱이 아버지 이삭을 속이려고 염소 새끼를 잡았던 것처럼(창 27:16), 요셉의 형들은 아버지 야곱을 속이려고 역시 염소를 잡았다. 그리고 야곱이 형제(에서)의 의복을 이용하여 아버지를 속였듯이(창 27:15), 요셉의 형들도 의복을 활용하여 아버지를 속였다. 요셉 이야기를 읽는 동안 야곱의 젊은 시절 이야기가 오버랩(overlap)된다.[17]

야곱	야곱의 아들들
새끼 염소(창 27:16)	숫염소(창 37:31)
에서의 의복(창 27:15)	요셉의 의복(창 37:32)

마무리하기

창세기 37장에서는 요셉의 이야기가 그려진다. 요셉은 이스라엘의 족장은 아니지만 족장 이야기의 마지막과 출애굽 이야기의 출발점을 이어 주는 중요한 인

17 참조. 차준희, 『창세기 다시보기』, 192.

물이다. 요셉은 야곱의 사랑을 독차지했다. 야곱이 요셉에게 장신구가 많이 달린 옷을 입혔다는 것이 그것을 입증해 준다. 이 옷은 후대에 채색옷으로 번역되었다.

요셉은 목동으로도 활동했다. 37:2에서는 두 개의 목적어, 즉 '양'과 '형제들'을 사용하여, 요셉이 그들을 치는 일을 했다고 묘사한다. 요셉이 형제들의 잘못을 아버지에게 일러바친다. '악한 비방'(디바탐 라아, דִּבָּתָם רָעָה)을 아버지에게 말했다는 기록으로 보아 요셉이 형제에 대한 험담 중에서 질이 나쁜 것만 골라 전했음을 알 수 있다. 하지만 야곱은 요셉을 나무라지 않았고, 오히려 그를 다른 형제들보다 더욱 사랑했다. 이는 형제들 사이의 '평화'(샬롬, שָׁלוֹם)를 깨뜨리는 요인이 되었다(창 37:4). 그 결과 요셉은 노예로 팔려 가고 말았다. 야곱은 사랑하는 아들의 피 묻은 옷을 보고 절규했다. 요셉의 형들은 아버지를 기만하고 마는 총체적 관계 단절을 가져왔다. 요셉이 모든 형에게 미움을 받았는지는 명확히 알 수 없다. 성서는 요셉이 '빌하와 실바'의 자녀들에 대해서 악한 비난을 했다고 기술한다. 레아의 아들들(르우벤, 유다)은 요셉에 대해 호의적인 태도를 취했다.

요셉이 노예로 전락했다. 그의 형들은 요셉의 옷을 벗겨서 거기에 염소의 피를 묻혀 아버지 야곱에게 보여 주었다. 야곱이 아버지 이삭을 속이던 도구들이 이제는 야곱을 기만하는 수단으로 바뀌었다. 야곱의 아들들의 행동은 언약 법전에 나오는 목동법을 근거로 볼 때 자신들의 노력을 입증하는, 지극히 당연한 행동이었다. 하지만 야곱과 아들들 간의 관계가 어긋났다는 점에서, 그들의 행위는 책임을 면피(免避)하기 위한 조치로밖에 이해되지 않는다.

토의를 위한 질문

01. 요셉이 사랑받은 이유를 성서는 무엇이라고 기록하는가? 요셉보다 더 나중에 태어난 베냐민에 대해서는 어떻게 기록하는가?

02. 37:2을 꼼꼼히 살펴보라. 요셉이 '그들의 잘못을 아버지에게 말하더라'는 구체적으로 어떤 뜻인가? 이 구절을 근거로 볼 때, 요셉은 어떤 성품을 가진 자인가?

03. 37:2과 연결해서 37:3a을 해석하고, 야곱의 처신을 숙고해 보라. 야곱의 행동은 아들들에게 어떠한 영향을 끼쳤는가? 그리고 채색옷은 어떤 옷인가?

04. 요셉은 모든 형과 불편한 관계였는가?(창 37:2) 요셉을 구해 주려고 했던 형들은 누구인가? 그들은 누구의 아들들인가?(창 37:21, 26-27)

05. 요셉을 종으로 팔아넘긴 후 형들은 어떻게 행동했는가?(창 37:31-32) 형들이 그렇게 행동한 이유는 무엇인가? 성서에 기록된 목동법과 이 행동을 비교해 보라.

부록

유다와 다말(창 38장)

37장에서는 요셉이 애굽으로 팔려 갔음을 서술하고, 39장에서는 애굽에서 어떻게 살아가고 있는지를 보여 준다. 그러므로 37장과 39장은 내용적으로 잘 연결된다. 그런데 중간에 끼어 있는 38장에서는 유다와 다말에 대한 내용을 다룬다. 이렇게 배열된 이유가 무엇인지 의문이 생기지 않을 수 없다. 이에 대해 폰 라트는 "요셉이 그 아버지와 형들에게서 사라졌듯이 독자들에게서도 잠시 동안 완전히 사라지도록 한 것"[18]이라고 설명한다.

유다와 다말 이야기는 성서 해석에 매우 큰 장애물이다. 야곱의 열두 아들 중, 다윗의 조상이며 예수의 족보와 연결되는 '유다'의 허물이 적나라하게 드러나기 때문이다. 38장에서는 유다가 아내를 맞이하여 자녀를 낳았고, 장자 '엘'이 성장하여 아내를 맞이했다고 보도한다. 따라서 요셉이 팔려 간 이후에 적지 않은 시간이 흘렀음을 알 수 있다.[19] 유다 이야기와 애굽으로 팔려 간 요셉 이야기 사이에 꽤 긴 시간차가 존재하는 것이다.

> 유다가 거기서 가나안 사람 수아라 하는 자의 딸을 보고 그를 데리고 동침하니 그가 임신하여 아들을 낳으매 유다가 그의 이름을 엘이라 하니라(창 38:2-3)
>
> 유다가 장자 엘을 위하여 아내를 데려오니 그의 이름은 다말이더라(창 38:6)

유다가 장자를 위해 '다말'을 며느리로 데려왔다. 그러나 38:7에서는 엘의 '악함'을 보도하면서 그의 죽음을 정당화한다. 이후에 유다는 수혼제(嫂婚制, Levirat: 신 25:5)[20]에 따라서 둘째 아들을 다말에게 주었다(창 38:8).

---

18 G. von Rad, 『창세기』, 401.

19 참조. 천사무엘, 『성서주석. 창세기』, 480.

20 자녀가 없는 과부를 망부의 형제 혹은 가장 가까운 근친이 아내로 맞이하는 관습이다. 룻과 보아스가 대

> 형제들이 함께 사는데 그 중 하나가 죽고 아들이 없거든 그 죽은 자의 아내는 나가서 타인에게 시집가지 말 것이요 그의 남편의 형제가 그에게로 들어가서 그를 맞이하여 아내로 삼아 그의 남편의 형제 된 의무를 그에게 다 행할 것이요(신 25:5)

그러나 그도 악한 행동으로 말미암아 사망한다. 이제는 셋째 아들을 다말과 합방시켜야 했지만, 유다는 그의 목숨을 염려하며 거절하고는 다말을 그녀의 아버지 집으로 보내 버린다(창 38:11).

시간이 흐른 뒤, 유다가 양털을 깎으려고 딤나로 갔다가(창 38:12; 참조. 창 31:19), 창녀[21]로 변장한 다말과 밤을 같이 보낸다. 다말은 유다에게 '도장, 끈, 지팡이'를 담보로 받고 사라진다. 유다는 사람을 보내어 밤을 보낸 여인을 찾으려고 했지만 실패했고, 계속해서 찾을 경우 '창피'(부즈, בּוּז)를 당할 것을 염려하여 찾는 것을 포기한다.

> 유다가 이르되 그로 그것을 가지게 두라 우리가 '부끄러움'을 당할까 하노라 내가 이 염소 새끼를 보냈으나 그대가 그를 찾지 못하였느니라(창 38:23)

'창피를 당한다'는 유다의 말은 그녀를 다시 만남으로써 현실이 된다. 석 달쯤 후에 유다는 며느리 다말이 음행하여 임신했다는 소문을 듣는다. 그러자 다말을 끌어내어 불사르라고 명령한다. 그 당시 사형을 집행할 때는 법적 공동체 전체가 참여했었기에[22] 다말이 끌려가는 것을 수많은 사람이 보았을 것이다.

다말이 사형장으로 끌려가다가 자신을 임신하게 한 남자에게서 받은 징표, 즉 도장, 끈, 그리고 지팡이를 극적으로 제시한다. 이 이야기는 다말의 정당성과 자신의 부당함에 대한 유다의 발언에서 절정을 이룬다. 결국 자신의 창피를 숨기려

표적인 사례이다(룻 4:4).

21 38장에서는 창녀를 두 단어로 표현한다. 38:15에서는 '조나'(זֹנָה), 38:21-22 에서는 '케데샤'(קְדֵשָׁה)라고 표현하는데, '케데샤'는 성전 창기를 가리키기도 한다. 참조. G. Wenham, 『창세기 1-15』, 645.

22 참조. G. von Rad, 『창세기』, 406.

던 유다는 과거에 만났던 창기와 재회함으로써 '수치'를 당하게 되었다.

> 여인이 끌려나갈 때에 사람을 보내어 시아버지에게 이르되 이 물건 임자로 말미암아 임신하였나이다 청하건대 '보소서'(하케르-나, הַכֶּר־נָא) 이 도장과 그 끈과 지팡이가 누구의 것이니이까 한지라 유다가 그것들을 '알아보고'(봐야케르, וַיַּכֵּר) 이르되 그는 '나보다 옳도다'(짜드카 밈메니, צָדְקָה מִמֶּנִּי) 내가 그를 내 아들 셀라에게 주지 아니하였음이로다 하고 다시는 그를 가까이 하지 아니하였더라(창 38:25-26)

여기에서 중요한 것은 다말의 발언 '보소서'(하케르-나, הַכֶּר־נָא)와 유다의 행위 '알아보고'(봐야케르, וַיַּכֵּר)라는 표현이다. 이와 똑같은 단어가 37:32-33에서 야곱의 아들들의 발언과 야곱의 행위를 묘사할 때 사용되었다. 이렇게 38장이 37장과 연결되고 있다.[23]

> 그의 채색옷을 보내어 그의 아버지에게로 가지고 가서 이르기를 우리가 이것을 발견하였으니 아버지 아들의 옷인가 '보소서'(하케르-나, הַכֶּר־נָא) 하매 아버지가 그것을 '알아보고'(봐야키라흐, וַיַּכִּירָהּ) 이르되(창 37:32-33*)

야곱은 아버지 이삭을 속였고(창 27장), 야곱의 아들들은 야곱을 속였다(창 37장). 그리고 유다의 며느리 다말은 유다를 속였다. 37장은 27장에서 사용된 이미지(의복과 염소의 피)를 차용하고 있음을 위에서 설명하였는데,[24] 이를 통하여 37장은 야곱의 지난 행위를(창 27장) 비판한다. 또한 38장에서 사용된 이미지는 37장에서 차용한 것이다. 다말이 유다에게 제시한 법적 증거물을 살펴보자. '끈'(파틸, פְּתִיל)은 제사장의 의복에 사용되는 것으로서(출 28:28) 의복의 일부이고, 양털을 깎으러 갔다는 서술로 보아 '지팡이'(마테, מַטֶּה)는 양을 칠 때 사용했을 것

23 참조. V. P. Hamilton, *The Book of Genesis 18-50*, 431.

24 본서의 "18. 창세기 37장 - 옷에 피를 묻히다"를 보라.

이다(참조. 출 4:2). 유다가 이것들을 알아보고 자신의 잘못을 고백한다.

> 유다가 그것들을 알아보고 이르되 '그는 나보다 옳도다' 내가 그를 내 아들 셀라에게 주지 아니 하였음이로다 하고 다시는 그를 가까이 하지 아니하였더라(창 38:26)

유다와 다말 이야기에서 사용된 이미지가 야곱을 속이는 그의 아들들에게서도 관찰된다. 더 나아가 이러한 이미지는 야곱이 아버지와 에서를 속이는 과정에서도 사용되었다. 그런 이유로 창세기 38장은 앞선 27장, 그리고 37장과 잘 연결된다. 본문은 유다의 모습을 통하여 야곱과 그 자녀들의 행위가 옳지 못했음을 고발하므로 앞선 이야기와 무관하지 않다.

19

창세기 39-40장

요셉과 보디발의 아내

귀도 레니(Guido Reni), 요셉과 보디발의 아내(Joseph and Potiphar's Wife), 1631년[1]

한눈에 보기

보디발의 아내는 음란을 대표하는 여인으로 해석되어 왔다. 그녀는 남편이 왕의 친위대장인데도 히브리 종인 요셉을 유혹한다. 그녀의 상황을 이해할 만한 일말의 가능성을 찾을 수는 없을까? 보디발의 아내와 요셉 사이에 일어난 일은 하

1 요셉과 보디발의 아내를 표현한 많은 작품에는 공통점이 있다. 첫째, 요셉의 옷을 중요한 소재로 사용한다. 둘째, 보디발의 아내의 성적 유혹 장면을 부각시킨다. 이 그림 역시, 요셉의 옷을 잡아끄는 보디발의 아내가 빨간색 옷을 입고 있다. 일반적으로 빨간색에는 성적인 의미가 들어 있다.

나의 독립된 사건이지만, 이것이 요셉과 형들의 갈등 이야기와 연결된다. 피 묻은 요셉의 옷을 보이며 아버지에게 요셉의 죽음을 알리는 형들, 그리고 요셉의 옷을 가지고 그의 부정함을 고발하는 보디발의 아내. '옷'이라는 소재가 두 이야기를 연결한다. 그리고 자신을 '이 집에서 건져 달라'는 요셉의 요청은 앞으로 일어날 출애굽 사건을 연상하게 한다.

시작하기

요셉 이야기에서 보디발의 아내와 얽힌 사건을 분리할 수는 없다. 그녀는 교회의 유구한 역사에서 음탕한 여인의 대명사로 묘사된다. 화가들은 그녀의 음탕함을 표현하고자 그녀를 실오라기 하나 걸치지 않은 모습으로 그리기도 했다. 그런데 본서에서는 조금은 색다르게 그녀를 바라보고자 한다. 그녀를 이해하기 위해서는 먼저 보디발이 누구인지를 살펴보아야 한다.

보디발과 그의 아내

보디발은 누구인가? 성서에서는 보디발의 직책에 대해 두 번 언급한다.

> 그 미디안 사람들은 그를 애굽에서 '바로의 신하 친위대장 보디발'에게 팔았더라(창 37:36)
>
> 요셉이 이끌려 애굽에 내려가매 '바로의 신하 친위대장 애굽 사람 보디발'이 그를 그리로 데려간 이스마엘 사람의 손에서 요셉을 사니라(창 39:1)

두 구절에서 보디발을 소개하는 표현이 거의 유사하다. 한글 성서에서 그를 '친위대장'이라고 부르는 것과 달리 히브리 성서에서는 '잔인한 자들의 우두머리'(사르 하타바힘, שַׂר הַטַּבָּחִים)[2]라고 기록되어 있다.

'바로의 신하'(세리스 파르오, סְרִיס פַּרְעֹה)에서 '신하'(세리스, סְרִיס)는 '사리스'(סָרִיס)의 연계 형태이다. 이 단어를 여기에서처럼 단순히 '신하/관리'로 번역할 수도 있지만(삼상 8:15; 왕하 8:6), 관리 중에서도 '내시/환관'을 의미할 때 사용하기도 한다(왕하 20:18). 70인역은 이 단어를 'εὐνοῦχος'로 번역했는데, 영어의 eunuch에 해당한다. 이사야 56장에서도 이 단어가 '고자'로 번역되었다.

> 또 왕의 몸에서 날 아들 중에서 사로잡혀 바벨론 왕궁의 '환관'(사리심, סָרִיסִים)이 되리라 하셨나이다 하니(왕하 20:18)
>
> 여호와께 연합한 이방인은 말하기를 여호와께서 나를 그의 백성 중에서 반드시 갈라내시리라 말하지 말며 '고자'(사리스, סָרִיס)도 나는 마른 나무라 하지 말라 여호와께서 이와 같이 말씀하시기를 나의 안식일을 지키며 내가 기뻐하는 일을 선택하며 나의 언약을 굳게 잡는 '고자들'(סָרִיס)에게는(사 56:3-4)

'사리스'가 다양하게 해석됨을 근거로 해서 창세기 37장과 39장에 등장하는 보디발을 새롭게 바라볼 수 있다. 즉, 그가 매우 높은 직책에 있는 환관이었을 가능성도 배제할 수 없다.[3]

해밀턴은 보디발이 결혼했기 때문에 환관은 아니었을 것이라고 주장한다.[4] 그는 주전 10세기까지는 '사리스'가 궁정 관료(Officer, Courtier)였고 그 이후부터 환관을 가리켰다고 한다.[5] 하지만 보디발이 처음부터 환관이었는지에 대해 성서는 침묵한다. 또한 결혼 이후에 왕의 심복으로서 환관이 되었을 가능성도 배제되어서는 안 된다. 이에 관하여 유대인 학자 베노 야콥(Beno Jacob)은 결혼한 환관들도

---

2 참조. V. P. Hamilton, *Genesis 18-50*, 458.

3 참조. G. von Rad, 『창세기』, 399.

4 참조. V. P. Hamilton, *Genesis 18-50*, 458.

5 참조. V. P. Hamilton, *Genesis 18-50*, 458. 대다수의 학자는 요셉 이야기가 족장사와 출애굽기를 연결하고 있기 때문에 상당히 후대에 지금의 위치에 배열되었다고 추정한다.

있었다고 알려 주면서 '사리스'의 본래 의미가 '환관'임을 주지시킨다.[6] 그러므로 보디발을 '환관'으로 이해하는 것은 열려 있어야 한다. 이러한 이해는 보디발의 아내를 새롭게 인식하게 한다. 그녀는 남자를 탐하는 여인인가? 만약 보디발을 '내시/환관'으로 해석한다면, 그녀가 여인으로서 불행한 삶을 살고 있지는 않은지 반문해 보아야 한다.

높은 지위에 오른 자들이 자신의 성공을 자랑하려고 젊은 여성 혹은 남성을 상품화하는 현상(Trophy Girl/Boy)은 과거에도 비일비재했다. 다윗이 '이불을 덮어도 따뜻하지 않은' 나이가 되었을 때, 그의 신하들이 '아비삭'이라는 젊은 여인을 왕에게로 데려왔다. 이 사건이 아비삭이라는 한 여인에게 행복을 가져왔을까? 보디발의 아내가 요셉을 유혹했다는 것을 정당화할 수는 없다. 그러나 성서를 다각도로 해석하여 그녀의 상황을 여러가지 시각으로 접근하는 시도는 필요하지 않을까?

보디발의 아내와 요셉

보디발의 아내는 창세기 39장에만 등장한다.

> 그 후에 그의 주인의 아내가 요셉에게 눈짓하다가 '동침하기를 청하니'(쉬크바 이미, שִׁכְבָה עִמִּי)(창 39:7)
> 그 여인이 그의 옷을 잡고 이르되 '나와 동침하자'(쉬크바 이미, שִׁכְבָה עִמִּי) 그러나 요셉이 자기의 옷을 그 여인의 손에 버려두고 밖으로 나가매(창 39:12)

'쉬크바 이미'가 한글 성서에서는 마치 요청을 하는 것처럼 상당히 완곡하게 번역되었다. 하지만 문자적으로는 명령형이기 때문에, '나와 함께/내 곁에 누워라!'

6 참조. B. Jacob, *Das Buch Genesis*, 709; C. Westermann, *Genesis 37-50*, 57.

라고 강하게 명령을 내리는 표현이다.

'요셉이 옷을 그 여인의 손에 버려두고 밖으로 나갔다'라는 서술은 그녀가 요셉의 옷을 잡았음을 추정하게 한다. 이 장면은 형들이 요셉의 옷을 벗기고 그를 구덩이에 던진 사건을 연상시킨다(창 37:23-24).[7] 여기에서 요셉의 옷이 다시 법적 증거 기능을 한다.[8] 요셉의 형들은 그 옷으로 자신들의 무죄를 입증하려고 했다면(창 37:32), 보디발의 아내는 요셉의 죄를 고발하기 위해 그 옷을 사용한다.

> 요셉이 형들에게 이르매 그의 형들이 요셉의 옷 곧 그가 입은 채색옷을 벗기고 그를 잡아 구덩이에 던지니 그 구덩이는 빈 것이라 그 속에 물이 없었더라(창 37:23-24)
> 당신이 우리에게 데려온 히브리 종이 나를 희롱하려고 내게로 들어왔으므로 내가 소리 질러 불렀더니 그가 그의 옷을 내게 버려두고 밖으로 도망하여 나갔나이다(창 39:17-18*)

요셉의 형들이 그의 옷을 벗겨 상인에게 넘김으로써 그가 종으로 전락했듯이(창 37:28), 벗겨진 요셉의 옷이 보디발 아내의 손에 있다는 기록은 요셉이 다시 한 번 구덩이로 내려가리라는 것을 암시한다.

> 이에 요셉의 주인이 그를 잡아 옥에 가두니 그 옥은 왕의 죄수를 가두는 곳이었더라 요셉이 옥에 갇혔으나(창 39:20)

이 기록은 조금 낯설다. 성서 본문에서 알 수 있듯이 다른 사람의 결혼 관계를 파괴하는 간음과 같은 행위는 사형이라는 엄벌에 처해졌다(레 20:10; 신 22:25-26). 자유인도 이러한 형벌을 받았는데, 하물며 종/노예는 그보다 더한 중벌(重罰)을

7 참조. V. P. Hamilton, *Genesis 18-50*, 465.
8 참조. G. von Rad, 『창세기』, 412.

받는 것이 당연하지 않은가?[9] 하지만 요셉이 정치범 수용소에 갇히는 것으로 사건이 마무리된다.

보디발의 아내는 요셉이 자신을 거절하자 처음에는 집 사람들을 불러서 요셉에 대해 거짓으로 고한다. 그리고 다시 남편에게 요셉을 고발한다. 이 두 본문에서 보디발의 아내가 요셉을 부르는 호칭이 '히브리 사람'에서 '히브리 종'으로 바뀐다.

> 그 여인의 집 사람들을 불러서 그들에게 이르되 보라 주인이 '히브리 사람'(이쉬 이브리, אִישׁ עִבְרִי)을 우리에게 데려다가 우리를 희롱하게 하는도다 그가 나와 동침하고자 내게로 들어오므로 내가 크게 소리 질렀더니(창 39:14)
> 이 말로 그에게 말하여 이르되 당신이 우리에게 데려온 '히브리 종'(하에베드 하이브리, הָעֶבֶד הָעִבְרִי)이 나를 희롱하려고 내게로 들어왔으므로(창 39:17)

'히브리'는 민족적 개념이라기보다는 사회적 하층민을 가리키는 표현이다.[10] '종'이라는 표현은 특별히 출애굽기에 따르면 애굽에서 '종'으로 살아가는, 고통받는 이스라엘을 지칭한다. 즉, 종으로 전락한 요셉의 모습은 앞으로 나타날 이스라엘의 모습을 보여 준다.

> 이스라엘 자손에게 '일을 엄하게 시켜'(봐야아비두, וַיַּעֲבִדוּ) 어려운 노동으로 그들의 생활을 괴롭게 하니 곧 흙 이기기와 벽돌 굽기와 농사의 여러 가지 일이라 그 시키는 '일이 모두 엄하였더라'(아브두, עָבְדוּ)(출 1:13-14)

창세기 40장에서는 요셉의 상황과 출애굽할 이스라엘 백성의 상황이 더 면밀하게 일치된다. 요셉이 술 맡은 관원장의 꿈을 해석해 준 후 '자신의 사정을 바로

---

9 참조. G. von Rad, 『창세기』, 413; B. Jacob, *Das Buch Genesis*, 732.
10 참조. G. von Rad, 『창세기』, 414.

에게 아뢰어 달라'고 요청한다.

> 당신이 잘 되시거든 나를 생각하고 내게 은혜를 베풀어서 내 사정을 바로에게 아뢰어 '이 집에서 나를 건져 주소서'(붸호쩨타니 민-하바이트 하제, וְהוֹצֵאתַנִי מִן־הַבַּיִת הַזֶּה) (창 40:14)

그리고 자신을 '이 집에서 건져' 달라고 요청한다. 감옥을 '이 집'(하바이트, הַבַּיִת)으로 표현한 것은 출애굽 사건을 기술하는 출애굽기 20:2과 연결된다.[11]

> 나는 너를 애굽 땅, '종 되었던 집에서 인도하여 낸'(호쩨티카 … 이베트 아바딤, הוֹצֵאתִיךָ … מִבֵּית עֲבָדִים) 네 하나님 여호와니라(출 20:2)

'이 집에서' 요셉을 '건져 내는 것'은 '애굽에서' 이스라엘을 '건져 내는 것'에 상응한다. 건져 내는 주체는 애굽의 통치자 바로가 아니라 하나님이다. 동사 '야짜'(יָצָא)와 전치사 '민'(מִן)의 결합은 출애굽 사건을 표현할 때 사용하는 전문적인 용어인데, 이 표현이 창세기 40:14에 그대로 나온다(참조. 창 15:7). 따라서 요셉의 애굽 '종살이'와 '이곳에서 건져 달라'는 요청은 출애굽하는 이스라엘 백성의 삶을 미리 보여 준다. 족장들의 이야기가 출애굽 사건을 암시하듯이, 요셉 역시 그러하다.

마무리하기

역사적으로 보디발의 아내는 매우 음란한 여인으로 표현되어 왔다. 그러나 바로의 '신하'(세리스, סְרִיס)라는 보디발의 칭호에는 다양한 해석의 여지가 있기에 그

11 참조. G. Wenham, 『창세기 16-50』, 670.

녀에 대한 그동안의 이해 또한 달라질 수 있다. 물론 그것이 그녀의 행위를 비호할 수는 없지만, '그녀를 음녀로만 매도하는 해석자의 편향된 시각이 정당한가' 라는 의문을 제기하게 할 수는 있다.

요셉과의 관계에서 드러나는 보디발의 아내는 애굽의 모습을 보여 준다. 그녀가 요셉에게 '내 곁에 누우라'라고 명령하지만, 요셉은 옷을 버려두고 도망친다. 그러자 요셉을 향한 그녀의 욕망이 증오로 바뀐다. 그것은 요셉을 부르는 호칭이 '히브리 사람'에서 '히브리 종'으로 달라진 것에서도 확인된다. '종'은 요셉이 사회적으로 매우 비천한 신분이 되었음을 나타내며, 또한 출애굽하는 이스라엘의 모습을 암시한다.

보디발의 아내가 요셉의 옷을 법적 증거물로 제시하자 요셉이 감옥에 갇힌다. 이 장면은 요셉의 옷을 벗기고 그를 구덩이에 던진 후, 아버지 야곱에게 그 옷을 자신들의 무죄를 입증할 증거물로 제시한 요셉의 형들을 연상하게 한다. 간음한 자는 자유인이라 할지라도 사형을 당했던 그 당시의 법을 고려하면, 요셉의 감옥행은 그야말로 선처(善處)였다. 요셉은 정치범 수용소에서 관원장 둘을 만나서 그들의 꿈을 해석해 준 뒤 한 사람에게 '이 집에서 건져 주기'를 부탁한다(창 40:14). 이 부탁에 이스라엘의 출애굽을 묘사하는 전문 용어가 사용되었다. 그러므로 요셉은 출애굽하는 이스라엘을 미리 보여 주는 표상(表象)이 된다고 볼 수 있다.

토의를 위한 질문

01. 성서에서는 보디발을 어떻게 소개하는가? 히브리어로 '신하'는 어떤 뜻인가? 한글 성서뿐만 아니라 외국어 성서들도 비교해 보라.

02. 요셉에게 거부당한 이후로 보디발의 아내의 태도가 바뀌었다. 보디발의 아내는 요셉을 어떻게 바꾸어 부르는가? 창세기 39:14, 그리고 39:17을 비교해 보라.

03. 보디발의 아내는 요셉의 옷을 어떻게 활용하는가? 이 모습과 요셉을 종으로 팔아넘긴 형들의 모습을 비교해 보라.

04. 성서에는 간음한 자를 어떻게 치리하라고 기록되어 있는가? 종이었던 요셉은 어떠한 처벌을 받아야 하는가?

05. 요셉이 술 맡은 관원장에게 '이 집에서 나를 건져 주소서'라고 부탁한다. 이것을 출애굽과 연결하면 어떻게 해석할 수 있는가?

20

창세기 45장

요셉 이야기의 남은 자

프란츠 안톤 말베르츠(F. A. Maulbertsch), 요셉과 형제들(Joseph and his Brothers), 1745–1750년경[1]

한눈에 보기

창세기에서는 45:7에만 단 한 번 나오는 '쉐에릿'(후손, שְׁאֵרִית)[2]이라는 단어는 한 편으로는 '출애굽을 통하여 나타날 민족으로서의 이스라엘'을 가리키며, 다른 한 편으로는 예언서에 나오는 남은 자 사상과 결부되어 '포로기 이후의 이스라엘'

1 종으로 팔려 간 요셉과 높은 관직에 요셉이 있으리라고는 생각도 못 하는 형들과의 재회 장면을 보면서 우리는 쾌감을 느낀다. 요셉 이야기는 족장들의 이야기와 연결될 뿐만 아니라, 출애굽 사건이 발생할 것을 면면히 보여 준다.

2 한글 성서에 '후손'이라는 표현이 종종 나오는데, 이는 '제라'(זֶרַע)의 번역이다. 이 단어가 때로 '자손'으로 번역되기도 했다(창 26:4).

과 연결된다. 그리고 홍수 심판 사건과도 연결되어 이 단어의 신학적 의미가 확장된다. 하나님은 홍수 심판에서 노아와 그의 가족을 선택했고, 살아남은 그들을 신인류의 출발점으로 삼았다. 요셉 이야기에서 '후손'은 남은 자로서, 재앙에서 살아남은 자를 가리킨다. 따라서 홍수 심판에서의 '신 인류'가 요셉 이야기에서는 '후손'으로 대치된다. 즉, 요셉 이야기는 원역사인 홍수 심판 사건과 연결됨으로써 창세기의 시작인 원역사와 함께 창세기의 틀(Inclusio)을 형성한다. 그리고 이 요셉 이야기는 아브라함부터 야곱에 이르는 족장 체제가 출애굽을 통해 이스라엘이라는 국가로 형성되는 과정을 연결한다.

시작하기

애굽에서 진행되는 요셉 이야기는 보디발의 집에서 발생한 사건을 제외하면 대부분이 기근과 관련이 있다. 그가 감옥에서 나올 때부터 애굽의 총리가 되어 세계의 부양자로 등장하기까지의 모든 사건의 중심에 기근이 있다. 요셉과 형들과의 재회 역시 기근이 동인이 되었다. 기근이 발생하면 사람들은 식량을 구하기 위해 애굽으로 내려갔는데, 아브라함도 그러했다고 성서는 기록한다.

그 땅에 '기근'이 들었으므로 아브람이 '애굽'에 거류하려고 그리로 내려갔으니 이는 그 땅에 기근이 심하였음이라(창 12.10)

요셉 이야기의 남은 자

요셉 - 세계의 부양자

41:54에서는 기근이 애굽에 국한되지 않고 '온 땅에'(베콜-하아라쪼트, בְּכָל־הָאֲרָצוֹת)

발생했음을 보도한다. 애굽인들은 요셉이라는 총리가 있어서 식량을 비축할 수 있었지만, 다른 지역 거주민들은 양식을 준비하지 못했다.

야곱이 거주하는 곳에도 기근이 찾아들었다. 그는 아들들에게 애굽에 가서 곡식을 구해 오라고 명령한다. 기근을 미리 예견해서 식량을 비축한 요셉은 '세상의 부양자'로 묘사된다(창 42:6).[3] 즉, 비축한 양식을 전 세계에 공급함으로써 기근에서 벗어날 수 있도록 도와주는 자로 묘사된다. 이것은 요셉의 꿈이 실현되고 있다는 것을 보여 준다.

> 때에 요셉이 나라의 총리로서 '그 땅 모든 백성에게 곡식을 팔더니' 요셉의 형들이 와서 그 앞에서 땅에 엎드려 절하매(창 42:6)

기근이 들었을 때 애굽으로 식량을 구하러 가는 모습이 고대 문헌에도 나온다. 고대 근동 문헌인 '국경 관리의 보고'[4]에서는 애굽 동쪽에 근무하는 관리가 '아시아인이 삼각주로 이주하는 것'에 대해 보고한다. 이러한 기록은 기근 때문에 많은 이가 애굽으로 이주했다는 것과 그 이주가 일시적 현상이 아니었음을 알려 준다.

> 내 주께 알리는 또 다른 편지입니다. 우리는 에돔과 베두인 부족들이 체쿠에 있는 메르네프타 호텝히르마아트 요새를 지나 체쿠에 있는 메르네프타 호텝히르마아트의 페르아툼 연못으로 가도록 하는 것을 마쳤습니다. 이는 8년 윤일 5일째, '세트의 탄생' 날에 그들과 그들의 소가 모든 땅의 선한 태양인 파라오의 카(ka)를 통하여 살 수 있도록 하기 위함입니다.

식량을 구하려고 각국 사람들이 애굽으로 왔다(창 41:57). 아브람과 바로의 만남(창 12장)이나 야곱과 바로의 만남(창 47장) 때에는 통역하는 자가 등장하지 않지

---

3 참조. 천사무엘, 『성서주석. 창세기』, 525; V. P. Hamilton, *Genesis 18-50*, 519.

4 "국경 관리의 보고", 『고대 근동 문학 선집』, 485.

만, 요셉과 형들이 만나는 장면(창 42장)에는 통역하는 자가 나온다.

그들 사이에 통역을 세웠으므로 그들은 요셉이 듣는 줄을 알지 못하였더라(창 42:23)

요셉이 형들을 의심하는 척하면서 한 명을 볼모로 잡아 둔다. 그리고 다른 형들에게는 곡식을 주어 고향으로 돌려보내고 다음에 올 때는 막내를 데려오라고 명령한다. 요셉이 형들의 자루에 '돈뭉치'를 몰래 도로 넣어 주는데(창 42:25) 형들은 그 사실을 나중에야 알게 된다(창 42:27). 아버지 야곱과 요셉의 형들이 돈뭉치를 보고 두려워한다.

각기 자루를 쏟고 본즉 각 사람의 '돈뭉치'(케셒, כֶּסֶף)가 그 자루 속에 있는지라 그들과 그들의 아버지가 '돈뭉치'(케셒, כֶּסֶף)를 보고 다 두려워하더니(창 42:35)

'돈뭉치'로 번역된 단어는 본래 '은'(케셒, כֶּסֶף)이라는 뜻이다. 여기서 저자와 독자만 알 수 있는 내용이 나온다. 즉, '은'은 형들이 요셉을 종으로 팔아넘겼을 때를 떠올리게 한다.

그 때에 미디안 사람 상인들이 지나가고 있는지라 형들이 요셉을 구덩이에서 끌어올리고 '은'(케셒, כֶּסֶף) 이십에 그를 이스마엘 사람들에게 팔매 그 상인들이 요셉을 데리고 애굽으로 갔더라(창 37:28)

돈뭉치를 보고 야곱이 아들들을 향해서 비난을 여과없이 쏟아낸다.

각기 자루를 쏟고 본즉 각 사람의 돈뭉치가 그 자루 속에 있는지라 그들과 그들의 아버지가 돈뭉치를 보고 다 두려워하더니 그들의 아버지 야곱이 그들에게 이르되 너희가 나에게 내 자식들을 잃게 하도다 요셉도 없어졌고 시므온도 없어졌거늘

베냐민을 또 빼앗아 가고자 하니 이는 다 나를 해롭게 함이로다(창 42:35-36)

야곱이 아들들을 '내 자식을 빼앗아 가는' 자들이라고 표현한다. 요셉 이야기에서 가장 큰 고통을 당하는 인물은 아마 야곱일 것이다. 야곱은 이미 잃어버린 자식들을 생각하며 한탄하고, 다시 자식을 잃을까 봐 또 절규한다(비교. 창 37:33).[5] 르우벤도 요셉을 만난 자리에서 형제들을 향하여 '그의 핏값을 치르게 되었도다'라며 한탄했었다(창 42:22).

요셉 - 제2의 노아

창세기 45장은 요셉과 형제들이 다시 만나는 장면을 묘사한다. 요셉이 더 이상 정을 억제하지 못하고 자신의 정체를 드러낸다. 그의 울음소리가 바로의 궁중까지 들렸고, 요셉의 형들은 놀라서 말을 잇지 못하였다. 요셉이 그 형들의 잘못된 행동을 상기시키지만, 그것이 실상은 하나님의 계획이었다고 선언함으로써 갈등을 봉합한다(창 45:5). 이 선언과 거의 동일한 발언이 45:7에서도 이어진다.

당신들이 나를 이 곳에 팔았다고 해서 근심하지 마소서 한탄하지 마소서 하나님이 생명을 구원하시려고 나를 당신들보다 먼저 보내셨나이다(창 45:5)
하나님이 큰 구원으로 당신들의 '생명을 보존하고'(레하하요트, לְהַחֲיוֹת) '당신들의 후손을'(라헴 쉐에릿, לָכֶם שְׁאֵרִית) 세상에 두시려고 나를 당신들보다 먼저 보내셨나니(창 45:7)

45:7의 '생명을 보존하다'는 히브리어 '하야'(레하하요트, לְהַחֲיוֹת) 동사의 변화형으로서 '생명을 보존하기 위해'로 해석할 수 있다. 즉, 하나님의 행위는 '생명 보존'을 목적으로 한다. 이와 동일한 표현이 홍수 심판 사건에도 나온다는 점에서

---

5 참조. B. Jacob, *Das Buch Genesis*, 776.

요셉 이야기는 '생명 보존 목적'을 노아 이야기와 공유한다.

> 혈육 있는 모든 생물을 너는 각기 암수 한 쌍씩 방주로 이끌어 들여 너와 함께 '생명을 보존하게'(레하하요트, לְהַחֲיֹת) 하되 새가 그 종류대로, 가축이 그 종류대로, 땅에 기는 모든 것이 그 종류대로 각기 둘씩 네게로 나아오리니 그 '생명을 보존하게'(레하하요트, לְהַחֲיוֹת) 하라(창 6:19-20)
> 공중의 새도 암수 일곱씩을 데려와 그 씨를 온 지면에 '유전하게'(레하욧트, לְחַיּוֹת) 하라(창 7:3)

45:7과 45:5을 비교해 보면 45:7이 강조하고자 하는 바를 찾을 수 있다. 45:7에는 '당신들의 후손'(라헴 쉐에릿, לָכֶם שְׁאֵרִית)이라는 문구가 첨가되어 있다. 저자는 '당신들의 생명'이라는 표현을 사용하여 한편으로는 당면한 시대를 가리키고, '후손'을 추가로 기입함으로써 시선을 미래에 나타날 후손으로 확장한다.[6] 50:20에서 독자는 '큰 백성'이라는 표현을 통해 '후손'이 무엇을 의미하는지를 다시 한 번 인지할 수 있다.

> 당신들은 나를 해하려 하였으나 하나님은 그것을 선으로 바꾸사 오늘과 같이 '많은 백성'(암-라브, עַם־רָב)의 생명을 구원하게 하시려 하셨나니(창 50:20)

'많은 백성'으로 번역된 '암-라브'(עַם רָב)는 '큰 백성'으로 해석되는 것이 적절하다. 히브리어 '라브'(רָב)는 '큰'이라는 의미를 담고 있으며, '암'(עַם, '백성')은 단수 형태이다(!). 외국어 번역본도 이러한 해석을 지지한다(ELB, ZUR). 다시 말해서, 이것은 '여러 백성'이라는 의미가 아니라 이스라엘이 큰 백성으로 성장할 것을

---

6 '후손'이라는 개념이 창세기에서는 적절하지 않으므로 C. Westermann은 창세기 45:7b을 후대 첨가로 평가한다. C. Westermann, *Genesis 37-50*, 160; W. Brueggemann, 『창세기』, 513; P. Weimar, "'Wir werden dem Pharao Diener sein' (Gen 47,25b). Stellung und Bedeutung von Gen 47,13-26 im Rahmen der Josefsgeschichte", SBAB 44, 221-296, 특별히 283.

재확인해 주는 표현이다.

'후손'이라는 개념이 창세기의 다른 본문에는 나오지 않는다. 창세기에서는 이스라엘 족장과 야곱의 열두 아들 정도만 언급될 뿐이다. 이 단어는 예언서에서 빈번하게 나오는, '남은 자' 사상의 핵심 용어이며(사 14:30; 37:4), 희망이라는 뜻이 내포되어 있다. 폰 라트가 적절하게 지적하듯이, '전체는 이 남은 자 안에서 새로운 삶을 지속하게 된다.'[7] 환언하면, 하나님은 기근으로 세상을 심판하고, 요셉을 택하여 남은 자를 구원하려고 계획했다. 요셉 이야기에서 이스라엘의 후손은 칠십 명 정도밖에 되지 않았지만, 요셉은 이스라엘이 큰 백성이 되리라고 예견한다.

이와 유사한 모티브가 창세기 원역사에도 나온다. 인간의 패역함 때문에 임한 홍수 심판은 노아 이야기의 출발점이 된다. 하나님이 모든 인류를 심판할 때 방주에 들어간 노아와 그의 식구들만 생명을 유지한다. 생존한 노아의 가족은 신 인류의 시작이 된다. 이처럼 노아 이야기와 요셉 이야기는 '후손'이라는 공통점을 품고 있다.

다른 공통점도 있다. 노아 이야기에서는 '물'이 심판의 도구이다. 7장을 보면 홍수가 40일 동안 계속되었다. 물이 오랫동안 땅을 뒤덮었고, 생명은 다 멸절되었다. 요셉 이야기에서는 '기근'이 심판의 도구이다. 이 심판은 '강 가'에서 살진 암소와 파리한 암소가 올라오는 바로의 꿈에서 시작된다.

> 보니 아름답고 살진 일곱 암소가 강 가에서 올라와 갈밭에서 뜯어먹고 그 뒤에 또 흉하고 파리한 다른 일곱 암소가 나일 강 가에서 올라와 그 소와 함께 나일 강 가에 서 있더니(창 41:2-3)

애굽의 풍요와 기근은 모두 강과 연결되어 있다. 나일강은 애굽 땅을 기름지게 하여 곡식을 풍요롭게 생산하게 한다.[8] '기근'도 결국 물 부족이 원인이 되어 나타나

---

7 G. von Rad, 『창세기』, 450.
8 참조. G. Wenham, 『창세기 16-50』, 683.

는 재앙이다. 노아 이야기에서의 '홍수'와 요셉 이야기에서의 '기근'은 다 '물'과 관련이 있다.

마무리하기

기근은 요셉 이야기뿐 아니라 창세기 안에서도 중요한 기능을 한다. 기근 때문에 야곱의 아들들이 애굽으로 내려가서 요셉을 만나게 되는데, 요셉이 형들과의 대화에서 사용한 '후손'(쉐에릿, שְׁאֵרִית)이라는 단어는 독자들의 시각을 미래로 향하도록 만든다. 이 후손은 출애굽 사건으로 나타날 '민족적 개념으로서의 이스라엘'을 가리킨다. 그리고 예언서에서 중요하게 사용된 '후손'이라는 개념은 남은 자 사상과 결부되어 '포로기 이후의 이스라엘'과 연결된다.

요셉은 '생명을 보존하는'(레하하요트, לְהַחֲיוֹת) 것이 하나님의 계획이었음을 형들에게 알려 준다. '생명을 보존하는' 것은 기근이라는 재난에서 생존하는 것을 뜻한다. 그와 동일한 표현이 창세기 6-8장의 홍수 심판 사건에서도 사용되었다. 이 두 본문의 연결은 요셉 이야기의 신학적 의미를 확장시킨다. 홍수 심판과 노아 이야기가 신 인류의 시작을 보여 준다면, 요셉 이야기는 앞으로 등장할 '후손'을 보여 준다. 즉, 요셉 이야기의 '후손'이 노아 이야기의 '신 인류'와 일치한다.

창세기의 요셉 이야기는 다방면에서 중요하다. 요셉 이야기는 아브라함부터 야곱에 이르는 족장 체제가 출애굽을 통해 이스라엘이라는 국가로 형성되는 과정을 연결해 주는 역할을 한다. 즉, 요셉 이야기는 족장 이야기와 출애굽기를 연결하는 경첩이다.[9] 다른 한편으로는 원역사인 노아 이야기와 연결됨으로써 창세기의 시작인 원역사와 함께 창세기의 틀을 형성한다. '신 인류의 시작'을 알리는 노아 이야기, '이스라엘의 시작'을 연결하는 요셉 이야기. 이러한 구성적 요소는 요셉 이야기를 거쳐 출애굽기에서 나타날 '이스라엘'을 '제2의 신 인류'로 제시한다.

---

9 참조. E. Blum, *Die Komposition der Vätergeschichte*, 238.

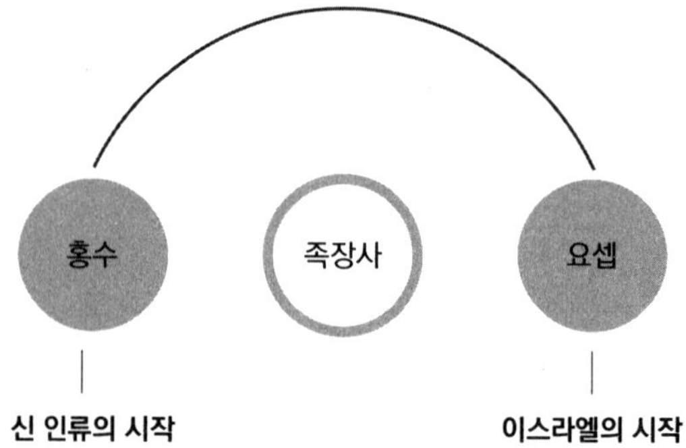

토의를 위한 질문

01. 요셉 이야기에 등장하는 기근 사건과 유사한 기록이 족장 이야기에도 나온다. 아브라함 이야기를 살펴보라.

02. 45: 5, 7에 나오는 요셉의 발언을 비교한 후, 공통점과 차이점을 이야기해 보라.

03. 45:7의 '생명을 보존하고'와 6:19-20;7:3을 비교해 보고 어떤 공통점이 있는지 이야기해 보라.

04. 45:7은 한편으로는 노아 이야기와 연결되며, 다른 한편으로는 출애굽 이야기와 연결된다. 45:7의 '후손'은 노아 이야기에서 무엇에 상응하는가? 그리고 출애굽 이야기에서 무엇을 가리키는가?

05. 노아 홍수 이야기와 요셉 기근 이야기를 비교해 보라. 공통점이 무엇인가? 그리고 요셉 이야기는 창세기와 출애굽기 사이에서 어떠한 역할을 하는가?

애굽인과 히브리인

우리는 이따금씩 성서에서 지역 주민의 삶을 엿볼 수 있는데, 창세기 43장에는 애굽인들의 식사 문화에 대한 설명이 나온다. 애굽인들이 요셉과 그의 형제들을 위하여 상을 각각 따로 차리는데, 이는 '히브리 사람'과 함께 식사하는 것을 '부정'하다고 여겼기 때문이었다. 그리고 애굽 사람들은 목축업을 '가증히' 여겼다(창 46:34).[10] 그러므로 야곱의 혈육이 기근을 피해 애굽으로 내려갈지라도 그들과 섞여 살지는 않을 것이다.

두 본문에 사용된 '토에바'(תּוֹעֵבָה, 부정, 가증히)는 출애굽기 8:26[22]에서 다시 사용되어, 히브리인들이 애굽에서 여호와를 섬길 수 없음을 보여 준다. 여호와를 섬기기 위해서는 동물 제사를 드려야 했기 때문이다.

> 그들이 요셉에게 따로 차리고 그 형제들에게 따로 차리고 그와 함께 먹는 애굽 사람에게도 따로 차리니 애굽 사람은 히브리 사람과 같이 먹으면 '부정을'(토에바, תּוֹעֵבָה) 입음이었더라(창 43:32)
> 당신들은 이르기를 주의 종들은 어렸을 때부터 지금까지 목축하는 자들이온데 우리와 우리 선조가 다 그러하니이다 하소서 애굽 사람은 다 목축을 '가증히'(토에바, תּוֹעֵבָה) 여기나니 당신들이 고센 땅에 살게 되리이다(창 46:34)
> 모세가 이르되 그리함은 부당하니이다 우리가 우리 하나님 여호와께 제사를 드리는 것은 애굽 사람이 '싫어하는'(토에바, תּוֹעֵבָה) 바인즉 우리가 만일 애굽 사람의 목전에서 제사를 드리면 그들이 그것을 '미워하여'(토에바, תּוֹעֵבָה) 우리를 돌로 치지 아니하리이까(출 8:26[22])

10 참조. V. P. Hamilton, *Genesis 18-50*, 604.

21

창세기 46-50장

창세기와 출애굽기의 연결 고리

한눈에 보기

창세기 46-50장에는 아주 다양한 주제가 담겨 있다. 이러한 주제들은 한편으로는 아브라함 이야기, 그리고 다른 한편으로는 원역사 이야기에 스며들어 창세기의 완성도를 높인다. 야곱의 애굽으로의 이동은 아브라함이 애굽으로 이동하는 장면과 유사하여 족장 이야기의 처음과 끝을 연결시킨다. 출애굽 사건을 연상하게 하는 요셉 이야기는 하나의 스토리 이상으로 작동한다. 저자는 요셉 이야기를 활용하여 창세기를 마무리하며 또한 '큰 백성'으로 나타날 이스라엘을 제시한다. 요셉 이야기는 창세기와 출애굽기의 연결 고리(Bindeprogramm)이다.

시작하기

창세기 12장부터 36장까지는 '족장' 즉, 아브라함과 이삭, 그리고 야곱에 대한 이야기가 중심을 이룬다. 그 이후로는, 야곱이 간간히 등장하기는 하지만, 요셉이 중심 인물이다. 요셉은 이스라엘 족장이 아닌데도 창세기 37장 이후로 적지 않은 분량을 차지하고 있다. 그 이유가 무엇일까?

하나님의 계획

야곱

창세기 46장은 요셉의 생존 소식을 접한 야곱이 애굽으로 내려가는 것을 보도한다. 야곱이 하나님께 희생제사를 드리자 그 밤에 하나님이 야곱에게 나타난다. 하나님은 정착했던 땅을 떠나는 것을 두려워하지 말라고 명령한다. 왜냐하면 하나님이 야곱을 '큰 민족'으로 만들 것이기 때문이다. 이와 동일한 약속이 아브라함 이야기에도 나왔다.

> 하나님이 이르시되 나는 하나님이라 네 아버지의 하나님이니 애굽으로 내려가기를 두려워하지 말라 내가 거기서 '너로 큰 민족을 이루게 하리라'(창 46:3)
> 여호와께서 아브람에게 이르시되 너는 너의 고향과 친척과 아버지의 집을 떠나 내가 네게 보여 줄 땅으로 가라 '내가 너로 큰 민족을 이루고' 네게 복을 주어 네 이름을 창대하게 하리니 너는 복이 될지라(창 12:1-2)

두 약속 간의 차이점은 목적지가 다르다는 것이다. 아브라함 이야기의 땅은 '가나안'을 연상하게 하고, 야곱 이야기의 땅은 '애굽'을 지칭한다. 두 족장 이야기에서 유사점은 기근 때문에 애굽으로 내려가 거류한다는 것이다. 즉, 아브라함이 '큰 민족을 이루리라'는 약속을 받은 것과 그가 애굽에 '거류'(구르, גּוּר)한 것이

야곱에게서 재현되고 있다.[1]

> 그들이 또 바로에게 고하되 가나안 땅에 기근이 심하여 종들의 양 떼를 칠 곳이 없기로 종들이 '이곳에 거류하고자 왔사오니' 원하건대 종들로 고센 땅에 살게 하소서(창 47:4)
> 그 땅에 기근이 들었으므로 아브람이 '애굽에 거류하려고 그리로 내려갔으니' 이는 그 땅에 기근이 심하였음이라(창 12:10)

야곱의 애굽 생활

야곱과 그의 식구들이 애굽으로 내려가 고센 땅에 거주했다. 그들은 '가축을 관리'하는 일을 맡았다. 애굽인들은 목축업을 경시했으므로(창 46:34),[2] 아마도 이방인들이 가축들을 관리했을 것으로 추정된다. 야곱과 그의 자녀들은 가축을 관리하며 '생육하고 번성하였다.'

> 이스라엘 족속이 애굽 고센 땅에 거주하며 거기서 생업을 얻어 '생육하고 번성하였더라'(창 47:27)

신의 축복이 고센 땅에 있었음을 알 수 있다. 원래 유목민들은 목초지를 찾기 위해 건기와 우기에 따라 지역을 이동해야 했다. 하지만 고센 지역은 가뭄으로 인한 기근과 무관한 지역처럼 묘사된다.

> '기근이 더욱 심하여 사방에 먹을 것이 없고' 애굽 땅과 가나안 땅이 기근으로 황폐하니(창 47:13)

---

1 참조. V. P. Hamilton, *Genesis 18-50*, 590.
2 참조. 본서의 "20. 창세기 45장 - 요셉 이야기의 남은 자"를 보라.

심판이 전역에 있었지만, 야곱의 후손이 거주하는 지역에는 재앙이 피해갔다는 내용과 유사한 서술이 출애굽기에도 나온다. 출애굽기에서 모세는 애굽의 전 지역에 하나님의 심판이 있을 것이라고 선언한다(출 9:18, 24). 우박이 애굽 온 땅에서 모든 것을 황폐하게 만들었지만, 이스라엘 자손들이 거주하는 고센 지역에는 우박이 없었다. 즉, 창세기 47장은 출애굽기의 재앙을 미리 묘사하고 있다.

> 우박이 내림과 불덩이가 '우박에 섞여 내림이 심히 맹렬하니' 나라가 생긴 그 때로부터 '애굽 온 땅에는' 그와 같은 일이 없었더라 우박이 애굽 온 땅에서 사람과 짐승을 막론하고 밭에 있는 모든 것을 쳤으며 우박이 또 밭의 모든 채소를 치고 들의 모든 나무를 꺾었으되 '이스라엘 자손들이 있는 그 곳 고센 땅에는 우박이 없었더라'(출 9:24-26)

야곱의 유언

야곱의 유언은 예언적 성격이 매우 강하다. 이는 머나먼 '미래의 일'을 가리킨다는 점에서, 임박한 미래를 예언하는 성서의 예언자와 구별된다. 야곱은 하나님이 자신의 후손을 '인도하여 조상의 땅으로 돌아가게 하실 것이다'라고 예언한다.

> 이스라엘이 요셉에게 또 이르되 나는 죽으나 하나님이 너희와 함께 계시사 '너희를 인도하여 너희 조상의 땅으로 돌아가게 하시리니와'(창 48:21)

이와 비슷한 내용이 야곱 이야기에서 반복되고 있으므로 우리는 이 구절을 주목하지 않을 수 없다. 창세기 31:3에서는 야곱이 라반으로부터 나와 가나안 땅으로 돌아가는 것을 서술하며, 48:21에서는 야곱의 후손들이 출애굽하여 가나안 땅으로 돌아올 것을 예언한다.[3] 따라서 두 본문의 주제가 같다.

---

3 두 본문은 '슈브'(שׁוב) 동사를 사용하여 '돌아가다'를 표현했다. 이에 대해서는 본서의 "16. 창세기 31장 -

> 여호와께서 야곱에게 이르시되 '네 조상의 땅 네 족속에게로 돌아가라' 내가 너와 함께 있으리라 하신지라(창 31:3)

야곱은 생을 마감한 후 그의 유언대로 '막벨라 굴'에 장사되었다. 이곳은 조상들의 매장지로서 아브라함과 사라, 이삭과 리브가, 그리고 레아가 묻혀 있는 장소이다. 여기서 독특한 점은 야곱이 애굽에서 죽었는데도 가나안 땅에다 묻어 달라고 유언했다는 점이다. 즉, 야곱은 죽음 이후에 다시 고향으로 돌아간다.

> 야곱의 아들들이 아버지가 그들에게 명령한 대로 그를 위해 따라 행하여 그를 가나안 땅으로 메어다가 마므레 앞 막벨라 밭 굴에 장사하였으니 이는 아브라함이 헷 족속 에브론에게 밭과 함께 사서 매장지를 삼은 곳이더라(창 50:12-13)

요셉의 발언

야곱을 매장하고 난 이후에 요셉의 형들은 요셉이 자신들에게 복수할까 봐 염려한다(창 50:15). 형들의 염려는 그들이 요셉을 팔았던 행위를 연상하게 한다(창 37:28). 고대 사회에서 동태복수법(同態復讐法)은 신약의 복음서에 나올 정도로 아주 일반적인 징계 방식이었다. 그러나 요셉은 그것을 거부한다.

창세기 50:20은 요셉의 발언 중에서 절정에 해당한다. 이 발언은 두 가지 점에서 주목된다. 첫째, 요셉은 형들의 행위에 대해 '해하려고 계획하다'[4]라고 표현한다. 해밀턴은 적절하게도 이 표현을 "마음으로 생각하는 모든 '계획이'(마흐쉐보트, מַחְשְׁבֹת) 항상 악하다"는 창세기 6:5과 연결한다.[5] '계획하다'(하샤브, חָשַׁב)라는 히브리어는 형들의 행위를 매우 부정적으로 이해하게 한다. 이 단어는 사람을 곤

야곱의 귀환, 출애굽 세대를 향해 말하다"를 참조하라.

4 한글 성서는 '해하려 하였으나'라고 번역했지만, 히브리 성서는 '해하려고 계획하다'(하샤브, חָשַׁב)라는 뜻이다.

5 참조. V. P. Hamilton, *Genesis 18-50*, 706.

경에 빠뜨리는 '음모'를 뜻한다(렘 18:18). 요셉은 형들의 음모로 말미암아 종으로 전락했다.

> 당신들은 나를 '해하려 하였으나'(하샤브템, חֲשַׁבְתֶּם) 하나님은 그것을 선으로 '바꾸사'(하샤바흐, חֲשָׁבָהּ) 오늘과 같이 많은 백성의 생명을 구원하게 하시려 하셨나니(창 50:20)
>
> 그들이 말하기를 오라 우리가 '꾀를 내어'(마하샤보트, מַחֲשָׁבוֹת) 예레미야를 치자 제사장에게서 율법이, 지혜로운 자에게서 책략이, 선지자에게서 말씀이 끊어지지 아니할 것이니(렘 18:18*)

이 단어가 50:20에 다시 한 번 나오는데, 이번에는 '바꾸사'로 번역되었다. 50:20bα('하나님은 그것을 선으로 바꾸사')의 '하샤바흐'(חֲשָׁבָהּ)에는 3인칭 여성 단수인 인칭 접미어가 포함되어서 '악'(라아, רָעָה)을 가리킨다. 즉, '하샤바흐'는 '악한 계획'을 의미한다. 두 번 나오는 '계획하다'(하샤브, חָשַׁב)의 주어가 상이하다. 50:20a에서는 형제들이 주어이고, 50:20bα에서는 하나님이 주어이다. 형제들의 '음모'가 하나님의 '계획'으로 바뀌었다. 히브리 성서에 따르면 아래와 같이 번역할 수 있다.

창 50:20a	'당신들은' 나에게 악을 계획했었다.	וְאַתֶּם חֲשַׁבְתֶּם עָלַי רָעָה 베아템 하샤브템 알라이 라아
창 50:20bα	'하나님은' 그 악을 선으로 계획했다.	אֱלֹהִים חֲשָׁבָהּ לְטֹבָה 엘로힘 하샤바흐 레토바

둘째, 번역에 문제가 있다. 요셉이 형들에게 하나님이 '오늘과 같이 많은 백성의 생명을 구원하기 위해' 자신을 보냈다고 설명한다. 여기서 '많은 백성'(암-라브, עַם־רָב)은 누구를 가리키는가? 한글 성서에서는 '암-라브'를 '많은 백성'으로 번역함으로써 '민족'을 초월한 개념으로 해석하도록 의도한다. 즉, '애굽'을 비롯한

여러 민족인 것처럼 해석될 여지가 있다.[6] 하지만 히브리 성서에 따르면 '암-라브'는 '많은 민족'이 아니라, '큰 민족'을 의미한다.[7] 이것은 일차적으로는 '야곱의 가족/후손'을 가리키는데,[8] 창세기 50:20은 주제와 내용 면에서 45:5-7에 상응하는 문장이므로,[9] 두 본문을 비교해 보면 '암-라브'의 의미를 더 명확하게 알 수 있을 것이다.

> 당신들은 나를 해하려 하였으나 하나님은 그것을 선으로 바꾸사 오늘과 같이 '많은 백성'의 '생명을 구원하게 하시려'(레하하요트, לְהַחֲיֹת) 하셨나니(창 50:20)
>
> 하나님이 큰 구원으로 당신들의 '생명을 보존하고'(레하하요트, לְהַחֲיוֹת) 당신들의 '후손을 세상에 두시려고' 나를 당신들보다 먼저 보내셨나니(창 45:7)

두 본문 다 '생명 보존'(레하하요트, לְהַחֲיוֹת)이 중심 주제이다. 45:7에서 '보존하다'의 목적어는 '당신들'인데, 곧 야곱의 아들들을 가리키며, 50:20에서 '보존하다'의 목적어는 '큰 백성', 즉 야곱의 후손을 가리킨다.[10] 이것은 45:7에서 사용된 '후손'과 동일한 의미이다.

'큰 백성'은 아브라함이 받은 약속을 떠올리게 한다. 12:1-2에서 시작되는 족장들의 이야기에는 '땅'에 들어가고 '큰 백성'을 이루게 한다는 하나님의 약속이 자주 나온다(창 17:20; 18:18; 46:3 등). 이러한 주제가 창세기 내에서 반복적으로 서술되는데, 50:20에 마지막으로 한 번 더 서술되었다. 즉, 50장의 마지막 단락은 아브라함이 받은 약속과 연결되어 창세기를 약속이라는 틀 안에서 마무리하며, 출애굽기에 나타날 큰 백성, 민족으로서의 이스라엘의 등장을 기대하게 한다.

---

6 참조. B. Jacob, *Das Buch Genesis*, 941.

7 참조. B. Jacob, *Das Buch Genesis*, 941; V. P. Hamilton, *Genesis 18-50*, 706.

8 참조. V. P. Hamilton, *Genesis 18-50*, 706.

9 참조. J. Skinner, *Genesis*, 539; C. Westermann, *Genesis 37-50*, 232; G. von Rad, 『창세기』, 488.

10 한글 성서에서 '생명'은 '보존하다'를 구체화하기 위해 추가된 단어이다.

요셉의 유언

야곱이 자신을 가나안 땅에 매장해 달라고 유언을 남긴다(창 50:5). 요셉은 그를 가나안에 매장한 후 7일간 애곡한다(창 50:10). 야곱과 마찬가지로 요셉도 자신을 가나안에 묻어 달라고 유언하고, 이로써 창세기가 그의 죽음으로 종결된다. 그런데 요셉의 유해도 야곱처럼 사후(死後)에 곧바로 가나안에 매장될 수는 없었을까? 50:25-26에서는 '하나님이 당신들을 돌보실 때'를 언급함으로써 요셉의 가나안 매장이 출애굽 이후에 이루어질 것을 암시한다. 따라서 요셉의 유언은 독자의 시선을 출애굽 사건으로 이동시킨다.

> 우리 아버지가 나로 맹세하게 하여 이르되 내가 죽거든 '가나안 땅에 내가 파 놓은 묘실에 나를 장사하라' 하였나니 나로 올라가서 아버지를 장사하게 하소서 내가 다시 오리이다 하라 하였더니(창 50:5)
> 요셉이 또 이스라엘 자손에게 맹세시켜 이르기를 '하나님이 반드시 당신들을 돌보시리니 당신들은 여기서 내 해골을 메고 올라가겠다 하라' 하였더라 요셉이 백십 세에 죽으매 그들이 그의 몸에 향 재료를 넣고 애굽에서 입관하였더라(창 50:25-26)

요셉의 유언은 출애굽기 이야기와 자연스럽게 잘 연결된다. 창세기의 마지막 구절은 미래를 열어 놓은 상태이다. 요셉의 죽음으로 한 세대는 마감되었지만, 그의 유언은 새로운 세대를 지향하고 있다.

마무리하기

이 장에서는 창세기 46-50장에 기록된 다양한 주제를 관찰했다. 요셉을 만나기 위해 애굽으로 내려가는 야곱 이야기에서는 아브라함 이야기와 연결된 주제들이 드러난다. 아브라함과 야곱은 모두 애굽에서 '나그네'로 살아갔다. 창세기에서는 아브라함은 단기간에 그 생활을 마친 것으로 묘사하고, 야곱은 400년 넘게 애굽에 머무르게 될 것을 암시한다.

야곱이 애굽으로 넘어가 고센 땅에 정착했다. 그곳에서 야곱의 식구들은 가축을 치며 살았다. 왜냐하면 애굽 사람들은 목축업을 업신여겼기 때문이다. 야곱이 정착한 고센 땅은 애굽 하류에 위치하여 상대적으로 물이 부족하지 않았을 것으로 보이며, 따라서 야곱의 식구들은 목축업을 위해 건기와 우기에 따라 지역을 이동할 필요가 없었을 것이다. 성서는 야곱이 정착한 곳과 애굽 땅이 전혀 다른 상황에 처해 있음을 묘사한다. 여전히 기근에 고통받는 애굽과 달리, 야곱의 후손이 정착한 고센 땅은 풍요로웠다.

끝으로, 요셉의 발언에 주목해 보자(창 50:20). 요셉과 형들과의 대화는 앞으로 일어날 출애굽 사건을 암시한다. 애굽으로 내려간 소수의 야곱 가족은 뒤이어 나타날 '후손'의 모체가 될 뿐만 아니라, '큰 백성'으로 세상에 등장할 민족으로서의 이스라엘을 보여 준다. 따라서 요셉 이야기는 창세기와 출애굽기의 연결 고리이다. 이 내용을 다음과 같은 표로 표현할 수 있다.

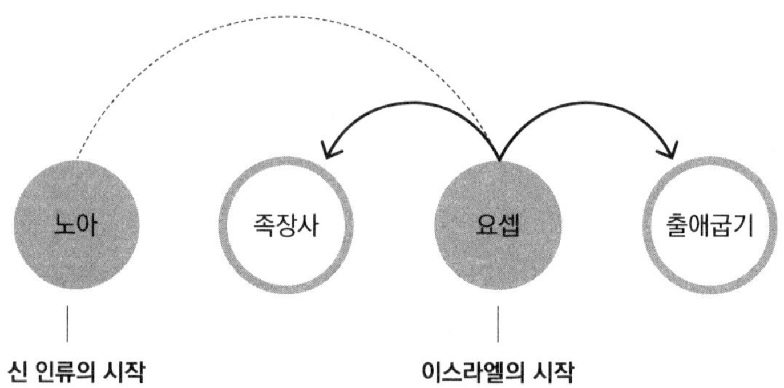

토의를 위한 질문

01. 야곱이 애굽으로 내려가기 전에 하나님께 희생제사를 드린다. 그날 밤 야곱에게 임한 하나님의 말씀은 무엇을 연상하게 하는가? 창세기 46:3과 12장을 비교하라.

02. 야곱이 자신의 애굽 생활을 '거류하고자'라는 표현으로 정의한다. 이 표현은 야곱의 후손의 애굽에서의 삶을 가리키는 것이기도 하다. 그들은 애굽에 얼마나 오랫동안 거류했는가?

03. 50:20에는 '계획하다'(하샤브, חָשַׁב)라는 동사가 두 번 나오는데, 그 주어는 각각 누구인가?

04. 50:20의 '많은 백성'은 본래 어떻게 번역되어야 하는가? 45:7과 비교해 보라.

05. '큰 백성'은 출애굽기에 등장할 이스라엘 백성을 가리킨다. 요셉 이야기는 창세기 안에서 어떠한 기능을 하는가?

22

창세기 50장

요셉의 유골

한눈에 보기

창세기의 마지막을 장식하는 요셉의 유언은 성서를 이해하는 데 매우 중요하다. 출애굽할 시점에 '자신의 유골을 가져갈 것'을 요구하는 그의 유언은 출애굽기 13:19과 연결되며, 여호수아 24:32에서 종결된다.[1] 따라서 저자는 요셉의 유언을 통하여 오경(Pentateuch: 창세기-신명기)을 넘어서 육경(Hexateuch: 창세기-여호수아)을 지향한다. 또한 그의 유언은 앞서 언급된 족장들의 출애굽, 즉 애굽 탈출 이야기와 연결되어 중요성이 더욱 부각된다. 그의 유언에는 이방 땅에서 죽음을 맞이했음에도 불구하고 가나안 땅에 매장되기를 원하는 요셉의 열망이 담겨 있다.

---

1 참조. E. Otto, *Das Deuteronomium im Pentateuch und Hexateuch*, 218-219.

시작하기

요셉 이야기는 내용의 전개가 간결하면서도 흥미진진하여 지루함을 느낄 틈이 없다. 요셉의 어머니인 라헬은 잉태하지 못하는 몸이었으나 하나님이 그녀의 소원을 듣고 태의 문을 열어 요셉을 낳게 하였다. 하지만 그녀는 요셉의 동생 베냐민을 출산하다가 숨을 거두고 만다.

> 하나님이 라헬을 생각하신지라 하나님이 그의 소원을 들으시고 그의 태를 여셨으므로(창 30:22)

요셉은 야곱의 보호 아래서 남다른 사랑을 받고 자랐다. 어느 날 요셉은 의미심장한 꿈을 꾸었는데, 오히려 그 꿈 때문에 형들에게 미움을 받게 된다. 야곱의 편애와 요셉의 행동으로 인해 야곱의 일부 아들들은 요셉을 못마땅하게 여겼다(창 37:4). 아버지의 심부름으로 형들을 찾아갔던 요셉은 형들의 음모로 애굽에 종으로 팔려 간다. 그는 그곳에서 종살이를 하다가 극적으로 총리의 자리에 오르게 된다(창 41:15 이하).

요셉 이야기(창 37-50장)와 아브라함 이야기(창 12-25장)는 분량이 거의 비슷하다. 요셉 이야기는 심지어 이삭에 대한 기록보다 훨씬 더 많은 분량을 차지한다. 그럼에도 불구하고 요셉은 '아브라함, 이삭, 야곱'으로 불리는 이스라엘 족장/조상에 속하지 않는다.

> 또 이르시되 나는 네 조상의 하나님이니 아브라함의 하나님, 이삭의 하나님, 야곱의 하나님이니라(출 3:6)

성서에서는 아브라함과 이삭에게는 기업을 이을 유일한 아들이 있었다고 기록하지만(이삭과 야곱), 야곱에게는 그렇게 서술하지 않는다. 야곱에게는 열두 명이나 되는 아들이 있었는데 그들은 이스라엘 열두 지파의 시조(始祖)가 되었다. 그러므로 그중 한 명만 '적법'한 아들로 세울 필요가 없었다. 야곱의 열두 아들 가운데 한 명인 요셉에 관한 이야기는 다른 족장들의 이야기와 구별된다. 그리고 요셉 이야기는 전체 성서를 이해하는 데 매우 중요한 역할을 하는데, 특별히 그의 유언이 미래를 지향하고 있기 때문이다.

요셉의 유언

요셉의 유언이 창세기의 마지막을 장식한다. 유언과 함께 창세기가 형식상 종결되지만, 내용상으로는 종결되지 않는다. 요셉의 유언은 '그것이 어떻게 실현될 것인가?' 하는 궁금증이 생기게 한다.

요셉의 예언(창 50장)

46장을 보면 야곱의 가족이 애굽으로 이주한다. 그리고 49장에서는 야곱이 생을 마감하는 장면을 보여 준다. 창세기의 마지막 장인 50장에서는 야곱의 죽음 이후에 요셉이 그의 형들을 안심시키는 모습을 그린다. 이 본문은 요셉의 신앙을 드러내 주므로 그동안 설교에 자주 인용되어 왔다.

> 요셉이 그들에게 이르되 두려워하지 마소서 내가 하나님을 대신 하리이까 '당신들은 나를 해하려 하였으나 하나님은 그것을 선으로 바꾸사' 오늘과 같이 많은 백성의 생명을 구원하게 하시려 하셨나니 당신들은 두려워하지 마소서 내가 당신들과 당신들의 자녀를 기르리이다 하고 그들을 간곡한 말로 위로하였더라(창 50:19-21)

그다음 단락인 50:24-26에서는 요셉이 마치 미래를 예견하는 자처럼 등장한다. '당신들을 이 땅에서 인도하여 내사'는 출애굽을 표현하는 전형적인 문구이다. 또한 '아브라함과 이삭과 야곱에게 맹세하신 땅에 이르게 하시리라'는 가나안 땅 입성을 연상하게 한다. 이어서 '하나님이 돌보시리니'(붸엘로힘 파코드 이프코드, וֵאלֹהִים פָּקֹד יִפְקֹד)라고 하면서 '돌보다'(파카드, פקד)를 두 번이나 반복하여 여호와가 그 행위를 '반드시' 할 것임을 강조한다.[2]

> 요셉이 그의 형제들에게 이르되 나는 죽을 것이나 하나님이 당신들을 돌보시고 당신들을 이 땅에서 인도하여 내사 아브라함과 이삭과 야곱에게 맹세하신 땅에 이르게 하시리라 하고 요셉이 또 이스라엘 자손에게 맹세시켜 이르기를 하나님이 반드시 당신들을 돌보시리니 당신들은 여기서 내 해골을 메고 올라가겠다 하라 하였더라 요셉이 백십 세에 죽으매 그들이 그의 몸에 향 재료를 넣고 애굽에서 입관하였더라(창 50:24-26)

요셉의 유언에서 '당신들은 여기서 내 해골을 메고 올라가겠다 하라'는 내용이 눈에 띈다. 요셉은 죽어서라도 가나안 땅으로 들어가기를 원하고 있다. 요셉의 죽음 이후에 아주 긴 시간이 흘렀지만, 출애굽기 1:8에서는 '요셉을 알지 못하는 새 왕이 일어나 애굽을 다스리니'라는 문구로 그 시대를 압축한다. 시대적 배경이 바뀌면서 이스라엘의 상황도 변했다. 애굽 사람들이 이스라엘 백성을 대하는 태도도 달라졌다. 이스라엘은 애굽 사람들에게 '학대'받기 시작했다.

요셉의 유언을 실행(출 13장)

학대받는 이스라엘이 하나님께 부르짖는다. 모세의 소명을 서술하는 출애굽기 3장에서는 하나님이 이스라엘을 '돌보았다'라는 문구가 나오는데, 이는 요셉이

---

2 동일한 단어를 두 번 반복해서 사용하는 것을 히브리 문법 용어로 Figura Etymologica라고 한다. 새번역은 이러한 반복을 잘 살려서 번역했다. "요셉이 자기 친족들에게 말하였다. "나는 곧 죽는다. 그러나 '하나님께서 반드시 너희를 돌보시고', 너희를 이 땅에서 인도하여 내셔서, 아브라함과 이삭과 야곱에게 맹세하신 땅에 이르게 하실 것이다."(창 50:24)"

유언한 내용과 일치한다.

> 요셉이 그의 형제들에게 이르되 나는 죽을 것이나 '하나님이 당신들을 돌보시고'(파코드 이프코드, פָּקֹד יִפְקֹד) 당신들을 이 땅에서 인도하여 내사 아브라함과 이삭과 야곱에게 맹세하신 땅에 이르게 하시리라 하고(창 50:24)
> 너는 가서 이스라엘의 장로들을 모으고 그들에게 이르기를 여호와 너희 조상의 하나님 곧 아브라함과 이삭과 야곱의 하나님이 내게 나타나 이르시되 '내가 너희를 돌보아'(파코드 파카드티, פָּקֹד פָּקַדְתִּי) 너희가 애굽에서 당한 일을 확실히 보았노라(출 3:16)

이스라엘이 애굽을 빠져나오는 이야기가 출애굽기 12장부터 시작되는데, 이 과정에서 독특한 내용이 서술된다. 이스라엘이 출애굽하면서 요셉의 유골을 가지고 나온다는 것이다. 즉, 이스라엘 백성이 요셉의 유언을 기억하고 실행한다.

> 그러므로 하나님이 홍해의 광야 길로 돌려 백성을 인도하시매 이스라엘 자손이 애굽 땅에서 대열을 지어 나올 때에 '모세가 요셉의 유골을 가졌으니' 이는 요셉이 이스라엘 자손으로 단단히 맹세하게 하여 이르기를 하나님이 반드시 너희를 찾아오시리니 너희는 내 유골을 여기서 가지고 나가라 하였음이더라(출 13:18-19)

이스라엘 조상들이 막벨라 굴에 매장되었던 것처럼(창 49:29-31), 출애굽한 사람들이 가지고 나온 요셉의 유골 역시 가나안 땅에 매장되어야 했다.

요셉 유골의 매장(수 24장)

성서 학자들이 여호수아 24장에 대해서 열띤 논쟁을 벌여 왔을 만큼, 이 본문의 내용은 상당히 난해하다.[3] 여호수아 24:29에서는 여호수아의 사망을 보도하고, 사사기 2:8도 같은 내용을 서술한다. 그리고 여호수아 24:30-31도 사사기 2:7, 9과 상응한다.

> 이 일 후에 여호와의 종 눈의 아들 여호수아가 백십 세에 죽으매(수 24:29)
> 여호와의 종 눈의 아들 여호수아가 백십 세에 죽으매(삿 2:8)

치열한 논쟁 가운데 학자들의 의견이 그나마 일치하는 부분은 여호수아 24장을 통해 여호수아서와 사사기가 분리되었다는 것이다.

여호수아 24:32에서는 요셉의 유언이 이루어지는 내용이 다시 나온다. 이 구절에 따르면 '요셉의 뼈'가 '세겜'에 장사되었는데 세겜은 야곱이 백 크시타를 주고 매입한 장소였다. 매입에 대한 내용이 창세기에 기록되어 있다는 점에서 여호수아 저자는 창세기를 이미 알고 있었으리라고 추정할 수 있다.

> 그가 장막을 친 밭을 세겜의 아버지 하몰의 아들들의 손에서 백 크시타에 샀으며(창 33:19)
> 또 이스라엘 자손이 애굽에서 가져 온 요셉의 뼈를 세겜에 장사하였으니 이곳은 야곱이 백 크시타를 주고 세겜의 아버지 하몰의 자손들에게서 산 밭이라 그것이 요셉 자손의 기업이 되었더라(수 24:32)

요셉의 유골에 대한 기록은 그의 유언에서 처음 등장한다(창 50장). 이스라엘 후손들은 출애굽하며 그의 유골을 가지고 나왔고(출 13장), 가나안 입성 후에 그것을 세겜에 매장했다(수 24장). 즉, 창세기에서 시작된 이야기가 여호수아서에서 종결되고 있다. 이를 근거로 해서 창세기-여호수아(육경: Hexateuch)까지를 하나의 단

3 C. Frevel, "Das Josua-Palimpsest. Der Übergang vom Josua- zum Richterbuch und seine Konsequenzen für die These eines Deuteronomistischen Geschichtswerks", 49-71.

위로 보기도 한다.[4] 이것은 창세기-신명기(오경: Pentateuch)를 하나로 보는 관점과는 확연히 구별된다.[5]

'육경'이라는 개념은 신학에서 그리 낯선 것이 아니다. 일반적으로 토라는 모세의 권위로 돌려진다. 이처럼 토라의 권위를 모세로 돌리는 이해는 당연히 존중되어야 한다. 그러나 여호수아 24장에서는 여호수아가 '하나님의 율법(토라)책에 기록'하고 있다고 묘사한다. 이것은 신명기 31:9, 24에 나오는, 모세가 율법(토라)을 썼다는 서술과 매우 유사하다(참조. 신 30:10). 이처럼 토라의 개념이 아주 다양하게 등장한다. 오히려 '토라 = 오경'이라는 이해는 상당히 후대의 개념이다.

> 또 모세가 '이 율법'(하토라 하조트, הַתּוֹרָה הַזֹּאת)을 써서 여호와의 언약궤를 메는 레위 자손 제사장들과 이스라엘 모든 장로에게 주고(신 31:9)
> 여호수아가 이 모든 말씀을 '하나님의 율법책'(세페르 토랏 엘로힘, סֵפֶר תּוֹרַת אֱלֹהִים)에 기록하고 큰 돌을 가져다가 거기 여호와의 성소 곁에 있는 상수리나무 아래에 세우고(수 24:26)

창세기에 나오는 사건들은 많은 부분에서 출애굽/출바벨론 사건을 지향한다. 이러한 이야기들이 후손들에게 출애굽/출바벨론을 교훈한다는 점은 명확하다. 요셉 이야기도 마찬가지이다. 요셉은 출애굽을 갈망하면서 자신의 유골이라도 가나안 땅에 묻히게 해 달라고 유언을 남겼다. 성서는 요셉 이야기를 통해서 출애굽의 절박함을 묘사하며, 후대 사람들에게는 출애굽 사건에 상응하는 출바벨론의 필요성을 교육한다.

성서에서는 이처럼 같은 주제가 반복되는(Rekapitulation[독] / Recapitulation[영]) 패턴이 종종 나타난다. 족장들이 아내를 누이라 칭하는 이야기(아브라함과 사라: 창 12:13; 20:2, 이삭과 리브가: 창 26:7), 그리고 임신하지 못하는 아내들(사라: 창 16:1, 리브

---

4 참조. R. Albertz, *Exodus 1-18*, 224; H. Utzschneider & W. Oswald, *Exodus 1-15*, 305.

5 이외에도 사경(Tetrateuch)이라는 신학적 개념도 있는데, 이것은 창세기 - 민수기까지를 하나로 보며, 신명기를 신명기 역사서의 시작으로 이해한다.

가: 창 25:21, 라헬: 창 30:1). 이러한 이야기들은 각각 독자적인 강조점을 가지고 있으며, 주제가 반복되고 있다는 인식을 심어 줌으로써 성서 안에서 상호 연관성 있는 주제를 강화하는 역할을 한다.

요셉 유골의 귀환 – 고대 이스라엘의 매장 문화

창세기 50장은 요셉의 유언을 끝으로 갑작스럽게 마무리된다. 유언이 실행되지 않은 채 그대로 끝나 버리므로 창세기 독자들은 당혹스러울 수밖에 없다. 요셉의 유언은 야곱의 유언과 내용상 매우 유사하다.[6] 야곱도 애굽에서 죽었지만 자신을 가나안에 매장해 달라고 유언을 남겼다(창 49:29-33). 그러나 요셉은 야곱처럼 곧바로 가나안에 묻어 달라고 하지 않고, '하나님이 당신들을 돌보실 때'라고 언급함으로써 이스라엘 백성이 애굽에서 종살이하며 고통받을 때 임할 하나님의 돌보심을 염두에 둔다. 즉, 요셉의 유언은 출애굽을 지향한다.

그렇다면 요셉의 유골이 가나안에 매장된다는 것은 어떤 의미일까? 고대 이스라엘의 매장 문화에는 그들의 내세관(來世觀)이 담겨 있는데, 구약 시대 사람들은 죽음 이후에도 삶이 지속된다고 생각했다. '죽음'은 산 자의 공동체와의 결별이자, 동시에 새로운 공동체인 죽은 자의 공동체로 들어가는 관문이라고 여겼다(시 9:13; 107:18).[7] 즉, 사람들은 죽은 자가 새로운 공동체에서 삶을 지속한다고 믿었다.

> 여호와여 내게 은혜를 베푸소서 나를 '사망의 문'에서 일으키시는 주여 나를 미워하는 자에게서 받는 나의 고통을 보소서(시 9:13[14])

---

6 참조. V. P. Hamilton, *Genesis 18-50*, 711.

7 참조. P. J. King and L. E. Stager, 『고대 이스라엘 문화』, 476-477; 그밖에도 이은애, "히브리 성서에서의 죽음과 장례: 존재와 관계에 대한 기억", 132-165, 특별히 143; G. Wenham, 『창세기 16-50』, 313; S. Talmon, "The Sectarian יחד. A Biblical Noun", 133-140, 특별히 138을 참조하라.

이러한 내세관을 배경으로 요셉의 유언을 이해한다면, 요셉의 유골이 가나안에 매장된다는 것은 '산 자의 출애굽'에 상응하는 '죽은 자의 출애굽'으로 해석된다. 이스라엘 후손이 출애굽하여 가나안 땅으로 들어가듯이, 요셉의 유골 역시 출애굽하여 가나안 공동체로 들어간다는 것이다. 그러므로 창세기의 마지막 본문은 산 자의 출애굽을 넘어서 죽은 자의 출애굽을 요구한다.

마무리하기

성서의 가장 앞에 배열된 창세기는 요셉의 죽음과 유언으로 종결된다. 그러나 자신을 가나안에 매장해 달라는 유언의 내용은 이후에 이와 연관된 어떠한 사건이 일어나리라는 기대감을 심어 준다. 그러므로 독자들은 이스라엘 백성이 출애굽하면서 과연 요셉의 유골을 가져갔을지에 주목하게 된다.

이스라엘 후손들은 놀랍게도 요셉의 유언을 기억하고 있었다(참조. 출 13:18-19). 요셉의 유언이 나오는 창세기 50장과 출애굽을 묘사하는 출애굽기 13장 사이에는 큰 간극이 없는 것처럼 보인다. 하지만 출애굽기 12:40에서는 이스라엘 자손이 애굽에 거주한 기간이 '430년'이라고 밝힌다. 그렇다면 이제는 요셉의 유골을 어디에 매장했을지가 궁금해진다.

여호수아 24장이 이에 대한 답을 제공한다. 요셉의 유골은 '세겜'에 매장되었다(참조. 수 24:32). 성서 저자는 요셉의 유골에 대한 기록으로 창세기부터 여호수아까지를 연결한다. 즉, 여기에는 창세기-여호수아를 하나의 완성으로 이해하려는 시각이 들어 있다. 오경이라는 개념과 비교되는 조금은 생소한 육경이라는 개념을 관찰할 수 있다.

여호수아의 마지막 진술은 육경 개념을 다시 한 번 확증해 준다. 여기에서 여호수아는 하나님의 율법을 기록한 자로 묘사될 뿐만 아니라, 마치 모세와 같은 자로 이해된다. 성서의 가장 앞에 배열된 부분(창세기-신명기/여호수아)을 각각 '오경'과 '육경'의 관점으로 보려는 시도가 있음을 알 수 있다. 즉, 성서를 보는 시각은 결코 획일화될 수 없다. 오히려 우리는 성서를 해석하는 시각의 다양성을 통해서 성서의 풍부한 의미를 얻을 수 있다.

토의를 위한 질문

01. 요셉의 유언은 무엇인가? 요셉의 유골을 가지고 나간다는 기록이 어디에 나오는가? 요셉의 유골은 어디에 매장되었고, 그 내용이 어디에 기록되어 있는가?

02. 요셉이 매장된 장소는 이미 창세기에서 언급된 적이 있는 곳이다. 누가 그 장소를 구입했는가?

03. 요셉의 유언(창 50:25)에 대한 실행이 어디에서 마무리되는가? 그 이야기의 시작과 종결을 통해 창세기-여호수아를 하나의 큰 단락으로 볼 수 있는가? 그렇다면 이를 오경과 구별해서 무엇이라고 부를 수 있는가?

04. 요셉의 유언은 살아서 출애굽하지 못한다면, 죽어서라도 출애굽하겠다는 선조의 결연한 의지를 보여 준다. 이 이야기는 독자에게 무엇을 교훈하는가?

05. 여호수아 24:26에서 여호수아는 어떤 모습으로 등장하는가? 여호수아가 말씀을 하나님의 율법책에 기록했다면, 여호수아가 기록한 것은 오경을 포함하는 육경(Hexateuch)으로 이해될 수 있는가?

23

다시 읽는 토라

한눈에 보기

토라를 어떠한 시각으로 이해할 것인가? 1787년 가블러(J. P. Gabler)가 조직 신학으로부터 성서 신학의 독립을 주창한 이래 19-20세기를 지나면서 성서 신학은 비약적인 발전을 이루었다. 이러한 성서 신학의 발전은 19세기 이후에 진행된 고고학 발굴과도 연결되어 있다. 고고학 발굴은 고대 이스라엘과 주변 국가의 사회상을 보여 줌으로써, 성서를 해석하는 시각을 확장시켰다. 이 장에서는 구약 성서를 해석하는 틀이 되는 '토라'에 대해 간략하게 서술하도록 하겠다.

토라란 무엇인가?

구약 성서는 타나크(TaNaK)라고 불린다. TaNaK는 히브리어 토라(Tora), 느비임(Nebiim), 케투빔(Ketubim)의 첫 글자를 축약하고, 그 사이에 모음(a)을 넣어서 간략하게 부르는 것이다. 이처럼 구약을 토라, 예언서, 성문서로 이해하는 것이 신약의 복음서에서도 관찰된다.

> 또 이르시되 내가 너희와 함께 있을 때에 너희에게 말한 바 곧 '모세의 율법과 선지자의 글과 시편'에 나를 가리켜 기록된 모든 것이 이루어져야 하리라 한 말이 이것이라 하시고(눅 24:44)

이 본문에서는 역사서(여호수아-열왕기)에 대한 언급이 없다. 역사서는 '선지자의 글'인 예언서에 포함되어 있다. 여호수아-열왕기가 예언서에 포함된다는 것은 아주 일반적인 이해로, 여기에 나단, 엘리야, 그리고 엘리사와 같은 예언자의 활동이 기록되어 있기 때문이다.

'타나크'라는 표현은 히브리 성서를 압축적으로 보여 주기도 하지만, 동시에 히브리 성서의 구조를 제시하기도 한다. 히브리 성서의 배열은 한글 성서와 전혀 다르다. 타나크의 순서와 동일하게, 오늘날 오경을 가리키는 토라가 가장 먼저 등장한다. 그리고 그 뒤에, 역사서로 이해되어 왔지만 본래는 예언서로 분류되는 여호수아부터 열왕기하가 배열되어 있다. 그 뒤에는 히브리 성서에서는 소위 문서 예언서라 불리는 성서 모음집이 배열되어 있지만, 한글 성서에서는 이 부분이 가장 뒤에 정렬되어 있다. 그리고 예언서 뒤에 성문서들이 배치되어 있다. 한글 성서의 배열과 달리 히브리 성서에서는 성문서에 속하는 룻기가 잠언 뒤에 배열되어 있다.

토라는 오래전부터 오경을 가리키는 것으로 간주되어, 대단히 제한적으로 이해되어 왔다. 토라는 헬라어 역본(LXX)에서는 대체로 '노모스'(νόμος, 율법)로 번역되었고, 마찬가지로 여러 다른 역본들에서는 '율법/법'으로 기록되었다(출 13:9; 16:4; 신 1:5; 4:8; 17:11). 이것은 토라를 법적인 성격을 띤 것으로 오랫동안 이해해 왔음을 보여 준다. 그러나 토라를 '율법/법'으로 번역하는 것은 토라의 본래 의미를 제한하는 것이다. 오경으로 이해되는 '토라' 안에는 율법적 요소 이외에도 다양한 형태의 이야기들이 많이 들어 있다. 출애굽기 19장에 따르면 모세가 시내 산에 올라가 하나님에게 여러 법문(언약 법전, 열 가지 계명, 성결법 등)을 수여받았다. 이러한 법적 요소들 외에도 오경, 특히 창세기에는 많은 이야기(Narrative)가 포함되어 있다. 토라는 '야라'(ירה)라는 히브리어 동사에서 파생되었는데, 이것은 본래 '가르치다'라는 뜻이다. 토라는 히브리어 '야라'의 명사 형태이므로 '가르침'으로 번역되는 것이 더 적절하다.

모세 이전에 토라가 있었다

잠언

'율법/법'으로 번역된 '토라'는 구약 성서에서 아주 빈번하게 등장하는 핵심 단어 가운데 하나이다. 이 단어가 고대의 지혜를 담고 있는 잠언에서도 자주 사용되었다. '지혜'(호크마, חָכְמָה)는 이스라엘에만 있었던 것이 아니라, 고대 근동에 보편적으로 산재해 있었다.

> 아침에 그의 마음이 번민하여 사람을 보내어 '애굽의 점술가'(하르투메 미쯔라임, חַרְטֻמֵּי מִצְרַיִם)와 '현인들'(하카메하, חֲכָמֶיהָ)을 모두 불러 그들에게 그의 꿈을 말하였으나 그것을 바로에게 해석하는 자가 없었더라(창 41:8)
> 곧 흠이 없고 용모가 아름다우며 '모든 지혜를 통찰하며'(우마스킬림 베콜-호크마, וּמַשְׂכִּילִים בְּכָל־חָכְמָה) '지식에 통달하며'(붸요데에 다아트, וְיֹדְעֵי דַעַת) '학문에 익숙하여'(우메비네 마다, וּמְבִינֵי מַדָּע) 왕궁에 설 만한 소년을 데려오게 하였고 그들에게 갈대아 사람의 학문과 언어를 가르치게 하였고(단 1:4)

이 본문은 지혜로운 자들을 모아 놓은 기관이 고대 국가에 존재했음을 알려 준다. 애굽의 '현인들'과 바벨론/페르시아의 '지혜를 통찰한 자들'이 '지혜'(호크마, חָכְמָה)라는 단어를 활용하여 묘사되었다. 따라서 그들을 단순히 부정적으로 폄하하는 것은 옳지 않다. 게다가 애굽에서는 토트(Thoth)라는 지혜의 신을 숭배했는데,[1] 이스라엘이 애굽에서 오랜 기간 동안 거주했으므로(출 12:40-41), 이스라엘은 애굽의 지혜를 알고 있었음이 분명하다. 이러한 고대 근동의 보편적인 지혜가 축적되어 있는 책들을 수집해 놓은 것이 '지혜 문학'이며, 이것이 성서에서는 일반적으로 '성문서'에 속한다.

> '지혜를 사모하는 자'(이쉬-오헤브 호크마, אִישׁ־אֹהֵב חָכְמָה)는 아비를 즐겁게 하여도 창기와 사귀는 자는 재물을 잃느니라(잠 29:3)

지혜 문학의 대표격인 잠언에 매우 자주 나오는 중심 단어는 '토라'(תּוֹרָה)이다.[2] 이 단어의 용례를 살펴보면 우리가 알고 있었던 기존의 이해와는 다른 토라의 개념을 발견할 수 있다.

> 내 아들아 네 아비의 훈계를 들으며 네 '어미의 법'을 떠나지 말라(잠 1:8)
> 내 아들아 '나의 법'을 잊어버리지 말고 네 마음으로 나의 명령을 지키라(잠 3:1)
> 내 아들아 네 아비의 명령을 지키며 네 '어미의 법'을 떠나지 말고(잠 6:20)
> 내 계명을 지켜 살며 내 '법'을 네 눈동자처럼 지키라(잠 7:2)
> 입을 열어 '지혜'를 베풀며 그의 혀로 인애의 '법'을 말하며(잠 31:26)

여기에서 토라는 일상적인 생활의 지표가 되는 가르침으로서 삶의 지혜를 의미한다. 이 토라 교육을 책임지고 있는 아버지 혹은 어머니가 잠언 구절들에서 등장한다는 점이 흥미롭다. 고대 시대에는 교사를 아버지로도 표현했으므로(잠 4:1; 암 7:14), 아버지를 지혜 교사(Weisheitslehrer)로 이해할 수도 있다. 따라서 이 구절들에서의 토라는 명문화(明文化)된 토라가 아니라 부모 혹은 지혜 교사를 통한 구두

1 J. B. Pritchard, *The Ancient Near East in Pictures. Relating to the Old Testament*, 191. 그림 572. 토트 신 앞에서 무릎을 꿇고 제물을 바치고 있는 세티 I세(주전 14-13세기)가 묘사되어 있다.

2 잠 1:8; 3:1; 4:2; 6:20, 23; 7:2; 13:14; 28:4, 7, 9; 29:18; 31:26.

의(mündlich/oral) 가르침을 의미한다. 만약 부모 혹은 지혜 교사의 가르침이 토라의 범주에 들어간다면, 이것은 셀 수 없을 정도로 많은 것이 토라에 포함될 수 있음을 전제하며, 이러한 포괄적 개념으로서의 토라는 또한 율법적 요소와는 거리가 있다.[3] 따라서 구약 성서에 등장하는 토라 개념은 오늘날 오경으로 이해되는 토라와는 구별되어야 한다.

다양한 토라

> 또 모세가 '이 율법'(엣-하토라 하조트, אֶת־הַתּוֹרָה הַזֹּאת)을 써서 여호와의 언약궤를 메는 레위 자손 제사장들과 이스라엘 모든 장로에게 주고(신 31:9)
> 모세가 이 율법의 말씀을 다 책에 써서 마친 후에(신 31:24)

신명기 31:9은 토라를 모세의 저작(Autorschaft/Authorship)으로 돌리는 본문으로 해석되어 왔다. 하지만 토라를 오경에 국한시키고 모세의 저작으로 해석하는 것은 '토라'의 개념을 오인한 것이다. 만약 성서에 나오는 수많은 '토라'를 '모세의 저작'으로만 이해하면, 여러 본문을 해석하는 데 큰 문제가 생긴다. 여호수아 24:26에서는 여호수아가 모든 말씀을 '하나님의 토라책'에 기록했다고 진술한다. 즉, 여호수아를 '토라의 기록자'로 묘사한다.

> 여호수아가 이 모든 말씀을 '하나님의 율법책에'(베세페르 토라트 엘로힘, בְּסֵפֶר תּוֹרַת אֱלֹהִים) 기록하고 큰 돌을 가져다가 거기 여호와의 성소 곁에 있는 상수리나무 아래에 세우고(수 24:26)

출애굽기에 따르면 유월절을 지키고자 하는 자에게는 할례가 요구되며, 할례받지 못한 자는 유월절을 지킬 수 없다고 설명하면서 이 규정이 '토라'라고 선언한

---

3 참조. A. Moenikes, *Tora ohne Mose. Zur Vorgeschichte der Mose-Tora*, 47-49.

다. 즉, 공시적인 관점으로 볼 때 모세가 토라를 기록하기 전에 이미 '토라'가 존재했음을 알 수 있다.

> 너희와 함께 거류하는 타국인이 여호와의 유월절을 지키고자 하거든 그 모든 남자는 할례를 받은 후에야 가까이 하여 지킬지니 곧 그는 본토인과 같이 될 것이나 할례 받지 못한 자는 먹지 못할 것이니라 본토인에게나 너희 중에 거류하는 이방인에게 이 '법'(토라, תּוֹרָה)이 동일하니라 하셨으므로(출 12:48-49)

아주 다양한 형태의 '토라'가 성서에 나온다는 것을 우리는 인정해야 한다. '토라'는 '오경'보다는, 신적 '가르침'으로 이해하는 것이 적절하다. 모세는 성서 곳곳에서 신의 가르침을 백성에게 계시하며, 이를 더욱 상세히 설명해 주는 인물로 등장한다(신 1:5). 통시적 관점에서 신명기 31:9은 오경에 대한 '저작'(Authorship/Autorschaft)을 모세에게 귀속하기보다는, 오히려 오경의 '권위'(Authority/Autorität)를 모세에게 소급하는 것으로 해석되어야 한다.[4]

예언서도 토라이다

유대인들은 19세기에 이르기까지 예언자를 토라의 해석자로 간주했으며, 심판의 근거를 율법에서 찾음으로써 율법을 현재화하는 자들로 이해했다.[5] 이와 관련된 몇몇 실례를 성서에서 확인할 수 있다.

> 너희가 도둑질하며 살인하며 간음하며 거짓 맹세하며 바알에게 분향하며 너희가 알지 못하는 다른 신들을 따르면서(렘 7:9)

---

4 참조. W. Brueggemann, 『구약개론』, 51; K. Schmid, 『고대 근동과 구약 문헌사』, 63.

5 G. von Rad, *Theologie des Alten Testaments Band II. Die Theologie der prophetischen Überlieferungen Israels*, 13-14. 각주 2.

오직 저주와 속임과 살인과 도둑질과 간음뿐이요 포악하여 피가 피를 뒤이음이라 (호 4:2)

예언자들은 이스라엘의 왕을 매우 독특한 시각으로 바라본다. 고대 근동의 시각에서는 왕을 절대적 권력을 지닌 자로서, 그의 말에는 율법적 권위가 있다고 보았다(Rex Lex[6]: "왕이 곧 법이다"). 하지만 성서에 나오는 예언자의 선포에 따르면, 이스라엘 왕은 오히려 율법의 권위에 순종해야 하는 자로 그려진다(Lex Rex[7]: "법이 곧 왕이다"; 참조. 신 17:18). 즉, 예언서는 토라를 시대에 맞게 '재해석'한 것으로 평가되어 왔다.

시편 역시 토라와 깊은 연관성을 가지고 있다. 시편 1편은 모든 시편의 내용을 요약하는 머리말(Prolog)로,[8] '토라'에 대한 순종을 기술한다. 이러한 토라, 예언서, 그리고 성문서에 대한 이해를 기반으로 그 관계를 도표로 정리하면 다음과 같다.[9]

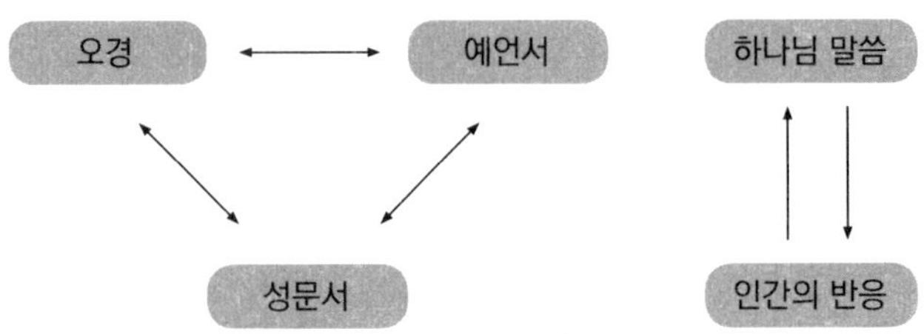

이러한 이해는 '예언서가 예언자가 활동한 본래의 시대로 상정될 수 있는가?'라는 문제와는 무관하다. 18세기 계몽주의의 영향으로 학자들은 한동안 '예언

---

6 이 용어는 왕이 절대적 권력을 누린 왕정 시대를 지칭한다. 참조. R. Borger, *Die Inschriften Asarhaddons Königs von Assyrien*, 1-2.

7 법치주의를 말하는 것으로, 왕의 권력도 율법보다 위에 있을 수 없다.

8 혹은 시편 1-2편을 전체 시편의 머리말로 보기도 한다. 시편 1편의 용어가 2편에서도 반복되기 때문이다.

9 참조. 차준희, 『구약성서의 신앙』, 162.

자에게로 귀속될 수 있는 본래 본문은 무엇인가?'에 관심을 집중했다. 그와 함께 '오경이 현재 형태로 주어지기 이전에 그것은 어떤 형태였을까?'와 같은 질문이 제기되었다.

학자들은 오경 전체의 뼈대를 형성했다고 간주되었던 제사장 문서가 가장 먼저 기록되었다고 추정했었지만, 제사장 문서와 (제의적) 율법의 생성 연대가 문서 예언보다 후대로 평가되면서(*lex post prophetas*),[10] 예언자가 율법을 해석했을 것이라는 오래된 이해는 이제 불가능하게 되었다(P-J-E-D →J-E-D-P). 즉, JEDP라는 문서가 존재한다는 잠정적 결론에 도달했다. 물론 이러한 이론은 오래전부터 상당한 도전에 직면하여 일부 취소되었음에도 불구하고, 신명기(D)와 제사장 문서(P)에 대해서만큼은 여전히 인정되고 있다. 기록 이전의 형태에 대한 관심은 예언서 연구에도 영향을 끼쳤고, 그 결과 예언자가 활동했던 시기와 개별 인물에 대한 프로필을 확보할 수 있었다.

하지만 20세기 중반 이후부터는 편집비평에 관심이 모아지게 되었다. 이러한 방법론의 변화는 기존 방법론의 한계에 대한 학계의 반응으로, '패러다임의 변화'(Paradigm shift)라고 불린다. 이것은 '예언자 인물로부터의 작별, 그리고 예언자적 문서로의 전환'[11]을 의미했다.

그 결과, 예언자를 토라 교사로 이해하는 주장이 재(再)등장했다.[12] 하지만 이것은 예언서를 예언자의 활동 시기로 상정하지 않고, 오히려 예언자의 활동과 무관하게 예언서가 토라를 중심으로 편집[13]되었다고 추정한다. 이러한 편집이 시편에

---

10 참조. J. Wellhausen, *Prolegomena zur Geschichte Israels*, 391. 계속해서 W. H. Schmidt, *Einführung in das Alte Testament*, 46. = 『구약성서 입문』, 78을 참조하라.

11 R. G. Kratz, "Problem der Prophetenforschung", in *Prophetenstudien: Kleine Schriften II*, 3-17.

12 참조. W. Lau, *Schriftgelehrte Prophetie in Jes 56-66. Eine Untersuchung zu den literarischen Bezügen in den letzten elf Kapiteln des Jesajabuches*, BZAW 225. 계속해서 C. Maier, *Jeremia als Lehrer der Tora. Soziale Gebote des Deuteronomiums in Fortschreibungen des Jeremiabuches*, FRLANT 196을 참조하라.

13 '편집'이라는 단어가 낯설게 느껴질 수도 있다. 하지만 성서에 이미 '편집하다'(아타크, עתק)라는 단어가 나온다. 이 동사는 본래 '이동하다'라는 뜻이다. 이 동사가 잠언 25:1에서 히필(Hifil) 형태로 사용되었는데, 본문을 모으고 주제에 따라 분류하는 과정을 의미한다. "이것도 솔로몬의 잠언이요 유다 왕 히스기야의 신하들이 '편집한'(헤에티쿠, הֶעְתִּיקוּ) 것이니라"(잠 25:1).

서도 나타난다. 시편 연구에 매진한 김정우는 시편에 대해 다음과 같이 서술한다. "이스라엘 신앙 공동체의 필요를 따라 하나씩 낱권으로 모여지기 시작하였고 결국 바벨론 포로 후의 최종적인 편집자(혹은 편집 위원회)가 현재 형태로 만들었을 것이다."[14]

최근에 크놉로흐(H. Knobloch)는 예언서가 토라로 인정되고 있음을 예레미야 26장을 근거로 분석했다.[15] 히브리어 원문의 구조에 일치하게 사역(私譯)을 하면 아래와 같다.

렘 26:4bα	אם־לא תשמעו אלי
렘 26:4bβγ	ללכת בתורתי אשר נתתי לפניכם
렘 26:5a	לשמע על־דברי עבדי הנבאים אשר אנכי שלח אליכם
렘 26:5b	והשכם ושלח ולא שמעתם

렘 26:4bα	너희가 나를 순종하지 않으면
렘 26:4bβγ	내가 너희 앞에 둔 내 토라를 행하라
렘 26:5a	내가 너희에게 보낸 내 종 예언자들의 말에 순종하라
렘 26:5b	이전에 보냈지만 너희는 순종하지 않았다

여기에서는 토라에 순종하지 않은 것과 예언자의 말에 순종하지 않은 것이 동일시되고 있다. 즉, 오랫동안 사람들에게서 외면받았던 예언자들이 하나님의 선지자로 인정받았고 그들의 선포가 '토라'로 서술되었다. 더 직접적으로, 이사야는 자신의 선포를 '토라'라고 표현한다.[16]

> 너는 증거의 말씀을 싸매며 '율법'(토라, תּוֹרָה)을 내 제자들 가운데에서 봉함하라(사 8:16)

---

14 참조. 김정우, 『시편주석 I』, 59.

15 H. Knobloch, *Die nachexilische Prophetentheorie des Jeremiabuches*, 49.

16 참조. H. Wildberger, *Jesaja 1-12*, 345.

패러다임의 변화로 말미암아, '예언자'를 토라 해석자로 관찰하는 것이 아니라, '예언서'가 토라 해석서로 모아졌음을 보여 준다. 환언하면, 예언자의 선포와는 별개로 예언서가 토라를 중심으로 집대성되었음을 의미한다.

누가 토라의 책임을 맡았는가?

'토라의 책임을 누가 맡았는가'는 곧 '누가 모세를 계승하는가'에 대한 문제이다. 모세는 계시의 중재자(신 5:27), 그리고 계시된 율법의 해석자(신 1:5)로서의 역할을 수행했다. 그렇다면 모세의 죽음 이후에는 누가 그 역할을 해야 할까? 서기관, 장로, 제사장 등 이스라엘의 다양한 지도자 집단을 고려한다면 이것은 주도권 경쟁과도 무관하지 않다.

> 또 모세가 이 율법을 써서 여호와의 언약궤를 메는 레위 자손 제사장들과 이스라엘 모든 장로에게 주고(신 31:9)

다른 본문에서는 토라를 기록하고 넘겨주는 주체가 하나님이고, 모세는 단지 그것을 교부받는 자로 서술되는데, 신명기 31:9은 모세가 토라를 기록하여 넘겨주는 자로 등장한다.[17] 신명기 31장에 따르면, 모세가 토라를 기록하여 '레위 자손 제사장'들과 '이스라엘 장로'들에게 교부한다. 즉, 신명기 31:9은 모세의 권위를 부각시키는 본문이다. 그리고 모세의 뒤를 이어 토라 교육의 책임을 맡은 자들로 제사장과 장로를 명시한다.

> '내가' 백성을 가르치려고 돌판에 '기록한' 율법과 계명을 '너에게 주겠다'(출 24:12b)

---

17 참조. 민경구, "토라를 둘러싼 율법학자의 논쟁-포로기 이후 신학", 262.

'그는' 증거판 둘을 '모세에게 주니' 이는 돌판이요 하나님이 친히 '쓰신' 것이더라(출 31:18*)

'그가' 그것을 두 돌판에 '써서' '내게 주셨느니라'(신 5:22b)

'그가' 십계명을 그 판에 '쓰시고' 그것을 '내게 주시기로'(신 10:4*)

'모세가' 이 율법을 '써서' … '레위 자손 제사장들과 이스라엘 모든 장로에게 주고'(신 31:9)

그렇다면 '레위 자손 제사장'들과 '이스라엘 장로'들은 어떠한 역할을 했는가? '레위 자손 제사장'들은 칠 년마다 한 번씩 초막절에 '토라'를 낭독해야 했다. 그리고 자녀들과 백성에게 토라를 '가르쳐야'(라마드, למד) 했다(신 31:12-13). 이처럼 모세의 죽음 이후에 토라를 해석할 책임이 제사장에게로 넘어갔다(학 2:11). 그러나 예레미야 31:31-34에서는 다른 의견을 제시한다.

그들이 다시는 각기 이웃과 형제를 가리켜 이르기를 너는 '여호와를 알라 하지 아니하리니' 이는 작은 자로부터 큰 자까지 다 나를 알기 때문이라 내가 그들의 악행을 사하고 다시는 그 죄를 기억하지 아니하리라 여호와의 말씀이니라(렘 31:34)

새 언약을 주제로 삼은 이 본문에서는 더 이상 여호와를 알라고 '교육하지 않을 것'(붸로 예라메두, וְלֹא יְלַמְּדוּ)이라고 한다. 즉, 제사장의 전적인 토라 교육 책임에 대해 비판하고 있다. 그리고 제사장이 교육하는 토라는 예언자의 선포로 대치되어야 한다고 주장한다. 예레미야서에 등장하는 제사장은 끊임없이 예언자 예레미야와 대립각을 세우며, 예언자는 제사장의 토라 교육에 대해 신랄하게 비판한다.[18]

---

18 K. Min, "Die neue Tora als der neue Bund in Jer 31,31-34", 63-82, 특별히 79 참조. 1. 토라에 불순종한 백성의 죄(렘 6:19; 16:11; 32:23; 44:10, 23); 2. 토라 담지자들의 토라 망각 - 죄 지적, 백성의 죄의 원인(렘 2:8; 8:8; 18:18); 3. 제사장적 토라와 예언자적 토라의 갈등 - 토라로 새롭게 이해되는 예언자 선포(렘 9:12; 26:4-5); 4. 새로운 토라-제사장적 토라를 능가하는 예언자의 토라(렘 31:33).

오경의 재해석으로서의 성서

오경은 모세의 죽음과 함께 종결된다. 그렇다면 사람들은 시대가 변하면서 오경을 어떻게 받아들였을까? '수용'(Reception) 혹은 '개정'(Revision)이라는 방식으로 받아들였다. 오경은 '시대를 뛰어넘어서도 문자적으로 고수되어야 하는가?' 혹은 '시대에 적절하게 변화되어야 하는가?' 일례로 신명기 23장에 기록된 총회법의 변화를 관찰함으로써, 우리는 토라가 어떻게 개정되는지를 볼 수 있다.[19]

> 고환이 상한 자나 음경이 잘린 자는 여호와의 총회에 들어오지 못하리라 사생자는 여호와의 총회에 들어오지 못하리니 십 대에 이르기까지도 여호와의 총회에 들어오지 하리라 '암몬' 사람과 '모압' 사람은 여호와의 총회에 들어오지 못하리니 그들에게 속한 자는 십 대뿐 아니라 영원히 여호와의 총회에 들어오지 못하리라 (신 23:1-3)

본문에는 여호와의 총회에 가입이 허락된 민족과 영원히 허락되지 않은 민족에 대한 모세의 가르침이 담겨 있다. 신명기 23:7-8에 따르면, 에돔 사람의 후손은 삼 대가 지난 이후에 총회에 들어올 수 있다. 그러나 암몬 자손과 모압 자손은 영원히 총회에 들어올 수 없다.

> 너는 '에돔' 사람을 미워하지 말라 그는 네 형제임이니라 애굽 사람을 미워하지 말라 네가 그의 땅에서 객이 되었음이니라 그들의 삼 대 후 자손은 여호와의 총회에 들어올 수 있느니라(신 23:7-8)

이러한 관점에서 룻기를 살펴보자. 룻기에서는 매우 빈번하게 '모압'에 대해

---

19 참조. 민경구, "토라의 수용 및 재해석-신명기 23장 '총회법'을 중심으로", 14-42.

언급한다.[20] 룻기 2장에서는 보아스가 사환에게 룻이 누구인지 질문하자 사환이 '모압 소녀'라고 대답한다(룻 2:5-6). 게다가 룻 스스로도 자신을 이방 여인이라고 소개한다(룻 2:10). 즉, 룻기는 이방 여인을 대표하는 '모압 여인'을 '이스라엘 공동체 안으로 받아들일 수 있는가?'라는 문제를 다루고 있다. 이런 점에서 룻기는 본질적으로 신명기 23장의 총회법과 연결하여 해석되어야 한다.[21] 룻기는 신명기 23장의 총회법을 재해석하면서, 이스라엘 백성에게 규범처럼 이해되는 토라가 '시대의 변화에 따라 어떻게 재해석되어야 하는가?'를 비중 있게 다룬다.

> 보아스가 베는 자들을 거느린 사환에게 이르되 이는 누구의 소녀냐 하니 베는 자를 거느린 사환이 대답하여 이르되 이는 나오미와 함께 모압 지방에서 돌아온 '모압 소녀'인데(룻 2:5-6)
> 룻이 엎드려 얼굴을 땅에 대고 절하며 그에게 이르되 나는 '이방 여인'(노크리야, נָכְרִיָּה)이거늘 당신이 어찌하여 내게 은혜를 베푸시며 나를 돌보시나이까 하니(룻 2:10)

룻기가 시대의 변화에 맞게 '토라 개정'을 요구하는 것과 달리, 느헤미야는 '토라 고수'라는 입장을 취한다. 느헤미야서는 이방 여인과의 결혼에 대해 상당히 비판적이다(느 13:23-27).

> 그 때에 내가 또 본즉 유다 사람이 아스돗과 암몬과 모압 여인을 맞아 아내로 삼았는데 … 너희가 이방 여인을 아내로 맞아 이 모든 큰 악을 행하여 우리 하나님께 범죄하는 것을 우리가 어찌 용납하겠느냐(느 13:23, 27)

---

20 룻 1:1, 2, 4, 6, 22; 2:2, 6, 21; 4:3, 5, 10.

21 I. Fischer, "Von der Vorgeschichte zur Nachgeschichte: Schriftauslegung in der Schrift – Intertextualität – Rezeption" = "이전 역사에서 이후 역사로: 문서-상호 본문성-수용에 나타난 문서 해석", 『구약신학 연구동향』, 176.

만약 모압 사람이 이스라엘 총회에 수용될 수 있다면, 그들을 받아들이는 기준은 무엇인가? 이에 대해 룻기가 대안을 제시한다. 룻은 '어머니의 하나님이 나의 하나님이 된다'라고 고백한다(룻 1:16). 언약을 고백함으로써 이방인이 이스라엘 민족 또는 여호와 공동체에 가입할 수 있는 방안을 제시하고 있다.

시대적 요청에 따라 토라가 개정되어야 한다는 주장에서 오히려 '토라 순종'을 요구하고 있다(사 56:1-8). 즉, '토라의 시대적 요청'인 재해석은 아이러니하게도 절대적 가치를 지닌 '토라'에 대한 순종으로 귀결된다. 그 결과 이스라엘 백성이라는 '민족적 개념'이 토라에 순종하는 여호와의 백성이라는 '신앙적 개념'으로 확장된다.

이처럼 '토라'는 발전적 개념으로 해석될 수 있다. 토라는 본래 율법적인 틀에 제한되지 않고, 그 안에 이야기체(Narrative)를 포함하고 있다(창 1장 – 출 18장). 오늘날 토라는 '오경'을 의미하는 것으로 제한되지만, 본래 토라는 오경의 범위를 뛰어넘는다. 오경에서는 이야기와 율법을 통해 가르침을 주고,[22] 예언자들 혹은 예언서에서는 율법을 시대에 맞게 현재화함으로써 그 가르침을 적용한다. 덧붙여 토라(성문서)에는 '시간의 흐름 속에서 토라는 고수되어야 하는가 혹은 개정되어야 하는가?'라는 고민이 반영되어 있다. 즉, 예언서와 성문서는 '토라의 해석서'로 이해되며, 토라는 구약 전체를 포괄하는 개념이다.

마지막으로, 토라는 성서 이외의 범주에서도 대단히 폭넓게 수용되었고, 시대에 맞게 재해석되었다. 토라를 재해석하는 것은 이제 문서의 범주를 벗어나 문화 예술 분야로 확장되었고, 이러한 변화는 성서 교육의 대중화를 가능하게 만들었다.[23] 하지만 시대를 거듭하며 나타나는 현상은 오늘날과 마찬가지로 성서 해석이 매우 편중되어 있다는 점이다. 본서에서는 창세기를 해석하는 과정에서 성서

---

22 그 대표적인 예가 출애굽기 12장이다. 하나님은 이스라엘 백성에게 유월절에 대한 것을 자녀에게 가르치라고 명령한다. "이 후에 너희의 자녀가 묻기를 이 예식이 무슨 뜻이냐 하거든 너희는 이르기를 이는 여호와의 유월절 제사라 여호와께서 애굽 사람에게 재앙을 내리실 때에 애굽에 있는 이스라엘 자손의 집을 넘으사 우리의 집을 구원하셨느니라 하라"(출 12:26-27*).

23 I. Fischer, "이전 역사에서 이후 역사로: 문서-상호 본문성-수용에 나타난 문서 해석", 172.

해석의 균형을 맞추기 위해 노력했고, 성서를 중심으로 분석했다.

참고 문헌

·원문 및 사전류

Biblia Hebraica Stuttgartensia(=BHS)

Septuaginta(=LXX)

Vulgata(=VUL)

Encyclopaedia Judaica, Jerusalem, Keter Publishing House, 1982.

Gesenius, W. und Buhl, F., *Gesenius Hebräisches und Aramäisches Handwörterbuch über das Alte Testament*, unter verantw. Mitarbeit von U. Rüterswörden, hrsg. von R. Meyer. Berlin: Springer, [18]2013.

Köhler, L., und Baumgartner, W., *Hebräisches und Aramäisches Lexikon zum Alten Testament* Bd. 1-2. Leiden: Brill, 2004.

Jenni, E., und Westermann, C., *Theologisches Handwörterbuch zum alten Testament* Bd. 1. München: Kaiser Verlag, 1978.

Jenni, E., und Westermann, C., *Theologisches Handwörterbuch zum alten Testament* Bd. 2. München: Kaiser Verlag, 1976.

Pritchard, J. B. (ed.), *Ancient Near Eastern Texts. Relating to the Old Testament*. Princeton: Princeton University Press. 1969. (=ANET)=『고대 근동 문학 선집』. 김구원 역 외. 서울: CLC, 2016.

Pritchard, J. B. (ed.), *The Ancient Near East in Pictures. Relating to the Old Testament*, Princeton: Princeton University Press, 1954. (=ANEP)=『고대 근동 문학 선집』. 김구원 역 외. 서울: CLC, 2016.

Theologisches Wörterbuch zum Alten Testament(=*ThWAT*)

Texte aus der Umwelt des Alten Testaments(=*TUAT*)

국립국어원 표준국어대사전(http://stdweb2.korean.go.kr)

· 주석류

Arnold, B. T., *Genessis*. NCBC. Cambridge: Cambridge University Press, 2008.

Boecker, H. J., *1 Mose 25,12-37,1 Isaak und Jakob*. ZBAT 1/3. Zürich: Theoloeischer Verlag, 1992.

Brueggemann, W., 『창세기』. 현대성서주석. 서울: 한국장로교출판사, 2000.

Davidson, R., *Genesis 12-50*. CBC 1. Cambridge: Cambridge University Press, 1979.

Dohmen, Ch., *Das Buch Genesis, Kapitel 1-11*. NSK. Stuttgart: Katholisches Bibelwerk, 2017.

Ebach, J., *Genesis*. HThKAT. Freiburg: Herder Verlag, 2007.

Hamilton, V. P., *The Book of Genesis 1-17*. NICOT. Grand Rapids: William B. Eerdmans, 1990.=『창세기 1』. 임요한 역. 서울: 부흥과개혁사, 2016.

________, *The Book of Genesis 18-50*. NICOT. Grand Rapids: William B. Eerdmans, 1995.=『창세기 2』. 임요한 역. 서울: 부흥과개혁사, 2018.

Jacob, B., *Das Buch Genesis*. Stuttgart: Calwer Verlag, 2000.

Kidner, D., *Genesis*. TOTC. London: IVP Academic, 2008.

Longman, T., 『어떻게 창세기를 읽을 것인가?』. 전의우 역. 서울: IVP, 2006.

Louth, A., 『창세기 1-11』. 교부들의 성경주해 I. 하성수 역. 왜관: 분도출판사, 2008.

Mathews, K. A., *Genesis 1-4:26*. NAC 1a. Nashville: Broadman & Holman Publishers, 1995.

________, *Genesis 4:27-11:26*. NAC 1b. Nashville: Broadman & Holman Publishers, 1995.

Meinhold, A., *Die Sprüche 1-15*. ZBAT 16/1. Zürich: TVZ, 1991.

Newsom, C. A. and Sharon, H. R., 『여성들을 위한 성서주석』. 이화여성신학연구소 역. 서울: 대한기독교서회, 2015.

Rose, M., *5. Mose 12-25*. ZBAT 5/1. Zürich: Theologischer Verlag, 1994.

________, *5. Mose 1-11 und 26-34*. ZBAT 5/2. Zürich: Theologischer Verlag, 1994.

Ruppert, L., *Genesis. Ein kritischer und theologischer Kommentar. 4. Teilband Gen 37,1-50,26*. FzB. Würzburg: Echter Verlag, 2008.

Sarna, N. M., *The JPS Torah Commentary. Genesis*. Jerusalem: The Jewish Publication Society, 1989.

Scharbert, J., *Genesis 1-11*. NEB. Würzburg: Echter Verlag, 1990.

________, *Genesis 12-50*. NEB. Würzburg: Echter Verlag, 1986.

Schüle, A., *Die Urgeschichte: Genesis 1-11*. ZBAT 1/1. Zürich: TVZ, 2009.

Seebass, H., *Genesis I. Urgeschichte*. Neukirchen Vluyn: Neukirchener Verlag, 2009.

________, *Genesis II. Vätergeschichte*. Neukirchen-Vluyn: Neukirchener Verlag, 1999.
________, *Genesis III. Josephsgeschichte*. Neukirchen-Vluyn: Neukirchener Verlag, 2000.
Sheridan, M., 『창세기 12-50』. 교부들의 성경주해 II. 이혜정 역. 왜관: 분도출판사, 2014.
Skinner, J., *Genesis*. ICC. New York: Charles Scribner's Sons, 1910.
Speiser, E. A., *Genesis*. AB 1. Garden City: Doubleday, 1982.
von Rad, G., 『창세기』. 국제성서주석. 서울: 한국신학연구소, 1983.
Ruppert, L., *Genesis. Ein kritischer und theologischer Kommentar. 2. Teilband Gen 11,27-25,18*. FzB. Würzburg: Echter Verlag, 2002.
Walton, J. H., 『창세기』. NIV 적용주석. 김일우·전광규 역. 서울: 성서유니온선교회, 2007.
Waltke, B. K. and Fredricks, C. J., 『창세기 주석』. 김경렬 역. 서울: 새물결플러스, 2018.
Wenham, G., 『창세기 1-15』. WBC vol. 1. 박영호 역. 서울: 솔로몬, 2000.
________, 『창세기 16-50』. WBC vol. 2. 윤상문·황수철 역. 서울: 솔로몬, 2001.
Westermann, C., 『창세기 주석』. 강성렬 역. 서울: 한들출판사, 1998.
________, *Genesis 1-11*. BKAT I/1. Neukirchen-Vluyn: Neukirchen Verlag, 1974.
________, *Genesis 12-36*. BKAT I/2. Neukirchen-Vluyn: Neukirchen Verlag, 1981.
________, *Genesis 37-50*. BKAT I/3. Neukirchen-Vluyn: Neukirchener Verlag, 1982
Willi-Plein, I., *Das Buch Genesis, Kapitel 12-50*. NSK. Stuttgart: Katholisches Bibelwerk, 2011.
Zimmerli, W., *1. Mose 1-11. Urgeschichte*. ZBAT. Zürich: Theologischer Verlag, 1967.
________, *1. Mose 12-25. Abraham*. ZBAT. Zürich: Theologischer Verlag, 1976.
김정우, 『시편주석 I』. 서울: 총신대학출판부, 1998.
목회와 신학 편집부, 『창세기』. 두란노 HOW 주석. 서울: 두란노아카데미, 2008.
천사무엘, 『성서주석. 창세기』. 대한기독교서회 창립 100주년 기념주석. 서울: 대한기독교서회, 2001.

·단행본

Achenbach, R., Arneth, M., Otto, E. (eds.), *"Gerechtigkeit und Recht zu üben" (Gen 18,19). Studien zur altorientalischen und biblischen Rechtsgeschichte, zur Religionsgeschichte Israels und zur Religionssoziologie*. BZAR 13. Festschrift für Eckart Otto zum 65. Geburtstag. Wiesbaden: Harrassowitz, 2009.
Albertz, R., 『포로시대의 이스라엘』. 배희숙 역. 고양: 크리스찬 다이제스트, 2006.
Arneth, M., *Durch Adams Fall ist ganz verderbt... Studien zur Entstehung der*

alttestamentlichen Urgeschichte. FRLANT 217. Göttingen: Vandenhoeck & Ruprecht, 2007.

Barth, K., *Die Kirchliche Dogmatik. Die Lehre von der Schöpfung* III/1. Zürich: Theologischer Verlag, 1957.

Blenkinsopp, J., *Creation, Un-Creation, Re-Creation. A Discursive Commentary on Genesis 1-11*. London: T&T Clark, 2011.

________, 『유대교의 기원 – 에스라와 느헤미야를 중심으로』. 소형근 역. 서울: 대한기독교서회, 2014.

Blum, E., *Die Komposition der Vätergeschichte*. WMANT 57. Neukirchen-Vluyn: Neukirchener Verlag, 1984.

Brueggemann, W., 『구약신학』. 류호준·류호영 역. 서울: CLC, 2003.

________, 『구약개론』. 김은호·권대영 역. 서울: CLC, 2007.

________, 외, 『신학의 렌즈로 본 구약개관』. 차준희 역. 서울: 새물결플러스, 2016.

Dozeman, Th. B., Schmid, K., and Schwart, B. J. (eds.), *The Pentateuch: international perspectives on current research*. FAT 78. Tübingen: Mohr Siebeck, 2011.

Enns, P., 『아담의 진화』. 장가람 역. 서울: CLC, 2014.

Fretheim, T. E., 『오경』. 구약학입문시리즈 1. 이영미 역. 서울: 대한기독교서회, 2015.

Gertz, J. C., Schmid. K. (eds.), *Abschied vom Jahwisten. Die Komposition des Hexateuch in der jüngsten Diskussion*. BZAW 315. Berlin: de Gruyter, 2002.

Gunkel, H., *Genesis*. Göttingen: Vandenhoeck & Ruprecht, 1977.

Hamilton. V. P. 외, 『창조 기사 논쟁: 복음주의자들의 대화』. 최정호 역. 서울: 새물결플러스, 2016.

Jeremias, J., 『하나님의 후회』. 채홍식 역. 서울: 대한기독교서회, 2002.

Kessler, R., *Sozialgeschichte des alten Israel. Eine Einführung*. Darmstadt: Wissenschaftlische Buchgesellschaft, 2006.

King, P. J., and Stager, L. E., 『고대 이스라엘 문화』. 임미영 역. 서울: CLC, 2014.

Knobloch, H., *Die nachexilische Prophetentheorie des Jeremiabuches*. BZAR 12. Wiesbaden: Harrassowitz, 2009.

Lamoureux, D. O. 외, 『아담의 역사성 논쟁』. 김광남 역. 서울: 새물결플러스, 2015.

Lau, W., *Schriftgelehrte Prophetie in Jes 56-66. Eine Untersuchung zu den literarischen Bezügen in den letzten elf Kapiteln des Jesajabuches*. BZAW 225. Berlin: de Gruyter, 1994.

Lennox, John C., 『최초의 7일: 창세기와 과학에 따른 세상의 기원』. 노동래 역. 서울: 새물결플러스, 2015.

Levin, C., *Der Jahwist*. Göttingen: Vandenhoeck & Ruprecht, 1993.
Madueme, H. 외, 『아담, 타락, 원죄』. 윤성현 역. 서울: 새물결플러스, 2018.
Maier, C., *Jeremia als Lehrer der Tora. Soziale Gebote des Deuteronomiums in Fortschreibungen des Jeremiabuches*. FRLANT 196. Göttingen: Vandenhoeck & Ruprecht, 2002.
Moenikes, A., *Tora ohne Mose. Zur Vorgeschichte der Mose-Tora*. BBB 149. Berlin: Philo, 2004.
Otto, E., *Das Deuteronomium im Pentateuch und Hexateuch. Studien zur Literaturgeschichte von Pentateuch und Hexateuch im Lichte des Deuteronomiumrahmens*. FAT 30. Tübingen: Mohr Siebeck, 2000.
________, *Gottes Recht als Menschenrecht. Rechts- und literaturhistorische Studien zum Deuteronomium*. BZAR 2. Wiesbaden: Harrassowitz Verlag, 2002.
Rahlfs, A., 『칠십인역 창세기』. 칠곡: 분도출판사, 2006.
Rendtorff, R., 『구약 정경 신학』. 하경택 역. 서울: 새물결플러스, 2009.
Rogerson, J. W., 『창세기 연구 입문』. 민경진 역. 서울: CLC, 2015.
Römer, Th. 외 6인, 『구약신학 연구동향』. ZAW 125회 기념논문집. 민경구 역. 서울: CLC, 2016.
Rüterswörden, U., *Dominium Terrae. Studien zur Genese einer alttestamentlichen Vorstellung*. BZAW 215. Berlin: Walter de Gruyter, 1993.
Sailhamer, John H., 『모세 오경 신학』. 김윤희 역. 서울: 새물결플러스, 2013.
Schmid, K., 『고대 근동과 구약 문헌사』. 이용중 역. 서울: CLC, 2018.
Schmidt, W. H., *Die Zehn Gebote im Rahmen Alttestementlicher Ethik*. EdF 281. Darmstadt: Wissenschftliche Buchgesellschaft, 1993.
________, *Einführung in das Alte Testament*. Berlin: de Gruyter, [5]1995.=『구약성서 입문』. 차준희 · 채홍식 역. 서울: 대한기독교서회, 2007.
Schmitt, H.-C., 『구약학 연구 안내서 구약, 어떻게 공부할 것인가?』. 차준희 · 김정훈 역. 서울: 대한기독교서회, 2014.
Stek, John H., 『구약 신학』. 류호준 편역. 서울: 솔로몬, 2000.
Thielicke, H., 『성윤리학』. 김재철 역. 서울: 새물결플러스, 2015.
von Rad, G., 『구약성서신학 II』. 허혁 역. 왜관: 분도출판사, 1977.
Walton, J. H., 『창세기 1장과 고대 근동 우주론』. 강성렬 역. 서울: 새물결플러스, 2017.
________, 『아담과 하와의 잃어버린 세계』. 김광남 역. 서울: 새물결플러스, 2018.
Weimar, P., *Studien Josefgeschichte*. SBAB 44. Stuttgart: Katholisches Bibelwerk, 2008.
Wellhausen, J., *Prolegomena zur Geschichte Israels*. Berlin: de Gruyter, 2001.
Westermann, C., *Jospeh. Studies of the Joseph Stories in Genesis*. Edinburgh: T&T Clark,

1996.
Wöhrle, J., *Fremdlinge im eigenen Land. Zur Entstehung und Intention der priesterlichen Passagen der Vätergeschichte*. FRLANT 246. Göttingen: Vandenhoeck & Ruprecht, 2012.
Wolff, H. W., *Anthropologie des Alten Testaments*. 7. Aufl., Gütersloh: Kaiser, 2002.
Zenger, E. u.a., *Einleitung in das Alte Textament*. StTh 1,1. Stuttgart: Kohlhammer, [9]2016.
Ziemer, B., *Abram - Abraham. Kompositionsgeschichtliche Untersuchungen zu Genesis 14, 15 und 17*. BZAW 350. Berlin: De Gruyter, 2005.
Zimmerli, W., 『구약신학』. 김정준 역. 천안: 한국신학연구소, 1999.
강사문, 『하나님이 택한 자들의 가정이야기: 설교를 위한 창세기 연구』. 서울: 한국성서학연구소, 1998.
강성렬, 『(현대인을 위한) 창세기 강해』. 서울: 한국장로교출판사, 1998.
기민석, 『구약의 뒷골목 풍경』. 서울: 예책, 2013.
김의원, 『창세기 연구: 하늘과 땅, 그리고 족장들의 톨레돗. 문예접근법에 따른 창세기 연구』. 서울: CLC, 2013.
김회권, 『하나님 나라 신학의 관점에서 읽는 모세 오경 1』. 서울: 대한기독교서회, 2005.
박동현, 『다시 만나는 사람들: 창세기 이야기』. 서울: 한들, 1993.
박요한 영식, 『십계명』. 서울: 가톨릭대학교 출판부, 2002.
서인석, 『한 처음의 이야기: 창세기 1-11장의 기호학적 설화분석』. 광주: 생활성서사, 1986.
왕대일, 『구약주석 새로보기』. 서울: 감신대성서학연구소, 2005.
________, 『창조신앙의 복음, 창조신앙의 영성: 창세기 1-11장의 물음 · 부름 · 푸름』. 서울: 대한기독교서회, 2016.
이영재, 『토라서론: 창세기 1-11장의 개론』. 과천: 성경과 설교 연구원, 2015.
이희학, 『인간의 죄악과 하나님의 구원행동: 창세기 1-11장의 신학』. 서울: 대한기독교서회, 2003.
정석규, 『구조로 읽는 창세기』. 서울: 프리칭아카데미, 2006.
차준희, 『창세기 다시보기』. 서울: 대한기독교서회, 1998.
________, 『구약 예언서 이해』. 천안: 한국신학연구소, 1996.
한동구, 『창세기의 신앙과 신학』. 서울: 프리칭아카데미, 2010.

· 소논문

Bührer, W., "Göttersöhne und Menschentöchter: Gen 6,1-4 als innerbiblische Schriftauslegung." *ZAW* 123 (2011), 495-515.

Frevel, C., "Das Josua-Palimpsest. Der Übergang vom Josua- zum Richterbuch und seine Konsequenzen für die These eines Deuteronomistischen Geschichtswerks." *ZAW* 125 (2013), 49-71.

Gertz, J. C., "Abraham, Mose und der Exodus. Beobachtung zur Redaktionsgeschichte von Gen 15." in *Abschied vom Jahwisten. Die Komposition des Hexateuch in der jüngsten Diskussion*, J. C. Gertz, K. Schmid and M. Witte (Hrsg), BZAW 315 (Berlin: Walter de Gruyter, 2002), 63-82.

Groß, W., "Gen 1,26.27; 9,6: Statue oder Ebenbild Gottes?" in: *Menschenwürde*, JBTh 15 (2000). (Neukirchen-Vluyn: Neukirchener Verlag, 2001), 11-38.

Kessler R., "Tora und Menschenrechte." 소형근 역. 「구약논단」 제19권 4호(2013), 349-378.

Köhler, L., "Die Grundstelle der Imago-Dei-Lehre, Genesis 1,26." *ThZ* 4 (1948), 16-22.

Krüger A., "Auf dem Weg ‚zu den Vätern' - Zur Tradition der alttestamentlichen Sterbenotizen." in: Berlejung, A., und Janowski, B., *Tod und Jenseits im alten Israel und in seiner Umwelt* (Tübingen: Mohr Siebeck, 2009), 137-150.

Min, K., "Die neue Tora als der neue Bund in Jer 31,31-34." *BN.NF.* 165 (2015), 63-82.

Schmidt, L., "Genesis XV." *VT* 56 (2006), 251-267.

Talmon, S., "The Sectarian יחד. A Biblical Noun." *VT* 3 (1953), 133-140.

Van Seters, J., "Divine Encounter at Bethel (Gen 28,10-22) in Recent Literary-Critical Study of Genesist." *ZAW* 110 (1998), 503-513.

Wallis, G., "Die Stadt in den Überlieferungen der Genesis." *ZAW* 78 (1966), 133-148.

Weimar, P., "Die Josefsgeschichte als theologische Komposition. Zu Aufbau und Struktur von Gen 37." in: 동저자, *Studien zur Josefsgeschichte*. SBAB 44 (Stuttgart: Katholisches Bibelwerk, 2008), 27-60.

Williams, A. J., "The Relationship of Genesis 3:20 to the Serpent." *ZAW* 89 (1977), 357-374.

Wöhrle, J., "dominium terrae. Exegetische und religionsgeschichtliche Überlegungen zum Herrschaftsauftrag in Gen 1,26-28." *ZAW* 121 (2009), 171-188.

Wolff, H. W., "Das Thema ‚Umkehr' in der alttestamentlichen Prophetie." in: *Gesammelte Studien zum Alten Testament*. TB 22, H. W. Wolff (ed.), (München: Kaiser, 1964), 129-150.

강규성, "창세기 2:4-3:24에 대한 문법: 역사적 및 신학적 연구." 「개혁논총」 29(2014), 9-54.

김경래, "창세기 1-11장의 난해구절." 「그 말씀」 1996년 7월호, 190-196.
김이곤, "하나님이 기뻐하시는 감사 예물. 창 4:1-16; 미 6:6-8; 시 50:7-15." 「기독교사상」 453(1996), 246-252.
김진규, "창세기 3장에 나타난 생명의 개념." 「개혁논총」 22(2011), 105-128.
노세영, "이삭을 번제로 드리라, 창세기 22:1-19의 주석적 연구." 천병욱 교수 회갑 기념 논문집 「신학과 선교」 22(1997), 79-97.
________, "창세기 2-3 장에 나타난 아다마 (땅) 창조에 대한 한 이해." 「한국기독교신학논총」 20(2001), 5-20.
민경구, "서술되는 시대, 서술하는 시대-역대상 10장에 나타난 역대기 사가의 신학." 「성경과 교회」 17(2019), 35-55.
________, "예레미야 33:1-3의 새로운 이해-소통과 계시." 「성경원문연구」 35(2014), 117-141.
________, "토라를 둘러싼 율법학자의 논쟁-포로기 이후 신학." 「구약논단」 제20권 3호(2014), 256-279.
________, "토라의 수용 및 재해석-신명기 23장 '총회법'을 중심으로." 「구약논단」 제23권 2호(2017), 14-42.
박동현, "개역한글판의 히브리어 고유명사 한글 음역 방식과 히브리어 한글 음역 시안." 「성경원문연구」 8(2001), 106-157.
박유미, "칼빈의 해석은 영원한 진리? 여성 본문에 대한 칼빈 구약주석 연구." 「구약논단」 제24권 1호(2018), 104-136.
박준서, "창세기 1-3장 번역의 문제점." 「신학논단」 18(1989), 105-124.
________, "하나님의 형상(Imago Dei)에 관한 성서적 이해." 「기독교사상」 369(1989), 104-121.
배희숙, "하나님의 형상과 땅의 통치(1:26-28)." 「장신논단」 49(2017), 61-83.
신우철, "창세기 아브라함/야곱 내러티브 번역 제안." 「성경원문연구」 31(2012), 7-19.
왕대일, "구약 속의 신약, 신약 속의 구약: 아케다('aqedah)와 골고다 – 창세기 22:1-19의 재해석." 「신학사상」 115(2001), 211-236.
________, "나그네: 구약신학적 이해." 「신학사상」 113(2001), 101-121.
________, "창세기 16장 해석 재고." 「신학사상」 75(1991), 855-877.
유연희, "창세기 3:16의 새로운 해석을 찾아서." 「성경원문연구」 34(2014), 7-31.
윤형, "하나님의 창조사역에 대한 재고찰 – 창세기 1장 1절 – 2장 4절을 중심으로." 「구약논단」 제19권 4호(2013), 117-143.
이은애, "히브리 성서에서의 죽음과 장례: 존재와 관계에 대한 기억." 「구약논단」 제22권 2호 (2016), 132-165.
이은우, "창세기 1장 1절 – 2장 4a절의 수사적 구조에 나타난 생태윤리." 「구약논단」 제18권 2호 (2012), 10-34.

이충렬·하계상, "창세기 2장 5-6절의 번역/해석 및 기능에 관한 고찰." 「구약논단」 제22권 3호(2016), 76-104.

이태훈, "구약의 외국인 복지." 「구약논단」 제14권 1호(2008), 70-88.

임태수, "인간창조에서 하나님의 형상 이해: 인성교육의 목표로서." 「신학과 선교」 19(1994), 165-196.

정석규, "하나님 통치의 대리인, 인간. 창세기 1장 24-31절." 「그 말씀」 2017년 2월호, 90-108.

정일승, "아브라함의 죽음과 이스마엘의 족보, 에서와 야곱의 출생 및 장자권 거래." 「그 말씀」 2015년 8월호, 48-72.

최종진, "인간창조에서 하나님의 형상 이해: 인성교육의 목표로서." 「신학과 선교」 19(1994), 165-196.

하경택, "아브라함의 소명(召命)과 이스라엘의 사명(使命): 창세기 11장 27절~12장 20절에 대한 주석적 연구." 「장신논단」 제41집(2011), 35-62.

________, "요셉이야기 안에서의 '야곱의 축복': 창세기 49장 1-28절에 대한 주석적 연구." 「장신논단」 제46집 1호(2014), 37-66.

________, "원역사(原歷史) 안에서의 바벨탑 이야기: 창세기 11장 1-26절에 대한 주석적 연구." 「장신논단」 제44집 4호(2012), 57-83.

하계상, "창세기 2-3장의 히브리어 아롬(ערוֹם), 아룸(ערוּם), 에롬(עֵירם): 그 의미들과 번역들, 그리고 그 절묘한 언어유희의 의도." 「구약논단」 제19권 4호(2013), 144-171.

색인

전기 예언서

후기 예언서